KB268676

천부경
태양의 코드

천부경
태양의 코드

문주희 지음

하나에서 모든 것은 시작된다

서 문

　　한국의 고유 사상서 또는 우주의 신비를 담고 있다고 알려진 '천부경'은 나의 오래된 화두 중에 하나이다. 처음 천부경을 만나게 된 것은 지금부터 15년 전 고등학교 시절의 일이다. 새장 속에 갇혀 있는 것 같은 답답함에서 벗어나기 위해서 자퇴를 결정했다. 그 후 나에게 주어진 넘쳐나는 시간을 어떻게 보내야 할지 고민하던 시절에 친구가 이외수의 『벽오금학도』를 생일 선물이라며 건네주었다. '이 책 속의 무엇을 찾아다니는 소년이 꼭 너 같다'면서……. 소설의 말미 부분에 짧게 언급되지만 나는 처음으로 '천부경'이라는 것을 발견하게 되었다. 소설 속 강은백은 어린 시절에 신선의 마을 오학동에 다녀온 후로 머리가 하얗게 된다. 청년이 되어 속세를 떠나 다시 선계의 세계로 돌아가기 위해서 신선이 준 '벽오금학도'를 들고 그림 속으로 자유자재로 드나들 수 있는 사람을 만나기 위해 산천을 누빈다. 그러던 중에 깊은 산중 동굴 속의 바위에 한문으로 새겨진 천부경을 발견하게 된다. 이 대목에 천부경 전문과 해석이 나온다. 이 소설에서도 천부경은 도의 측면에서 해석되고 있다. 하지만 지금 보아도 다른 해석보다는 마음에 드는 해석이라 생각한다. 나는 천부경을 접하고 놀라웠고 큰 기대감에 사로잡혔다. 우리나라의 신비로운 고유의 사상서라니 너무나 궁금해서 여기저기 관련 책을 찾아다녔지만 10대 말의 방황하는 내가 알아내기는 쉬운 일이 아니었다.

　시간은 서서히 지나가고 그에 대한 나의 관심은 잊혀 갔다. 여느 사람들처럼 대학을 다녔고, 우리 것에 대한 것보다 서구 것에 대해 공부하는 시간이 길었다. 여전히 대학교 교양수업에서도 우리 문화에 대한 것을 찾기란 힘들다. 서점에도 우리 문화서는 뒷전에 있음을 누구나 알 수 있을 것이다. 안타까운 일이다. 오늘날과 같이 글로벌시대에 각 나라의 역사와 문화를 구분 짓는 건 무의미한 일일지도 모른다. 하지만 긴 시간을 한 공간에서 함께한 사람들의 역사와 문화는 분명 존재한다. 그것은 각 나라와 집단의 기질로 또는 문화적 특성으로 나타난다. 각국이 지닌 고유의 성격을 올바로 이해한다면 서로 다른 문화, 혹은 서로 비슷한 문화권끼리의 이질과 동질에서 빚어지는 갈등이 줄어들 것이다.

　그동안 성숙되지 못한 무분별한 서구문화의 수입에 묵인하며 살던 중, 나의 천부경에 대한 관심은 2006년 박사과정 수업에서 다시 돌아보고 상상하게 되는 계기가 되었다. 천부경에 대한 발제를 준비하는 일은 쉽지 않았다. 천부경이 무엇인지도 모르고 그에 대한 신비함만을 강조한 책과 신지학적으로 해석한 책들은 한동안 나에게 혼돈만 가져다주었다. 도대체 천부경이 무엇이기에 사람들이 이렇게 어려워하고 갈피를 잡지 못하는 것인지 81한자의 원문을 하나하나 해석하던 중, 며칠 밤낮을 꼬박 새우면서 마치 내가 샤먼이 된 것 같은 신비한 힘의 세계로 빠져드는 체험을 하였다. 그래서 나온 소논문 「천부경의 천·지·인 사상과 그 미학적 해석」이 책의 모태가 되었다. 당시 나의 천부경 해석에 대한 소논문은 창발적이라는 좋은 평가를 받았고, 타당성이 있다 하더라도 기존의 해석과 다른 내용이라 검증에 있어서 고심하였다. 그러나 설득력을 갖기 위해서 자료를 찾던 중, 최근에 다른 분야에서 비슷한 관점으로 역사를 풀어 가는 책들이 여럿 나왔고, 이를 뒷받침하는 여러 자료들이 있음을 알았다. 그래서 더욱 용기를 내어, 보다 많은 사람들과 나의 생각과 지식을 공유하고자 책으로 엮게 되었다. 이 책은 천부경 해석을 통해 우리 문화의 원리와 쟁점들에 대해서 논한다. 그래서 문명의 시작에서 오늘날의 문화예술에 이르기까지의 광범위한 내용을 다루고 있다. 그럴 수밖에 없었던 것은, 우리가 아주 오래되어 멀리 있다고 생각하는 것들이 오늘날의 예술과 문화의 원형이 되어 녹아 있음을 모르고 사용하는 경우가 많기 때문에 그것을 규명하고 싶어서이다. 무엇보다 우리 문화예술에 관심을 가지고 있는 사람들에게 이 책이 도움이 된다면 매우 반가울 것이다.

늦게나마 이 화두를 조금이라도 풀게 된 것을 감사하게 생각한다. 3년여 동안 연구한 내용을 여러 사람들과 공유할 수 있도록 책으로 엮어 주신 한국학술정보(주)에 감사드린다. 그리고 우리 문화예술을 누구보다 아끼고 사랑하시는 채희완 교수님께 감사드린다. 동시에 함께 공부하면서 격려해 주신 여러 동료들에게도 감사드린다. 신선한 영감의 매개가 되는 차와 이야기를 함께 나누었던 김양호 님께 감사드린다. 무엇보다 지속적인 관심과 지원을 아끼지 않았던 오이하우스 대표 박혜영 님께도 심심한 감사를 드린다. 마지막으로 언제나 따뜻한 마음으로 감싸 안아 주신 부모님과 관심을 가지고 배려해 준 형제들에게 고마움을 전한다. 그리고 천부경에 대해 논할 수 있도록 나에게 찾아와 준 영감과 학문의 길에게도 감사드린다.

목동에서 2010년
문주희

머리말

'거꾸로 상상력' – 역사를 바라보는 패러다임의 전환

역사를 바라볼 때는 '거꾸로 상상력'을 발휘해야 한다. 역사는 더 이상 역사에 머물러 있어서는 안 된다. 역사는 살아 있는 문화이다. 경계를 허무는 세계화 속에서 관념의 틀을 깨고 나와, 다각도의 시각과 유기적 사고로 지역을 넘나드는 역사적 상상력이야말로 진정한 세계화이다. 그동안 우리는 역사를 바라볼 때 스스로를 왜소하게 만들곤 했다. 사대주의에서 벗어나 광활한 대지를 누비던 원사(原史)의 세계로 들어가 보자. 최근 세간의 관심사 중 하나인 요하문하 문명은 전설로 여겼던 환국(桓國)의 역사를 떠올리게 한다.

그동안 베일에 가려졌던, 천부경 해독은 특정한 하나의 분야로 접근 가능한 것이 아니다. 인류의 행적, 즉 지식과 신앙, 문화예술과 삶의 형식까지 더듬어 올라가야만 가능한 일이다. 땅속의 유물만이 오래된 우리의 문명을 말해 주는 것은 아니다. 오랜 세월 동안 우리 몸에 배인 기질과 문화예술의 특성이 이어져 오면서, 우리의 두뇌에 각인되어 있다. 때문에 우리의 두뇌는 역사와 함께 진화해 왔다고 할 수 있다. 우리 스스로를 관찰하거나 자연을 바라보는 통찰력으로 내면의 중심과 만난다면, 누구나 거꾸로 시간여행이 가능하다. 즉, 우리의 지각과 상상이 곧 문화사이다. 문화의 변천사에 근거를 두고 거꾸로 상상력을 발휘하면 역사를 거슬러 올라가 볼 수 있다.

그렇게 하기 위해서는 그동안의 지나간 문명을 바라보는 몇 가지 고정관념에서 빠져나와야 한다. 첫 번째로 그동안 결과 위주의 역사와 문화사를 배워 왔다. 역사와 문화는 과정의 연속이다. 역사와 문화사는 구분되어 있지만, 문화로서 역사를 이해하길 권장한다. 사건 위주에 치중하는 역사는 정체된 역사이다. 살아 있는 문화사의 발견은 인간의 삶의 형식과 직결되어 있음을 상기해야 한다.

두 번째로 문자로 기록된 정사만을 중히 여기는 것은 옳지 않다. 긴 역사 중에 문자의 기록은 일부에 속한다. 기호 혹은 구전이나 야설에도 눈과 귀를 기울여야 한다. 분명히 그것도 소중한 우리 문화의 밑거름이기 때문이다.

마지막으로 읽기와 암기 위주의 역사공부는 통합적 사고를 하는 데 방해가 된다. 문화와 역사를 어찌 하나의 암기에 가둘 수 있겠는가. 그것은 공간적·시간적 상상력을 발휘하는 데 방해가 된다. 단순한 암기는 좌뇌에서 담당한다. 역사의 생동감을 느끼기에는 좌뇌만으로 부족하다. 우뇌는 인류의 역사를 저장하는 탱크다.[1] 우리는 그것을 꺼내 보는 데 그동안 인색했다. 통합적 시각으로 역사와 문

---

1) 하루야마시게오, 『뇌내혁명 2』, 박해순 옮김, 사람과 책, 2002. "우뇌는 인류의 훌륭한 슬기로 가득 차 있다. 우뇌에는 과거에서 현재까지 이르는 인류 5백만 년에 해당하는 유전자 정보가 모두 들어 있다고 생각한다."

화를 바라보기 위해서는 이미지와 상상력이 매우 중요하다. 따라서 천부경을 연구하려면 우뇌와 좌뇌의 도움이 동시에 필요하다.

오늘날의 사람들이 지나간 역사를 바라보고 논하는 것은 누구나 하나의 가상(假象)의 세계에 대해 말하는 것이다. 누구도 지나간 시대를 살아보지 못했기 때문이다. 유물 몇 점으로 지나간 역사를 정확히 고증할 수 있는가. 그렇지 않다. 지나간 역사를 사실이라고 단정 짓기는 매우 어렵다.

그동안 역사를 바라보는 시각은 가상이 아니라 사실이라는 것에 더 초점을 맞추어 왔다. 그래서 더 이상의 상상력도 존재하지 않았다. 역사는 실재했던 유물이나 현상을 통해서 사실이라 믿는 가상이다. 우뇌는 가상에서 힘을 발휘한다. 가상은 현실적인 것이 아니면서도 현실적인 것처럼 보이는 형상을 말한다. 즉, 실제가 아니지만 실제에 걸쳐 있는 상(想)이다. 현실과 전혀 상관이 없는 환상 또는 환각과 구별된다. 가상을 발동시키지 않으면 역사를 바라보는 통합적 시각을 가질 수 없다. 어쩌면 우리가 살고 있는 지금 이 순간도 지나가면 가상 속의 이미지에 놓이게 된다.

따라서 우뇌로 역사와 문화사를 떠올리면 꼬리에 꼬리를 무는 영상이 펼쳐진다. 우리가 주로 알고 있는, 객관적이라고 믿고 있는 해석은 문자의 역사에 지나지 않는다. 이미지(映像)는 긴 글자나 문자보다도 전달하는 속도가 매우 빠르다. 우리가 태어나서 지금까지 말과 문자로 이 세상 현상들을 배워 왔다면 우리는 이만큼 똑똑해져 있지 못했을 것이다. 지금껏 말과 문자로 배운 것보다 감성적으로 이미지를 보고 느끼고 익힌 것이 더 많기 때문이다.

필자가 말하는 '거꾸로 상상력'은 사실에 치중하기보다 실제를 바탕으로 한 상상력으로 역사를 바라보는 시각(視覺)을 의미한다. 우리는 그동안 우리 문화를 바라볼 때 겸손하다 못해 사대국의 입장에서 판단하고 바라보는 데 더 익숙해져 있어서 우리 문화와 역사의 자존감을 찾기가 매우 어려웠다. 나는 천부경을 통해서 우리 문화의 자존감을 찾고자 한다. 천부경이라는 81자가 상징적으로 함축하고 있는 내용들을 문화와 역사 전반에 비추어 두 가지 방향으로 연구하고 상상할 것이다. 이를 통해서 우리 역사와 문화를 바라보는 패러다임의 전환을 제시한다.

천부경은 그동안 풀리지 않는 우주의 신비를 담은 도(道)에 관한 사상서(思想書)로 알려져 있다. 나는 천부경의 해독에 있어서 문자 '안의 이미지'보다 문자 '밖의 이미지'를 보았다. 즉, 문자가 내포하고 있는 심오한 사상적 의미보다, 문자 그대로의 뜻을 시각이미지와 수리를 통하여 과학적이고 통합(統合)적으로 해석하였다. 여러분은 이 책에서 새로운 패러다임으로 제시되는 천부경을 보게 될 것이다. 각자의 풍부한 상상력을 준비하고 책장을 넘기기 바란다.

이 책『천부경, 태양의 코드』는 총 4장으로 이루어져 있다. 제1장은 천부경 해독에 앞서 선행되는 다양한 분야의 개념들을 풀어놓았다. 시대적 배경이 되는 고대인의 삶의 형식과 자연에 대한 지각이 주술인지 과학인지에 대해 논할 것이다. 제2장은 천부경을 샤머니즘적 태양의 상징코드로 인식하고, 시각이미지를 통해서 그 내용을 해독한다. 아울러 동서양의 하늘을 그리는 동심원의 세계에 대해서 서술하고, 천부경과 관련을 가진 수 철학 및 역법에 대해 비교하여 논할 것이다. 제3장은 천부경의 수와 상징이미지에 결부된 우리 민족의 정신과 사상에 대해 논할 것이다. 동이, 치우, 태양 숭배, 새 토템에서 찾은 건국신화와 밝음의 문화와 사상 및 종교, 그리고 삼화에서 비롯된 조화사상에 대해 논할 것이다. 마지막으로 제4장은 천부경의 상징적 원형이 우리 문화예술의 형성원리에 어떻게 근간을 이루고 있는지에 대해 서술한다. 그리고 우리도 모르게 우리 몸에 배인 상징수와 이미지에 대해 흥미롭게 풀어 갈 것이다.

우리 문화는 어느 것 하나 연관되지 않은 것이 없다. 그것은 우리 선조들이 무엇 하나 쉽게 생각하지 않고 귀히 여겨 이어 왔기 때문이다. 그런 정성은 조화 문화에서 온 오랜 우리의 문화이다. 천부경은 그러한 문화를 반영하고 있다.

단재 신채호는 『조선사연구초』에서 천부경을 위작으로 판단하였다. 그 이유는 역사를 연구하는 데 있어서 자료와 그에 합당한 학식이 있어야만 가능한데, 천부경은 자료가 부족한데다 정확히 알 수 없는 내용이라는 점 때문이다. 신채호의 천부경에 대한 이 말은 학문하는 사람으로서 가슴에 서리는 말이다. 그럼에도 불구하고 나는 천부경 연구의 길을 떠난다. 다시 말하면, 천부경의 무한한 상상력 여행을 떠나기로 나는 결정했다. 그 이유는 진위로 따진다면 중국의 유명한 고서들은 더욱 그 진위를 알 길이 없다. 그럼에도 불구하고 동서고금의 수많은 학자들은 그것의 의미에 몰두한다. 알 수 없다고 해서 그냥 내버려 두는 것도 학자가 할 일은 아니다. 나는 천부경의 진위보다도, 천부경이 담고 있는 상징과 이미지가 우리 문화의 저변에 흐르고 있음을 감지하기에 그것을 찾아 조금이나마 증명하고 알리고자 한다.

목 차

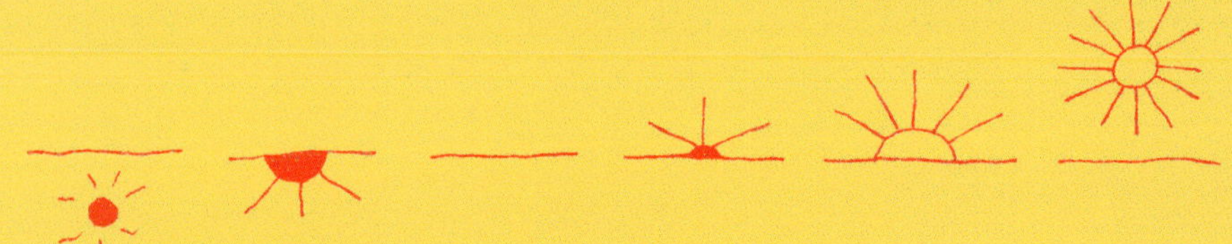

I

선사시대의 기록은 주술인가 과학인가

1. 주술이 곧 과학이던 시대

1) 왜 첫걸음이 선사시대의 주술과 과학으로 시작하는가

대부분의 사람들은 주술(呪術)을 떠올릴 때 미신 혹은 하급 문화의 전유물이라고 생각하고, 한편 과학(科學)이라고 하면 문명의 끝에 있는 첨단의 그 무엇으로 생각하는 경향이 있다. 그것은 이 두 분야의 이해가 부족해서 나타나는 편협한 인식이라 생각한다. 왜 이 책 첫 페이지부터 주술과 과학을 논하는가 하면, 기존의 로고스적 패러다임[2]에서 열린 세계로 가기 위한 첫 발걸음이기 때문이다.

오늘날과 같이 분화되고 구조화된 시대에 우리에게는 나시 '하나

---

2) 로고스(Logos)는 사물의 존재를 한정 짓는 보편적인 분별 혹은 이성을 말한다. 로고스적 패러다임(paradigm)이란 로고스적 사고에 갇혀 버린 인간의 지식의 집합체들을 뜻한다. 인간이 처음 말과 문자를 만들어 갈 때에는 하늘뿐만 아니라 만물과의 소통이 가능했다. 즉, 보이는 세계와 보이지 않는 세계를 동시에 취했으므로 로고스는 만물을 담는 그릇 역할을 하였다. 문자가 체계화되면서 차츰 사고도 한정된 로고스 안에서 머물게 된다. 로고스 밖으로 나오는 상상력을 잃어버린다. 마치 경직된 사고를 가진 어른이 아이의 천진한 상상력을 좇아가지 못하는 것처럼 말이다.

에서 시작되는 사유'가 필요하다. 그 '하나'라는 것은 열린 하나를 의미한다. 한 분야를 연구하기 위해서는 쪼개져 있는 것을 모으는 작업이 중요하지만, 다시 그 하나에 빠지게 마련이다. 넓고 깊게 알기 위해서는 하나의 열린 점에서 시작되어 자유자재로 움직이는 연결고리로 서로 만나고 소통해야 한다. 그러므로 천부경을 이해하기 위해서는 주술과 과학이 하나의 연결고리로 만나야 한다.

오늘날과 같이 자료가 넘쳐나는 정보화시대에 우리의 지식과 마음에 어떤 신선한 변화를 가져다줄 새로운 의식체계를 만들어 가는 것은 매우 중요하다. 서로 다른 분야에 대한 배타성보다 서로 연관된 학문의 고리를 만들어 가려는 노력을 한다면 조화롭고 상생(相生)하는 '감성적 지식의 시대'를 맞을 수 있을 것이다. 『천부경, 태양의 코드』는 닫혀 있던 로고스의 세계에서 무한히 열린 로고스로의 세계로 여행이 될 것이다.

천부경은 선사시대의 주술과 과학에 밀접한 관련을 가지고 있다. 특히 선사시대 중에서도 신석기에서 청동기 시대 사이의 샤머니즘 (Shamanism)적 상징코드를 가지고 있는 것으로 보인다. 그 당시에 살았던 사람들의 상징코드를 통하여 그들의 사고체계를 들여다볼 수 있다. 규정되지 않은 문화를 이해하기 위해서는 이분법적으로 이해하고 있던 주술과 과학을 하나로 보는 통합적인 눈이 필요하다.

선사시대 토테미즘(Totemism)과 샤머니즘 이전부터 인간이 정신을 가진 존재였다면 주술은 항상 그들 생활 주변에 있어 왔다. 당시에 그것을 주도하는 사람은 샤먼[3]이었고, 오늘날에는 무당(巫堂)이 이 일을 담당하고 있다. 그러나 토테미즘 주술과 샤머니즘 주술, 그리고 오늘날의 주술은 다르다. 주술을 세 가지 시대로 구분을 한다면, 먼저 토테미즘 시대의 주술은 상당히 '즉물적(卽物的) 상징체계'를 가진다. 즉물적이라 함은 관념이나 추상적인 사고가 아니라 실제의 사물에 비추어 생각하고 행동하는 것이다.

두 번째 샤머니즘 시대의 주술은 인간(샤먼)을 매개로 한 번 걸러진다. 토테미즘 부족에서는 집단이나 부족이 특정한 동물이나 식물들을 신성시하여서 그 부족의 상징적 존재로 삼았다면, 샤머니즘 집단에서는 동물, 식물, 하늘, 세상에 존재하는 신이든 그렇지 않은 신이든 사람(샤먼)이 그 주술에 매개가 된다. '추상적·직관적 상징이 싹트는 시기'라고 할 수 있다. 이 시기에는 통합(통섭)적 사고 체계를 가지고 있었다. 마지막으로 오늘날의 무당이 주제(主祭)하는 주술은 관념적이고 형이상학적이다. 오늘날의 무당은 관념화되고 고착화된 상징(집단적 무의식)적인 신을 모신다. 그것은 즉물적인 것과 직관적인 것 위의 중복된 상징적인 정신이다. 그리고 긴 역사 속의 중첩된 관념이 섞인 '상징 안의 상징체계'를 가지고 있다.

오늘날의 무당이 행하는 주술을 우리는 과학적이라 하지 않는다. 왜냐하면 확연히 구분되는 두 영역이기 때문이다. 그러나 샤머니즘 시대의 주술은 주술과 과학이 공존할 수도 있었던 시대라는 것을 확

---

3) 샤먼(shaman)이란 말은 17세기 후반 바이칼 지방과 예니세이 강가에서 퉁구스인(人)을 접했던 러시아인에 의하여 알려졌다. 20세기에 들어와서 J. 네메스와 B. 라우퍼 등에 의해 퉁구스계 종족 사이에 주술사의 일종을 지칭하는 šaman, saman, s'aman 등에서 유래하였다. 주술사인 샤먼은 신의 세계나 또는 초자연적 존재와 교접하며, 그에 의하여 점복(占卜), 예언, 치료 따위를 하는 종교적 행위를 한다. 특히 북동아시아에서 주로 성행한다.

신한다. 인간이 스스로 만물을 인식하게 된 시기였고, 만물을 존중
하면서도 인간의 사고(思考) 안에서 의식하고자 시도를 했던 시기로
보이기 때문이다. 육감(肉感)으로 느꼈던 만물을 통합적 지각(五感)
으로 느끼는 시대였음을 의미한다. 샤머니즘 시대는 이로써 자연현
상의 추상적 상징체계를 만들어 냄으로써 사고의 변화와 인식의 변
화를 유발(遺髮)하였다.

　과학이란 무엇인가? 떠올려 보자, 에드워드 윌슨은 『CONSILIENCE
(지식의 통합)』에서 자연과학을 다음과 같이 말했다. "과학은 철학
도 아니고 하나의 신념 체계도 아니다. 과학은 실제 세계를 탐구하
는 가장 효과적인 방법이다."4) 이 말은 아주 멋진 말이지만 여러 가
지 어폐(語弊)를 가지고 있다. 오늘날의 과학은 실제 세계를 탐구하
는 가장 효과적인 방법으로서 철학을 가진 그리고 신념에 가득 찬
인간이 찾아 나서는 무엇이다. 물론 에드워드 윌슨이 한 말은 오늘
날의 철학과 신념에 대해 빗대어 과학 본연으로서의 과학을 말한 것
이다.

　나는 여기서 '실제 세계'라는 말에 주목하고자 한다. 만약 과학이
실제(實際)를 탐구하는 가장 효과적인 방법이라고 가정한다면, 선사
시대 사람들은 과학적인 삶을 살았다고 보아도 될 것이다. 아마도
그들은 실제(자연 현상)를 그들의 삶의 형식에 가장 적합하고 효과
적인 방법으로 탐구했을 것이기 때문이다. 주술도 그 방법 중의 하
나였을 것이고, 그것이 그들에게 주는 효과는 대단한 것이었다. 그

---

4) 에드워드 윌슨, 『통섭(Consilience)』, 최재천 · 장대익 옮김, 사이언북스, 2005, p.100.

들은 관념의 틀보다도 실제 세계와 가까웠다. 그런 면에서 과학적이다. 주술과 과학은 '실제 세계'를 지향하는 것에서 합일 지점으로 만난다.

　과학은 넓은 뜻으로는 학(學)을 일컫고, 좁은 뜻으로는 자연 과학을 의미한다. 이러한 과학의 의미는 천부경의 이치와도 부합한다. 천부경은 당시의 자연관찰을 통해서 발견한 원리로서 천문, 수리, 교육 등의 기능을 가지고 있기 때문이다. 또한 천부경을 둘러싼 진리의 숭고함은 주술을 닮았을 뿐만 아니라 그 원리는 과학이라 할 수 있겠다. 이에 대한 구체적인 내용은 2, 3장에서 서술할 것이다.

　주술이란 인간의 고민과 문제점을 해결하는 데 심적·물적으로 도움을 주고자 행하는 주문이나 술법이다. 그 의미를 두고 본다면, 과학과 주술은 서로 다른 분야라기보다 닮은 부분이 많은 분야이다. 즉, 샤머니즘의 통합적 인식체계로서 주술은 과학에 가깝다. 샤머니즘시대는 주술과 과학이 하나이던 시대라 보아도 과언이 아니다. 일반사람들이 보지 못하는 넓은 시각을 가졌거나, 만물을 깨닫고 지혜를 가진 샤먼은 신령한 자이자, 지도자이자, 과학자라고도 볼 수 있다. 왜냐하면 선사시대인의 관찰력은 매우 포괄적이고 정확하며 그들 나름대로 세계를 감지하는 능력을 가지고 있었기 때문이다. 오늘날과 같이 기술과 실험만을 통해서 결과를 도출해 내는 것이 오히려 경우에 따라 역행하는 것일 수도 있다. 현재 유럽에서 실험 중인 빅뱅실험이 그 한 예이다. 그렇지 않아도 오염으로 시달리는 지구를 괴롭힐 뿐만 아니라 인간에게 그 해가 돌아올 수 있는 무분별한 실험이다. 꼭 그렇게 거대한 실험을 해 봐야 아는 것일까? 잦은 기계 고장으로 외려 환경문제만 만들고 있는데 말이다. 이것은 후세에 대한 배려가 없는 행위이다. 우주로 나가야 하늘이 검은 줄 아는 것일까. 고대인들은 우주에 가 보지 않아도 하늘이 검은 지 알았다. 그리고 지금의 첨단과학으로도 알 수 없는 별에 대한 정보들을 가지고 있었던 마야인들도 있다. 그런 통찰적인 시야를 가지고 연구할 수 있으면 얼마나 좋을까.

피타고라스는 주술과 과학이 하나인 시대의 사람이다. 일화로 예를 들자면 그는 간혹 설명할 수 없는 '기적(奇跡)'을 만들어 냈다고 한다. 피타고라스의 기적에 대한 일화 중 하나를 소개한다.

> 피타고라스는 푸른 콩이 자라는 목초지에서 콩을 먹고 있는 황소를 보고 목동에게 다가가 "콩 말고 풀을 먹도록 황소를 설득해야 하지 않겠소?"라고 조언을 했다. 목동은 코웃음을 치며 자신은 황소의 말을 모른다며 피타고라스에게 만일 그렇게 할 수 있으면 직접 해 보라고 말했다. 피타고라스는 황소에게 다가가 귀에 대고 무언가를 한참 속삭였다. 그 후로 황소는 콩을 먹지 않고 풀을 먹으며 타렌툼에 있는 헤라신전의 근처에서 매우 오랫동안 장수를 했다고 한다. 마을 사람들은 그 황소를 신성한 동물로 받아들이고 숭배했다.[5]

피타고라스의 추종자들은 그가 기적을 만들어 낸다고 믿었고, 실제로 기적이 일어남을 당연히 여겼다. 그는 피타고라스 정리를 정립한 자, 그리고 "만물은 수(數)이다."라고 말한 철학자이다. 우리는 피

---

5) 존 스트로마이어 · 피터 웨스트브룩, *Divine Harmony: The Life and teaching of Pythagoras*, 류영훈 옮김, 『피타고라스를 말하다』, 퉁크, 2005, p.123.

타고라스가 수학자로서 매우 이성적인 사람이었을 것이라 생각한다. 그러나 그는 주술적이고 과학적이고 감성적인 사람이었다. 사실 그는 기원전 6세기경의 수학자이자 철학자, 종교학자, 지도자 등 통합적 역할을 했던 사람이다. 그에겐 지혜로운 스승이라는 지칭이 가장 어울린다.

그 기적은 지혜로운 자의 눈에 비친 세상 이치의 발견이었을 것이다. 현명(賢明)한 자에게 하늘을 관찰하는 눈이 있었다면 날씨를 맞추었을 것이고, 또 세상의 이치나 원리를 깨우친 지혜가 있었다면 간절히 원하는 자들에게 알려 주었을 것이다.

피타고라스가 만물이 '수(數)'라고 말하기 위해서 얼마나 많은 시간을 소요했을까. 그리고 얼마나 많이 만물의 수리와 원리에 대해 사색했을까. 또 얼마나 자주 세상에 그것을 비추어 보았을까. 현자들의 주변에 기적이 있는 것은 어쩌면 당연한 일인지도 모른다. 그것을 접하지 못한 사람들에게는 그것은 주술이자 과학, 곧 가르침이자 기적이 된다.

2) 주술과 과학이 하나이던 시대의 천문관찰

천부경이 만들어진 시기에 인간의 자연감지는 오늘날보다도 더욱 통섭(通涉, 만물에 두루 통해서 서로 오고 가는 것)적인 것이었다. 오늘날과는 차이가 있지만, 만물에 대한 관찰과 신비감(존중)을 동시에 중시한 것은 예나 지금이나 다르지 않다. 선사시대 사람들은 문자가 없었을 뿐, 자연에 대한 감지(感知, 마음으로 깨달음)와 교감(交感)으로 뛰어난 직관력을 가지고 있었다.

그러므로 그들에게 하늘은 하늘만이 아니었다. '하늘'의 관찰은 인간이 서 있는 '땅'과 직결되어 있었다. 불과 얼마 전만 해도 그동안 선사시대 주술 혹은 제의의 용도라고 알려져 있던 세계의 거대 유물들이, 주술적 쓰임 외에 실질적으로 하늘을 관측하던 도구였다고 재해석되고 있다. 몇 천년 전이라고 하면 대개의 사람들은 원시적인 시대라고 여긴다. 우리는 이 시대를 떠올리면서 너무 멀리 바라보는 관점을 가지고 있다. 그러나 그다지 오래된 역사는 아니다. 시간은 오래 지났지만 인간의 기본적인 삶에 있어서는 크게 차이가 없었다. 단지 사고체계와 소통매체와 방법이 달랐을 뿐이다. 삶을 유지하고자 노력하는 인간의 모습과 삶의 원리를 찾는 것은 우리와 별반 다를 것이 없다. 지금으로부터 4천년 전을 원시적인 시대라고 보는 것은 인간의 사고체계의 변화와 상상력 부족에서 나타나는 현대인의 오해이다. 그들은 우리가 상상하는 것보다 훨씬 체계(體系)적인 문명(文明)을 가지고 있었다.

고대문명에서 가장 두드러지게 나타나는 것이 태양의 문명이다. 태양은 지식의 코드를 제시한 자연의 대표적인 '움직이는 거대한 빛'이다. 고대의 태양은 생명이고 유일무이한 밝음을 주는 존재이다. 이것은 신적 존재인 동시에 관찰의 대상이 되었다. 적어도 태양을 숭배했을 때, 주술과 과학은 하나였을 것이다. 자연의 일부인 태양은 신성시되고, 주술적 대상이다. 동시에 움직이는 태양의 모습을 관찰하고 기록하는 데 있어서 초기과학 활동이 이루어졌다.

천부경이 '하늘의 태양을 관찰 혹은 측정하는 그림'이라는 결론을 내리고 비슷한 원리의 문물을 찾아낸 것 중 하나는 영국의 스톤헨지 (StoneHenge)이다. 스톤헨지는 영국 잉글랜드 남부 시골 지역의 중심부 솔즈베리 평원에 있는 거대 거석이다. 시대는 대략 기원전 1700년경에 제작된 것으로 추정되며, 재료는 사슨석(sarsen stone) 석재와 그보다 작은 블루스톤(blue stone)이 혼합되었고, 형태는 중앙에 제단같이 생긴 넓적한 돌이 있고, 그 주위를 거대한 돌들이 동심원을 이루며 서 있다. 예전에는 주술의 제단으로 해석되었던 것이 최근에는 태양과 별의 관측기라고 연구된 바 있다. 스톤헨지의 배열에는 중요한 비밀이 있었다. 하지 및 동지의 일출지점과 일몰지점이 일정하게 거석을 통해 표시되었고, 별의 운행 위치를 표시하기도 하였다.

〈그림 1〉 StoneHenge(스톤헨지)[6]

'천부경'이 만들어진 시기를 정확히 모르나 여러 정황으로 봐서 스톤헨지와 비슷한 시기에 제작된 것으로 짐작할 수 있겠다. 나는 천부경의 원리가 만들어진 시기를 스톤헨지보다 1000년이 앞서는 치우천황과 깊은 관련이 있다고 판단을 하였다. 그래서 치우천황[7]이 통치했던 시기 이후를 넓은 의미의 천부경의 시대라 생각한다.

2장에서 자세히 언급하겠지만, 간단히 말하면 천부경의 수리와 태양상징이 그 이유이다. 천부경과 스톤헨지는 태양 숭배와 관측이라는 점에서 매우 비슷한 내용을 가지고 있다. 그 외 바빌로니아의 천문 데이터를 기록한 진흙판과 여러 유물에서 천문관찰이 이루어졌음을 알 수 있다. <그림 2>는 겉으로 보기에는 왕이 태양신에게 숭배하는 의식(儀式)같이 보이지만 실제 내용은 문자 해독을 통해 밝혀졌듯이, 구체적인 행성과 위성에 대한 이야기가 언급되어 있다.

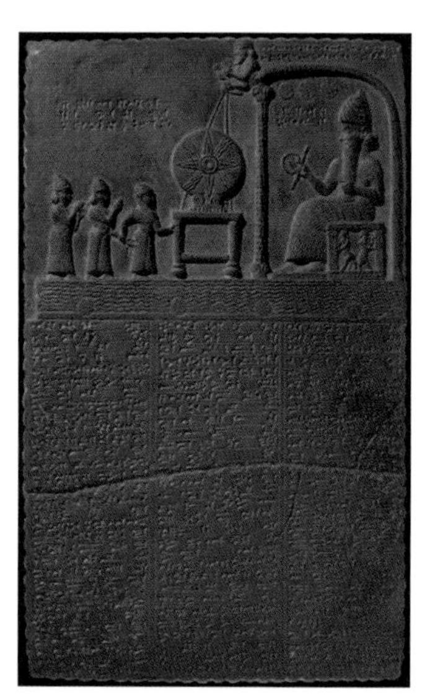

〈그림 2〉 Tablet of shamash
(바빌로니아 진흙판)[8]

---

6) www.stonehenge.co.uk.

7) 북애노인의 『규원사화』(1675) 상권과 계연수의 『한단고기』(1911) 참고.
   치우는 배달국(倍達國)의 제14대 천왕(천황)인 자오지환웅이다. 기원전 2707년에 즉위하여 109년간 나라를 다스렸다고 알려져 있다.

8) www.britishmuseum.org

우리가 그동안 막연히 주술로 이해해 왔던 유물들은 그 현상과 본질이 결합된 고대인들의 인식 체계를 보여 준다. 고대인은 그들 나름대로 최선을 다해 하늘을 알기 위해 노력하고 느끼고 깨닫지 않았을까 생각한다.

2. 도와 로고스의 만남

1) 자연의 발견과 경이, 그리고 숭고

지금의 로고스(분별과 이성)보다 고대의 로고스는 더 많은 것을 담고 있었다. 파토스[9]가 있어야 로고스는 존재한다. 반면, 로고스가 파토스를 이끌어 내기도 한다. 자연의 거대함뿐만 아니라 자연의 이치(理致)와 수리(數理) 발견은 동서고금을 불문하고 인간에게 큰 영감과 숭고를 갖게 한다. 선사시대 이후로 자연의 발견과 경이, 그리고 숭고의 연속적 결과에 의해 인간의 뇌는 유전적으로 긴장과 완화 속에서 변화해 왔다고 해도 과언이 아닐 것이다. '천부경'의 원리를 발견하고 만든 사람도, 그리고 날짜에 따른 해의 움직이는 위치를 이용해서 스톤헨지를 건설한 사람도, 하늘과 땅과 인간의 수리를 깨우치고 딜력을 민든 사람들도 깨달음의 도와 숭고를 느꼈을 것이다.

---

9) 파토스(pathos)는 로고스와 상대되는 개념으로 '인간의 마음이 받은 기분·정서의 상태'를 총괄하여 뜻한다. 수동성·가변성이 내포되어 있으며, 안과 밖의 상황에 따라 인간의 마음이 받는 기분·정서를 총괄하여 일컫는 말이다. 인간이 느끼는 경이와 숭고는 파토스의 작용으로 유발한다.

모든 사람은 살면서 크고 작은 경이와 숭고를 느끼면서 살고, 또 그것을 후세에 남기려고 애쓴다. 오늘날에도 무당은 신을 얻어 관계를 풀거나 맺고, 과학자는 영감을 얻어 새로운 것을 만들어 내면서 숭고를 느낀다. 아마도 그들이 느낀 것은 '가짜 롱기누스'10)의 "영혼을 뒤흔드는 놀라움과 미칠 것 같은 희열"과도 같은 것임에 틀림이 없을 것이다.

칸트 이전에 숭고의 개념에 대해 언급한 사람은 『숭고론』을 번역한 브왈로(N. Boileau, 1636~1711)이다. 고전주의 희곡과 시의 원칙을 창안한 그는 그리스의 수사학자 롱기누스(C. D Longinus, 217~273)가 쓴 『숭고론』을 번역하면서, 서문과 주석에서 자신이 이해한 숭고의 개념을 써 넣었다. 이 책의 논지는 위대한 문학작품이 가지고 있는 두 가지 특징을 언급하는 것이었는데, 첫 번째 특징은 '원대하고 중요한 사상', 두 번째 특징은 '격렬한 정서'를 말한다. 브왈로는 문학작품이 가지고 있는 두 가지 특징이 바로 롱기누스의 숭고론으로 생각했다. 바로 이 두 가지 조건이 숭고의 구성요소라고 볼 수 있다. 그렇다면 숭고는 위대한 작품의 조건이다. 뒤집어 말하면, 숭고를 가지고 있으면 위대한 작품이 나온다고 말할 수 있다. 그렇다면 숭고는 어디서 나오는 것일까. 나의 견해는 거대한 자연의 경이를 느꼈거나 진리를 발견했거나 깨우쳤을 때, 아니면 그 전 단계에서 비롯되는 격렬한 정서가 숭고라고 생각한다.

---

10) 오늘날 남아 있는 유일한 저술인 『숭고론(*Peri Hypsous*)』의 저자로 고대 그리스의 문헌학자·수사학자(217~273)이며, 19세기 이전까지 불렸던 사람이다. 그러나 숭고론을 롱기누스가 쓴 것이 아님이 밝혀지자, '가짜 롱기누스'를 대명사처럼 쓰고 있다.

　거대한 자연의 발견과 큰 진리의 깨우침은 경이와 숭고를 만들어 내는 환경이다. 자연은 그 환경이자 터전이다. 동양에서 자연(自然)은 인간과 하나이다. 자연은 인간과 대등한 관계가 아니고 마치 부모와 같은 존재였다. 항상 하늘과 땅 사이에 있는 존재일 뿐이다. 다시 말하면, 인간은 자연의 일부이다. 그리고 때로는 인간에게 있어서 자연은 관찰의 대상일 뿐만 아니라 숭배의 대상이었다. 따라서 자연은 인간의 삶과 밀접한 연결고리를 가지고 있다. 즉, 자연의 변화는 인간의 삶에 미치는 모든 영역의 규범들을 고리로 연결시켜 하나의 방법과 원리를 만들어 내는 사전 같은 존재이다.

　서양의 자연관도 고대에는 동양과 비슷한 것이었다. 시간이 지나면서 서양은 관념론과 인간중심의 합리적인 자연관이 강하게 나타났다. 차츰 인간이 '본질(실재)'이라는 것을 업고 현상적인 자연 위에 서게 된다. 그리고 서양철학은 오히려 동양보다 관념적이고 존재론적인 성향이 지배하게 되었다. 서양에서 자연을 다시 돌아보게 된 것은 얼마 되지 않았다. 그에 비해서 동양은 현상(실제)에 대한 고민과 삶의 일부로서 자연에 대한 사색으로 이어 왔다. 동양은 관념적이라 자연관이 정체되어 있었던 것이 아니라 항상 실제이면서 변하고, 또 가까이 있어서 규정 내리는 일에 더디었다.

　동양에서 자연은 현상으로서 시공간에 놓인 관망(冠網)의 대상이고 또 섬김의 대상이었다. 물아일체(物我一體) 사싱이 그것인데, 지연과 하나 되어 생활을 하였으므로 하나로 떼어서 생각할 수 없는 존재다. 모든 원리는 자연에서 도출되있고 그것은 비밀스럽게 말을 통해서 전래(傳來)되어 왔다. 자연을 깨닫는 데는 인간으로서 감당하기 힘든 도(道)와 같은 거대한 영감(靈感)과 숭고(崇高)가 있었기 때문이다. 자연에 대한 영감과 숭고를 동양의 도에 비추어 보았다. 그것은 노자 『도덕경』에서 찾을 수 있다. 노자의 이러한 말들도 관념에서 비롯되었다기보다 자연에 대한 관찰과 경이, 그리고 숭고에서 나오지 않았을까 생각해 본다. 노자의 이 말은 동양의 초기 로고스라 볼 수 있겠다.

> 有物混成　先天地生(유물혼성 선천지생)
> 可以爲天下母　吾不知其名(가이위천하모 오불지기명)
>
> 모두 뒤섞여서 이루어진 것이 있으니, 하늘과 땅보다도 먼저 생겨났다.
> 가히 세상의 근원이라고 말할 수가 있으니, 나는 그 이름을 알지 못한다.
>
> 字之曰道　强爲之名曰大(자지왈도 강위지명왈대)
> 大曰逝　逝曰遠(連)　遠(連)曰反(대왈서 서왈원 원왈반)
>
> 그것에 '道'라는 글자로 이름을 붙이고, 그것에 대해 억지로 설명한다면 그냥 '큼'이라고만 말할 수 있겠다.
> 크다는 것은 무한히 나아감을 말하는 것이며, 무한히 나아간다 함은 연이어져 있다는 말이고, 연이어진다는 것은 되돌아온다는 것을 이른다.
>
> 域中有四大　而王居其一焉(역중유사대 이왕거기일언)
> 人法地　地法天　天法道　道法自然(인법지 지법천 천법도 도법자연)
>
> 우주에는 네 가지 위대한 것이 있는데, 사람은 그 가운데 하나일 뿐이다.
> 사람은 땅과 더불어 있고, 땅은 하늘과 더불어 있으며, 하늘은 도와 더불어 있다. 그리고 도는 모든 존재하는 것들과 더불어 있다.
>
> 〈노자, 『도덕경』 제1장, 제25장〉

자연에 대한 숭고는 로고스를 만들어 내기도 하지만, 반면 파토스를 만들어 내기도 한다. 동양에서 자연의 숭고는 무당이 신을 부르고 또 신이 들린 것과도 같다. 우리나라에는 아직도 많은 사람들이 산천에 제의를 지낸다. 기복을 비는 동시에 자연의 경이와 숭고를 얻는 과정이라 볼 수 있다.

서구에서 자연의 경이(wonders) 또는 숭고(sublimity)에 대한 개념적 기원은 영감(enthusiasmus), 천품(physis), 탈아(ekstasis)에서 찾을 수 있다.

영감에는 자연히 숭고가 따른다. '영감'이란 단어가 처음으로 등장하는 것은 『플라톤』의 대화편 「이온」에서인데, 문예의 본질에 대한 것으로서 '테크네(techne)'와 신적 소산인 '영감'을 구분하였는데, 영감에 빠진 시인은 이성을 가지지 못한다고 여기고 그것을 부정하였다.11)

플라톤이 파토스(pathos)에 의해 지배되는 문예적 영감을 로고스로 제어하는 철학적 영감으로 대체하려고 했다면, 아리스토텔레스는 문학의 본질과 원천을 『시학』에서 플라톤의 영감설에 기원을 둔 '천품'과 소피스트들의 수사학에 근거하는 '기예'의 이중적 결합의 소산이라고 했다.12) 이것은 예술의 특성을 인식하는 중요한 계기가 되었다(그러나 그의 예술에 대한 인식은 예술의 특성과는 차이가 있는 완전한 것에 대한 견해였다).

카타르시스는 우리나라 밀로 '정화' 또는 '씻김'이라는 개념과 비

---

11) 안성찬, 『숭고의 미학: 파괴와 혁신의 문화적 동력』, 유로서적, 2004, p.31.
12) 앞의 책, p.39.

슷하다. 마음속의 억압된 감정의 응어리를 행동이나 말을 통하여 발산하거나 그 이상의 극도의 체험을 통해서 정신의 균형이나 안정을 찾게 되는 것을 의미한다.

숭고와 카타르시스는 천품과 탈아의 개념과 밀접한 연관을 갖는다. 숭고는 '천품(physis)'과 카타르시스는 탈아(연민(eleos)과 공포(phobos)에서 얻는 정화)의 개념과 서로 같은 맥락이다. 후자는 내적인 심리 현상을 넘어서서 그것의 외적인 표현을 통해서 얻는 행동과 현상을 일컫는 말이라면, 전자는 인간이 알 수 없는 거대한 자연과 같은 존재가 주는 경이와 놀람에서 오는 희열을 통해서 그 이상의 기운을 얻는 것을 말한다. 숭고 개념의 씨앗이 되었던 그리스어 '천품'의 원래 어원은 '자연'을 의미하며 동시에 '자연이 준 것', 나아가 '타고난 소질'을 가리키기도 한다.[13]

필자가 말하고자 하는 자연에 대한 경이와 숭고 개념으로는 sublimity이라는 단어의 개념보다 고대의 숭고 개념인 'physis'와 'hypsos'가 더욱 가깝다. 특히 'hypsos'는 동양의 '숭고(崇高)' 개념과 가장 비슷한 뜻을 가지고 있다. "영감에 사로잡힌 시인의 낭송에 의해 촉발되어 카타르시스로 끝맺게 되는 자아고양"(R. Hohmann, Aritikel, 1972)의 체험을 고대 그리스인들은 '숭고(hypsos)'라고 불렀다. 이것은 숭고 미학의 개념사적 기원이 되는 고대 희랍어이다. hypsos은 '높이', '높음'을 뜻한다. 후에는 "격정적으로 솟아오르는 영혼의 고양(Ebd, die Eöhung der pathetisch sich aufschwing–enden Seele)"을 지칭한 용어로 쓰이게 된다.[14]

---

13) 앞의 책, p.39.

고대인들은 자연으로부터 직접적으로 삶을 영위하기 위해서 자연을 관찰하기도 하고, 자연에서 얻는 숭고와 천품으로 몰입하기도 하였다. 그리고 그런 체험과 행동에서 얻은 로고스적인 발견은 놀라웠다. 그것으로 인해 숭고는 더 크고 높아져 갔다. 자연의 거대한 숭고와 천품은 문자를 만드는 데 이르렀고, 그들의 사고체계와 생활도구(돌, 청동, 철 등)의 변화와 밀접한 영향을 주고받게 된다.

자연에 의한 숭고와 도는 상징체계의 변화를 이끌었다. 즉, 문자와 수리의 발견 또는 발명으로 그들 삶의 방식은 마치 숭고의 의식(儀式)처럼 변화하고 기록된다.

2) 숭고와 기호, 문자 – 그림이 문자가 되기까지

오늘날 동·서를 막론하고 숭고의 부흥은 참신함을 더해 가고 있다. 하나의 최첨단문화 끝에서 다시 고대의 숭고를 불러들이고 싶어서 그런 걸까. 그러나 오늘날 진실로 숭고함이나 숭고미를 느껴 본 자가 얼마나 될까? 그 개념조차 잊고 사는 현대인들도 많을 것이다. 오늘날, 지금 이 순간에도 자연을 통해서 문학을 통해서 과학을 통해서 새롭게 창작되거나 창조된 것들을 통해서 숭고를 간접적으로 느낄 수 있을 것이다.

우리는 하나의 현상을 두고 도(道)를 느끼거나, 한편으로는 로고

스적인 표현을 하기도 한다. 다시 말해, 고대인들도 거대한 자연 이치의 발견과 경이로 '숭고'나 '도'에 이르고, 한편으로 그것을 로고스적으로 표현한다. 즉, 자연 이치의 발견과 경이로 인한 깨달음은 '도'를 형성하고, 그 도를 기록하고자 하는 의지는 '로고스의 세계(문자)'를 만들어 낸다.

오늘날 '도(道)'가 무엇인지에 대해 우리는 규정 내리기 매우 어렵다. 그런데 도라는 것을 '근원에 대한 이치를 깨닫고 행하는 것'이라고 간단히 정의하고 보면, 도는 '자연과 같이 우리 인간의 삶에 아주 가까이 있는 것임'에는 분명한 것 같다. 그리고 고대인에게 도는 숭고에 의한 도달점과 같은 것이다. 숭고는 도처럼 자연의 이치를 깨닫는 마음으로 삶에 깊이를 더해 주는 데 기여한다. 그전의 것과 다른 차원의 변화를 유도한다.

도와 로고스는 상대적인 개념의 단어는 아니다. 오히려 초기의 언어와 문자는 '도(숭고)를 담는 그릇'이라고 볼 수 있다. 차츰 문화가 구조화되면서 표현의 한 방법인 '문자'에 인간은 다시 갇히는 신세가 되긴 했지만, 초기 형성된 문자는 그 신선한 날 것 그대로의 상징과 의미가 담겨 있다. 그래서 고문자는 지금까지도 많은 연구자들에게 그때의 영감과 숭고를 전해 주고 있다.

인간의 찬란한 문명의 입성(入城)과 신비롭고 숭고한 것에 대한 기록의 의지는 비밀스런 기호나 문자를 만드는 데 기여한다. 마치 은밀한 의식과도 같이 조심스럽고 온 기운을 다 모아서 '새기는 문자'로 나아간다.

문자가 만들어진 이유는 여러 가지가 있다. 집단의 소통, 그들의 권력 유지, 기록(경제적 회계) 등의 이유가 있다. 그 내용은 집단적 상징체계 및 삶의 형식과 관련을 가지고 있다. 그러나 위의 문자 생성 원인들은 문자 발생 이후 필요에 의해 더욱 다듬어지고 문자가 어느 정도 권력화되었을 때의 이유이고, 직접적인 기호나 문자 생성의 원인이 되지는 못한다고 생각한다. 나는 그 이유로 앞서 숭고를 언급했다. 왜냐하면 문자는 한 시대의 숭고의 결과물, 즉 대자연의 원리를 재통합한 창조물이기 때문이다.

문자는 발명되었는지, 우연히 발견되었는지, 또는 진화되었는지, 아니면 생명장이론처럼 시기에 맞춰 인류에게 찾아온 것인지? 그에 대해서는 정확히 알 수 없으며, 이견도 분분하다. 그러나 그 사실은 문자가 그만큼 발생에 있어서 베일에 가려져 있음을 의미한다. 지역마다 문자와 소통의 방식이 다른 것으로 보아 시기와 환경에 영향을 받는 집단의 소통방식이었음에는 틀림이 없다.

고대문자는 하루아침에 만들어진 것이 아니다. 비슷한 문화권의 상징적 소통수단과 쓰임이 거듭되면서 상징체계의 차원변화가 일어났다. 그 결과물을 통해서 완성되었다고 본다. 문자가 없었을 때에도 인간의 단순한 노작(勞作) 활동이었던 그림이 자연스레 나타났다. 하지만 그것을 기호나 문자라고 보기는 어렵다.

문자는 상징적 기호와 의미체계를 담는 것이어야 한다. 문자의 생성과정에는 현상과 본질에 대한 문제를 가지고 있다. 환경적 재료,

상징체계, 그 속에 함축된 정신이 그것이다. 다시 말하면 고대인들의 소통 표현에 대한 이해를 돕기 위해서는 그 시대의 '도구'와 '환경적 재료(材料)', 그리고 삶의 형식을 반영한 '상징체계'를 이해하는 것이 중요하다.

땅바닥에 그림을 그리면 쉽게 사라진다. 사라진다는 것은 유용한 내용을 기록하는 것에 적합하지 못하고 소통하기도 매우 어렵다. 그래서 구석기인들이 찾아 낸 것이 동굴 안이었다. 그리고 신석기와 청동기 시대에는 '돌(stone)'과 '청동(bronze)'이라는 자연적 재료를 선택하였다. 석기시대에 사용되었던 돌은 지금 우리가 생각하는 돌과 다르다. 영원하고 신과 소통하는 매개인 동시에 기록의 수단이었다. 청동기시대의 뾰족하고 단단한 재질인 청동의 사용은 돌에 새김을 더욱 정교하게 하였고, 문자 발생의 중요한 계기가 되었다. 약 오천 년 전부터 동과 주석이 풍부하게 출토되는 지방을 중심으로 청동기 문화가 나타나기 시작했다. 기원전 3000~500년 사이에 대부분의 유물은 돌로 만들어진 것들이다. 돌 외에 뼈(갑골문자), 점토판(메소포타미아) 등에 새기는 형태의 문자와 그림이 발견된다. 견고함은 '지속성'과 '기원(祈願)', 그리고 '소통 가능한 시간'을 부여한다.

'돌'과 '새김'이 주는 의미는 매우 크다. '새긴다'는 것은 기록의 용도를 넘어서 '영원히 지속되는 것'과 '간절히 바라는 마음'까지 함축하고 있다. 오늘날까지도 '새긴다'는 행위는 '기원'의 의미를 담고 있다. 경남 합천 해인사를 걸어 내려오다 보면 골짜기마다 잘생긴 바위에 모르는 이름 석 자가 즐비하게 새겨져 있다. 이렇듯 '돌'이라는 것은 가공되지 않은 자연적 영속성을 지닌 영물(靈物)이다. 또한 그러한 영적인 물질에 새기는 행위는 현상을 넘어서 영원성을 바라는 인간 정신을 담기에 매우 용이한 것이었다.

이뿐만 아니라 돌에 그림을 새기는 것은 인간의 간결한 추상적·상징적 사고체계를 촉발시킨다. <그림 3>은 필자가 임의로 설정한 문자의 생성과정을 담은 사진이다. 문자의 생성과정은 평면이라는 공간에 대한 인식에서 출발하는 '그림'으로 시작된다. '그림문자(동굴벽화)'에서, 차츰 '추상그림(암각화)'으로, 그리고 '추상기호'에서 '문자(상형, 설형)'로 이어진다. '동굴벽화'는 구석기시대에 기원(祈願)을 위한 주술적 소통 매체이자 기록 매체였고, '암각화(巖刻畵)'는 청동기에서 철기시대의 기록물이다. '문자(상형, 설형)'는 청동기 이후에 형성된다.

<그림 3>의 좌측 상단에서 시계방향으로 라스코 동굴벽화(프랑스, B.C. 15000~10000, 말), 대곡리 반구대 암각화(한국, 울주 반구대, 청동기 이후, 호랑이, 표범, 고래), 양전동 암각화(한국 경상북도, 청동기~철기, 동심원, 방패무늬, 신면상), 천전리 암각화(한국 대곡리 강변 위, 청동기~철기, 기하학적 문양)이다. 갈수록 추상성과 상징적 기호가 뚜렷해지면서 기호의 형상을 띠고 있다.

이후 갑골문자의 형태로 이어진다. 반드시 이 순서대로 문자가 만들어진 것은 아니다. 환경에 의해 변화된 말과 몸짓 이외의 '이차적 표현 수단'인 문자의 흐름을 알고자 임의의 순서를 정하였다.

〈그림 3〉 구석기에서 철기시대까지의 그림문자

많은 학자들은 문자가 교류되어 만들어졌다기보다 하나의 문화를 공유한 집단 내에서 생성되었다는 데 동의하고 있다. 메소포타미아와 이집트처럼 매우 가까운 문명에서조차도 문자에 대한 개념이 전달되었다는 확고한 증거는 없다.[15]

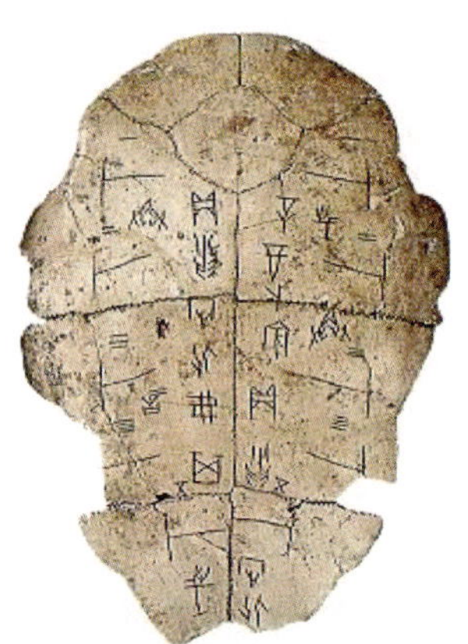

〈그림 4〉 갑골문자

---

15) Andrew Robinson, *The Story of Writing; Alphabets, Hieroglyphs & Pictogram*, 1995, 박재욱 옮김, 『문자이야기』, 사계절, 2003, p.13. 대부분 학자들은 고대의 주요 문명에서 독립적으로 문자가 발전했다는 판단을 선호한다. 그러나 낙관론자 또는 반제국주의자는 인간 사회의 지성과 창조성을 강조하고 싶어 한다. 좀 더 보수적인 역사관을 가진 비판론자는 인간사회는 절대적으로 필요한 경우가 아니라면 혁신보다는 모방한다는 모방설을 강조한다.

그러나 고대에서 현대에 이르기까지 일정한 질서의 모드인 '생명장(Life Field)'16) 이론과도 같은 동시적 문화 기류가 있었음에는 부정할 수가 없다. 그러므로 비슷한 문화권의 비슷한 시기에 비슷한 문자 종류가 생성되었을 것이라는 추측은 배제할 수가 없다. 또한 말은 달라도 문자는 비슷한 문화권이 있다. 그것은 동시성이나 문자의 사용에 있어 교류의 특성으로 볼 수 있겠다.

융은 언어와 문자는 한 집단의 오랜 무의식의 상징성을 그 바탕에 두고 있고, 한 집단 내 동시대인들의 무의식은 오랜 전통과 세대를 거쳐 누적된 민족성에서 비롯된다고 했다.17) 따라서 언어와 문자는 집단의 숭고의식과 같은 집단무의식을 담고 있다고 볼 수 있겠다.

고대 문자는 청동기시대 이후 매체의 변화와 더욱 축약되고 밀착된 '추상기호'에 힘입어 차원변화로 탄생하게 되었다고 볼 수 있겠다. 언어와 문자의 분화과정을 거치면서 인간 사고는 점점 구조화되어, '상징 위의 상징체계'를 갖게 되었다. 이것은 이후 문화와 종교에 지대한 영향을 끼쳤으며, 여러 문화의 차이를 유발하였다.

오늘날 말과 문자는 많은 분화를 거쳐서 다양화되고 구조화되어

---

16) 루퍼트 셸드레이크(Rupert Sheldrake)의 생명장 이론은 모든 살아 있는 생명은 형태 발생 정보가 유전자에 들어 있는 것이 아니고 일종의 전자기장과 같은 보이지 않는 장인 '형태발생장'이라는 것에 들어 있으며 유전자는 단지 이러한 정보를 받아들이는 역할을 한다는 것이다. 그에 의하면 지구의 정반대에 사는 사람도 배우지 않아도 새로운 것을 함께 공유할 수 있다. 마치 텔레파시와 같은 것이라 볼 수 있겠다. 그의 실험에 의하면, 이번 세대가 습득해서 아는 것을 다음 세대가 태어나서 배우지 않아도 저절로 알게 됨을 증명하였다. 기억이라는 것도 뇌에 들어 있기보다, 어떠한 기억의 장(field)이 자기장처럼 존재하며 뇌도 역시 뉴선사와 마산가지로 그러한 기억을 수신하는 역할만 한다고 하는 것이다. 이러한 논리로 융이 말하는 집단무의식이나 과학적으로 설명하지 못하는 초자연적인 현상들을 설명할 수 있다고 말한다. 또한 이 논리는 조선시대 최한기의 '기학'과 비슷한 맥락을 가지고 있다.

17) 칼 구스타프 융, *Man and His Symbols*, 이윤기 옮김, 『인간과 상징』, 열린 책들, 1996.

초기의 문자 자체가 내포하는 다의적이고 이미지적인 신비감을 담
지 못하게 되었다.

3) 수수께끼 고대문자의 상징체계

　고대의 문자는 부적(符籍) 같은 힘을 발휘하기도 하고 수수께끼처
럼 풀기 어려운 신비감을 주기도 한다. 이미지가 갖는 발생적 기원
에서 비롯된 기운을 가지고 있기 때문이다. 이를테면 상형문자가 사
물의 형태를 본떠 만든 것이기 때문에, 그 원래의 형태가 가지고 있
는 '유감주술'[18]이 발휘된다고 할 수 있겠다. 비슷한 모양을 가진
사물은 그 이미지와 비슷한 에너지를 낸다. 우리 문화에는 형상과 그
형상이 가진 에너지에 대한 직결된 속담과 풍수지리설(형국론)뿐만
아니라 생활 속에서 모양을 꾸밀 때도 그것들의 조화를 고려한다.
　실제로 현존하는 부적들이 옛 갑골문 또는 금석문과 비슷한 전서
체로 쓰이는 것으로 보아서, 고대문자는 그 모양으로도 유감주술이
나 그 글자가 가진 뜻의 에너지를 기대할 수 있는 것이다.

　문자에는 유감주술 외에 앞서 말한 것처럼 '새긴다'는 의미에서
영원한 영적인 힘을 발휘한다. 그리고 만드는 과정과 환경에서 적잖

---

18) 유감주술(類感呪術): 비슷하게 생겨서 같은 느낌을 가지면 주술적 힘이 발휘되는 것을 말한다.
　　사냥을 나가기 전 선사시대 사람들이 짐승을 잡는 동작 및 성공적인 노획의 흉내를 내며 한바
　　탕 열광의 '연극'을 벌인다. 또 임산부들이 아들을 낳으려고 돌하르방의 코를 매만지는 것도 비
　　슷한 의미이다. 실제로 비슷한 형상이 가지는 상징이미지는 매우 비슷하다. 특히 '산의 형태'를
　　보고 지세를 알아내는 우리나라 고유의 풍수지리설인 '형국론'이 그 대표적 예이다. 장영훈, 『
　　대학풍수강론』, 도서출판 담디, 2006.

은 상징적인 것들의 개입이 있지 않았을까 생각한다. 아직도 해독되지 않는 고대문자들이 여럿 남아 있는 것은 문자의 수수께끼 같은 기호와 형성체계에 개입된 무의식과 같은 정신적인 요소들 때문일 것이다. 그것은 그들의 문화와 삶의 형식에서 찾아야 할 것이다.

영화 '케스트 어웨이(Cast Away, 2000)'에서처럼 20세기의 한 인간이 수천 년 전의 과거로 타임머신을 탄 것처럼 어느 날 비행기 사고로 무인도에 뚝 하고 떨어졌다고 생각해 보자. 무인도에서 톰 행크스(Tom Hanks)가 명연기로 보여 주는 감명적인 장면을 떠올려 보자.

주인공 '척 놀랜드(톰 행크스)'는 페덱스 화물회사 직원으로서 비행기 화물 운송 중에 표류된다. 그가 무인도에서 제일 처음 깨닫게 되는 것이 '인간은 두려움에 떠는 외로운 존재'라는 것이다. 모진 고초를 겪고 그가 만들어 내는 것은 '허구적(虛構的) 존재'인 '윌슨'이다. 윌슨은 손모양의 핏자국이 찍힌 페덱스(FedEx) 회사의 표류된 소포물들 중의 하나인 배구공이다. 윌슨이 만들어지는 과정은 우연이자, 발견이자, 창작이다.

윌슨이 탄생하게 된 배경은 다음과 같다. '척 놀랜드'가 아무리 불을 만들려고 손을 바삐 움직여도 피가 날 뿐 나아지는 게 없자, 화기 난 그는 옆에 있는 배구공을 집어서 던진다. 그 이후 여러 차례 불을 만들려고 하지만, 되지 않자 자포자기하고 시야를 돌리는데, 손모양의 핏자국이 있는 배구공이 눈에 띄있다. 마치 볼 모양처럼 보이는 배구공의 핏자국에 눈·코·입을 그려 넣고는 윌슨이라고 이름 붙인다. 그리고 소중하게 나무둥치 위에 올려놓고 친구처럼 대화를 나누면서 그동안 불이 왜 만들어지지 않았는지 이유를 알게 된다. 다시 시도한 끝에 드디어 불을 만들게 된다. 그 후로 윌슨(배구공의 핏자국인)은 섬김의 대상이자 친구가 된다. 불을 얻은 척 놀랜드는 그날 밤 기쁨에 차서 장작에 불을 붙이고 환하게 어둠을 밝힌다. 그리고 춤을 추며 광란의 밤을 보낸다.

〈그림 5〉 영화 '케스트 어웨이(Cast Away, 2000)'의 장면

척에게 자연은 더 이상 두려움의 대상만은 아니었다. 평범한 배구공의 핏자국을 통해서 불의 상징이미지를 얻고, 거기에 간절한 마음을 불어넣으니 불이 만들어졌다. 그 배구공은 그전의 것과는 전혀 다른 의미를 갖는다. 문자의 상징이미지도 그러한 삶의 과정에서 나온 중첩된 이미지의 상징으로 나타난다. 척에게는 손바닥의 핏자국이 불의 상징이자, 불의 신이다.

인간은 두렵고 외롭기 때문에 무언가에 대해 간절히 원하고 바란다. 그런 행위를 통해서 새로운 것을 발견하거나 창조하기도 한다.

고대왕국 중에는 체계적인 문자가 없는 나라도 있었다. 문자가 없다고해서 결코 미개하지 않았다. 그림문자도 사람이 소통하는 데는 불편함이 없었을 것이다. 그러나 나라를 건설하면서 문자는 필수적인 수단이 된다. 필요에 의해 빠른 시간 내에 완성된 문자일수록 문자의 형태가 더욱 간결해진다. 문자가 만들어지고 난 이후에는 당시의 본의를 잃어버리는 경우가 있다. 문자는 있는 그대로보다 그 이상의 표현을 담기도 하였다. 즉, 양면성을 가지게 된다.

처음에 문자는 밖의 이미지를 통해서 그림문자와 시각이미지를 담았다. 차츰 기호화되면서 '밖의 이미지'보다 '안의 이미지'를 담는 것에 몰두하게 되었다. 그래서 착오와 잦은 오해를 만들어 내기도 했다.

문자는 보이는 것과 보이지 않는 것을 표현한다.[19] 문자는 있는 그대로를 표현할 수 있는 동시에 이야기(허구)를 만들어 낼 수도 있다. 이것이 문자의 양면성이라고 한다. 소크라테스는 문자를 발명한 이집트 신 '토트(Thoth)'에 대한 일화를 통해서 문자의 양면성에 대해서 언급한 적이 있다.

---

19) Andrew Robinson, *The Story of Writing - Alphabets, Hieroglyphs & Pictogram*, 1995, 박재욱 옮김, 『문자이야기』, 사계절, 2003, p.37.

토트는 그의 교육적 발명품에 축복을 내리기를 구하는 이집트의 왕을 만났다. 왕은 토트에게 이렇게 말했다. "문자의 아버지시여, 당신은 사랑의 마음으로 인간에게 그들이 진정으로 소유한 것과는 정반대의 힘을 주셨습니다. …… 당신은 '기억'의 묘약이 아니라 '회상'의 묘약을 만드셨습니다. 그리고 당신 제자들에게 진정한 지혜가 아니라 '지혜의 모양'만을 주셨습니다. 그들은 많은 것을 읽겠지만 교훈을 얻지 못할 테고, 그러므로 많은 것을 아는 것처럼 보이겠지만 실제로는 아무것도 알지 못할 것입니다."[20]

이것이 바로 문자가 인간의 양면적인 본성을 그대로 따르고 있음을 말한다. 앞서 문자 생성과정에서 말했듯이 문자는 자연과 숭고가 인간에게 안겨 준 발명품이여서인지 이면적인 인간의 속성을 따르고 있다. 위에서 소크라테스가 말하고자 하는 '진정한 지혜'는 무엇일까? 아마도 이데아보다도 현상적 세계를 읽는 지혜를 말하는 것이 아니었을까 생각한다.

문자는 '안의 이미지'와 '밖의 이미지'를 둘 다 가지고 있다. 그것은 보는 이에 따라 서로 다른 해석을 유발할뿐더러 다양한 해석의 가능성을 지닌다. 천부경같이 농축된 상징적인 글도 마찬가지다. 그래서 다양하고 분분한 해석이 나올 수 있는 것이다.

---

20) 앞의 책, p.8.

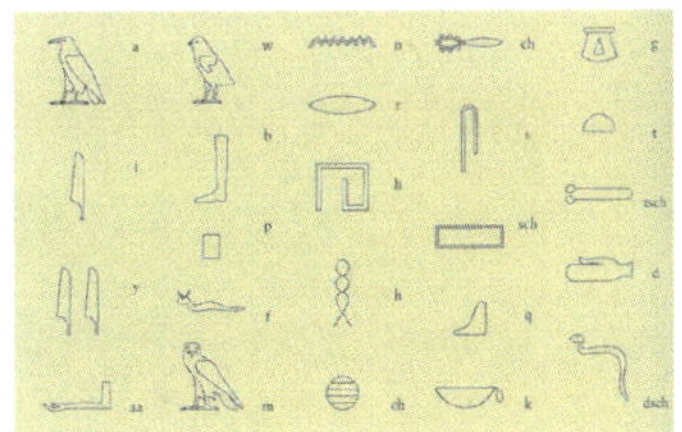

<그림 6> 이집트 그림 문자

3. 자연현상에 민감한 선사시대 삶의 형식

1) 자연현상에 민감한 유목적인 삶

　천부경은 샤머니즘을 전승한 최초의 수리적(數理的) 영감의 결과
물이라고 보아도 과언이 아닐 만큼 그러한 특성을 지닌 경전이다.
이 경전은 상당히 상징적이고, 함축적이면서도 자연의 이치를 수와
문자로 마치 암호처럼 표현하고 있나. 천부경과 유사한 경진을 유대
교의 '카발라'에서도 찾아볼 수 있다. 그러나 상징적인 의미는 많은
차이가 있음을 알 수 있다.

　태초에 인간이 비슷한 시점에서 출발했다면 '동시성'이라는 인류

전체의 동질성을 갖게 마련이다. 그러나 삶의 형식의 차이에서 우러나는 고유의 민족성은 서로 다른 수와 문자의 상징체계를 유발하였다. 나아가 종교(신, 믿음)의 분화로 이어지고 곧 서로 다른 문명의 분화로 이어진다. 그래서 한국과 중국 그리고 일본의 경우와 같이 동양이라는 점에서 유사하지만 거리 차이가 많이 나지 않음에도 불구하고 기질과 문화의 차이가 나는 이유가 여기에 있다고 할 수 있다.

'천부경'의 배경으로 '샤머니즘'시대를 연결 짓는 이유는 우선 그 안에서 함축하고 있는 '자연과 사람을 중히 여기는 세계관(世界觀)' 때문이다. 그리고 문자에서 나타나는 '상징적 의미'가 '시각적 이미지'를 형성하고 있다는 점, 또 아직 상징체계가 덜 형성된 흔적으로 주로 수와 간결한 문자로 구성되어 있다는 점이다. 그리고 내용의 불분명성과 중의성 등이 그 이유다.

약 4500여 년 전에 옛 중국 화하족(華夏族)의 리더인 황제(黃帝)와 한민족의 배달국 동이(東夷)의 리더인 치우(싸움과 전쟁의 신)는 74회나 전쟁을 치렀다고 알려져 있다. 그 싸움의 원인은 짐작하건대, 화하와 동이 사이의 삶의 형식에서 기인한 가치관과 문명의 대립 때문이었을 것으로 본다. 그 대립은 기온의 변화로 남쪽으로부터 북상한 남방계 농경정착문명과 북방계 유목이동문명의 대립에서 시작되었을 것이다. 그리고 74회나 싸우는 중에 서로는 각각의 문화정체성을 찾으려고 더욱 노력했을 것이고, 그 과정에서 천부경의 원리를 형성해 갔을 것으로 추정한다.

천부경의 원리는 여러 면에서 치우와 비슷한 시기에 만들어진 것으로 보인다. 그 이유는 화하의 '정체개념'[21]과 다른 '자연의 변화와 이동'이라는 삶의 형식에서 나온 수리와 자연과학적인 원리가 담겨 있고, 천부경의 내용이 태양을 중심으로 구성되어 있기 때문에 태양을 상징하는 치우와 밀접한 관련이 있을 것이라는 판단 때문이다. 그것이 천부경을 해독하는 데 배경이 되는 핵심 코드이다. 이에 대한 내용은 2장에서 더 서술할 것이다.

임승국의 <한단고기> 역대 편에서는 배달민족의 기원을 기원전 7197년으로 보고 있다. 그래서 천부경의 역사를 이즈음으로 보는 관점도 있으나 직접적 유래를 찾는다면 북방계 유목이동문명인 치우와 맞물리는 시점이 가장 설득력 있어 보인다. 북방유목민의 이동은 수차례에 걸쳐서 한반도에 유입되었고 한민족의 문화를 형성해 갔다.

천부경은 치우천황과의 연관성이 아니더라도 그림문자(녹도(鹿圖): 암각화, 바위그림)의 발생과 비슷한 시점인 청동기시대에 발견한 도형원리를 가지고 있고, 오랜 세월 음성전달로 이어질 수 있게 아주 간결한 문체로 이루어져 있기 때문에 갑골문자의 생성시기에 기록을 위해서 만든 것으로 기원전 2000년 전후의 시기를 반영한다고 할 수 있다.

샤머니즘 최고의 발견이자 발명품을 '문자'라고 한다면, 천부경 또한 샤머니즘의 문자와 비슷한 시점, 또는 그 이전부터 있어 왔던 가장 유용한 '삶의 원리이자 형식'이었던 것을 문자로 옮겨 담은 것이다. 그리고 그 어떤 원리보다 유목민의 '삶의 형식'이 반영된 자연

---

21) 장파, 『중서미학과 문화정신』. 유중하, 『동양과 서양, 그리고 미학』, 푸른 숲, 1999.

과학의 원리를 가지고 있음에 주목해야 한다.

2) 하늘은 땅의 이정표

선사시대 및 고대의 사람들에게 하늘(天想)은 두려움의 대상이자, 미지의 신비로운 상상의 원천이고, 숭배의 대상이다. 그런 동시에 인간이 가야 할 길의 방향, 또는 유익한 정보를 알려 주는 메시아(Messiah)의 역할을 했다. 인간은 땅 위에 발을 딛고 서 있지만 변화하는 땅의 위치를 가늠하기 어려웠다. 그러나 땅 위에 있는 하늘은 땅보다 훨씬 큰 존재지만 어디에 서 있든지 한눈에 펼쳐진다. 인간은 땅 위에서 땅의 위치와 방향을 설정하지 못한다. 땅은 본질보다 현상에 가까운 것이기 때문이다. 그에 반해서 미지의 하늘은 변화하지만 규칙성을 가지고 있기 때문에 오히려 땅의 위치를 알기 위해서는 하늘에 관심을 가져야만 했다. 그래서 오래전부터 땅과 하늘은 하나라는 관념이 있었다. 하늘의 규칙적인 움직임에 대한 발견은 문명의 발전에 중요한 단서가 된다. 고대 아시아에서 하늘의 규칙성은 땅 위의 인간과 관련된 수리, 음악, 정치, 역(歷)에 영향을 미쳤다.

땅에서 사는 사람들에게는 하늘은 높은 숭배의 대상이다. 환웅은 땅 위에 있으면서도 인간이 아닌 하늘의 아들이다. 환웅(桓雄)의 존재는 하늘 숭배 사상과 태양 숭배 사상을 직접적으로 말해 준다. 그리고 바람과 비와 구름 등 하늘에서 일어나는 일을 관장하였다. 환웅은 그 당시 제사장이나 하늘의 수리를 읽는 지혜로운 선인이었다.

이렇게 하늘은 선사시대부터 우리 민족과도 밀접한 관련을 지니고 있다.

고대 원시 우주관 중에는 하늘과 땅의 형상에 대한 것으로 '천원지방설(天圓地方設)'이 있다. '하늘은 둥글고 땅은 방형이다'라는 뜻이다. 그런데 이후에 여기에는 여러 반론이 제기되었다. 대표적으로 공자(孔子)의 제자 증참(曾參)이 그러했는데, 천원지방에 대하여 묻는 제자 단거리(單居離)의 질문에 "만약 실제로 하늘이 둥글고 땅이 네모나다고 한다면, 하늘이 땅의 네 귀퉁이를 가릴 수 없을 것이다"[22]고 답했다. 하늘과 땅이 같은 모양이어야 되지 않느냐는 말이 주로 반론을 이루는데, 이 시기부터 사람들은 천원지방을 관념적 천지구조라 생각했나보다. 하지만 그 원인으로 앞에서 말한 하늘은 한눈에 다 보이지만, 땅은 시야의 한계 때문에 끝을 볼 수가 없다. 그래서 그런 관념들이 생겨난 것이 아닐까 생각한다.

더 고대로 가면 천원지방도 실질적인 하늘과 땅의 도형이 될 수 있었음을 가정해 볼 수가 있다. 선사시대부터 하늘은 둥글다고 생각해 온 듯하다. 그러한 관념은 하늘과 땅의 관찰에서 나왔는데, 해와 달의 운행이나 별들이 움직임을 통해서 하늘은 둥글다고 생각한 것으로 추정할 수 있다.

---

22) 『大戴禮記』「曾子天圓」, p.98. 王聘珍 撰, 『大戴禮記解詁』, 中華書局, 1983. "天圓而地方, 則是四角之不揜也".

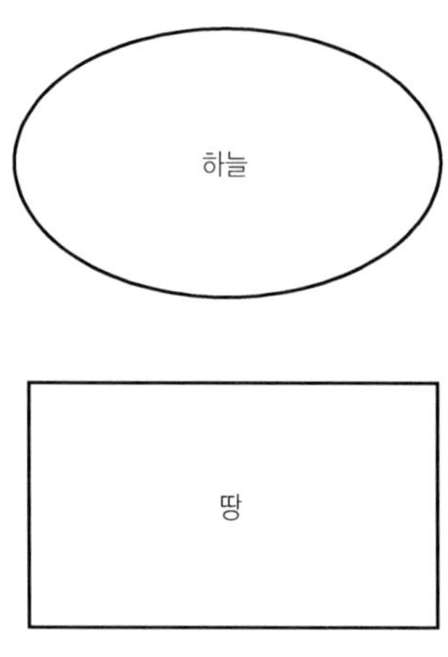

〈그림 7〉 천원지방

땅이 왜 방형인가는 간단한 문제이다. 옛사람들은 땅의 모습을 한 번에 다 볼 수가 없었다. 하늘은 어디에 서 있든지 그 모습을 볼 수가 있지만, 땅은 하늘만큼 넓게 볼 수가 없다. 수평적 시야의 한계를 가지고 있으므로 결국 선을 긋는 것과 같이 한계를 지어서 생각했던 것이다. 그리고 바다와 큰 강과 같은 땅의 한계선을 비롯해서 땅은 각진 방형이라고 보았을 것이다. 또한 땅은 넓이로 보게 될뿐만아니라 땅은 측정이나 길이, 넓이 등으로 주로 통용되었기 때문에 방형이라는 설이 생겨난 것으로 추측된다.

땅은 네모나지만, 하늘이 없으면 그 방향과 위치를 정확히 알 수가 없다. 당면한 땅이 어느 방향으로 놓여 있는지 말이다. 그래서 고대에는 천원지방의 모양을 띤 다용도의 그림이나 도구가 사용되었던 것이다. 그리고 그 당시 지도가 있었다면 하늘의 모양을 딴 원형

지도가 있었을 가능성이 크다. 땅의 방향이나 위치를 설정할 때, 해와 달 또는 하늘의 별을 바탕으로 설정했고, 그 바탕이 되는 하늘은 둥글다고 그 위에 놓이는 땅은 4방위를 가진 방형이다.

한 가지 예를 들자면, 2006년도 영화 "캐리비안 해적"에 나오는 지도에 잘 반영되어 있다. 이 영화에 나오는 지도는 고증을 통한 재미난 영화적 상상력에서 비롯되었다. 그 영화에서 고대 동양의 지도를 잘 표현한 이 지도는 사후 세계와 현실 세계의 방향과 위치를 알려주는 지도로 등장한다. 현실과 사후의 세계라는 중의적인 내용의 '동심원' 형태는 천부경의 동심원 이미지와 비슷한 모양을 띠고 있다.

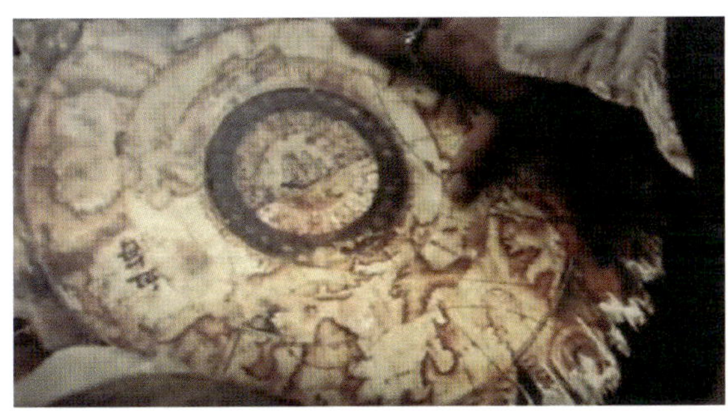

<그림 8> '캐리비안의 해적'에서 현 세계와 사후세계를 연결하는 지도

　　고대부터 하늘에 대한 동서양의 관심은 지대했고, 서로 다른 관점보다 비슷한 관점이 더 많은 것 같다. 예를 들자면, 동심원의 지도가 그러하다. 이집트문명과 메소포타미아문명은 동양의 고대문명 또는 우리의 천부경의 원형과 비슷한 점을 가지고 있다. 그것은 기하학적인 동심원과 상징이미지 등이 그러하다.

　　<그림 9>는 약 B.C. 700~500의 '최초의 세계지도'[23]라고 알려진 돌에 암각된 문자와 기호그림이다. 이 지도의 모습은 기하학적이고 내용은 매우 상징적이다. 그러면서 현상에 충실하다.

　　그 내용을 보면, 사파르 지역에서 나왔을 것이라고 추정하고 있는데, 지도를 보면 알겠지만 사파르는 바빌로니아 바로 위에 있는 도시다. 이 유명한 지도는 세계를 하나의 '디스크(원반(圓盤))'로 담아낸다.

　　바빌론은 유프라테스 강(중심의 긴 사각형)의 중심에 있고, 이 강은 습지를 통해 걸프 만으로 흐른다. 원반 안의 '작은 원'들은 도시들과 나라들을 가리키는 데 사용되었고, 원반을 둘러싸고 있는 '삼각형 모양' 안에는 8개의 바깥 지역이 있고, 그것들은 낯설고 전설적인 존재들의 본거지이다. 그 위에 쓰인 것은 '태양이 보이지 않는'

〈그림 9〉 세계지도(Map of the World), B.C. 700~500년, 시파르(Sippar)

23) www.econ.iastate.edu.

북쪽을 가리킨다. 그다음에 따르는 글은 이들 지역에 대한 묘사로 우트나피쉬팀(Utnapishtim, 바빌로니아의 홍수 신화)과 아카드의 사르곤(Sargon of Akkad) 같은 영웅을 언급하고 있다.

우트나피쉬팀은 고대 메소포타미아의 영웅 길가메시(Gilgamesh)를 담은 길가메시 서사시에 등장하는 현인(賢人)으로 신화 속의 대홍수에서 살아남아 영생을 얻게 된 인물이다. 그는 고대 수메르 도시 슈루파크(Shuruppa)의 현명한 왕으로, 에아(Ea) 신으로부터 대홍수에 대한 경고를 듣는다. 우트나피쉬팀은 에아신의 지시대로 가로세로 길이가 같은 정사각형에 뚜껑이 있는 거대한 방주를 만들어, 가족과 동식물을 싣고 홍수를 피한다. 홍수가 가라앉자 배가 니시르(Nisir)산에 닿았고, 거기서 우트나피쉬팀은 비둘기, 제비, 까마귀를 차례로 날려 보내 마지막에 보낸 '까마귀'가 돌아오지 않자 방주에서 나온다. 까마귀가 돌아오지 않은 것은 물이 빠지고 새가 쉴 곳이 있다는 증거이기 때문이다. 홍수가 끝난 뒤 신들은 우트나피쉬팀과 그의 아내에게 '영원한 생명'을 부여한다. 새를 세 번 날려 보내는 것은 수메르 및 바빌로니아의 홍수 신화와 성서의 노아 방주와 유사성이 있어 보인다.

아카드의 사르곤(Sargon of Akkad)은 기원전 2400~2500년에 수메르 도시 국가를 정복하여 아카드 왕국의 창시자로서 사르곤은 56년간 재위하여, 사르곤 대왕으로 알려져 있다. 메소포타미아 정복을 시작하며 왕이 되었다. 사르곤의 서내한 왕국은 메소포타미아와 현재의 이란, 시리아, 아나톨리아와 아라비아 반도 일부를 포함하여 엘람에서 지중해까지 이르렀나고 알려져 있다. 사르곤은 디민족 중

앙 집권의 제국을 생성한 역사상 첫 인물이다. 그의 왕국은 약 150
년간 메소포타미아를 지배하였다.

북쪽에는 태양이 보이지 않는 곳으로 위와 같은 전설 속의 영웅
에 대한 내용들이 있다.

원반을 감싸고 있는 8개의 삼각형 모양은 원반과 함께 전체적으로
태양의 모습을 나타낸다. 그리고 그 위는 태양이 보이지 않는 곳은
북쪽을 의미한다. 이 지도의 모양은 오늘날에도 쓰고 있는 태양의 기
호그림의 형태를 가지고 있다. 실제로 사람이 살고 있는 곳은 태양
모양의 원형 안에 그려져 있고 원형 밖의 삼각모양엔 먼 지역이 표기
되어 있다. 그렇다면 이 지도의 원형 형상은 태양을 형상화시킨 것이
아닐까 생각해 본다. <그림 9>를 보면, 태양이 있는 곳에서만 사람
이 살 수 있기 때문이다. 그리고 태양이 미치지 않는 윗부분은 과거
의 영웅담을 담고 있다.

메소포타미아에서 최초의 지도라고 하는 이 지도도 위의 영화에
서 등장한 지도처럼 전체적인 골자는 동심원의 원형으로 되어 있고,
그 안에 있는 큰 강은 방형으로 나타나 있다. 위의 동양의 천원지방
과 비슷한 모양을 취하고 있음을 볼 수 있다. 지구의 반대편에서 비
슷한 형태심리를 가지고 있었을까. 그것은 인간의 시지각적(visual
perception) 원형이 동서고금을 막론하고 원형을 지향하고 있다는 것
을 증명해 준다.

3) 유목생활의 '태양'과 농경생활의 '달'

고대인은 자연 앞에서 매우 작은 존재라 항상 환경에 영향을 받기 마련이었다. 자연환경에 따라서 작게는 부족이 크게는 나라가 같은 삶의 형식을 갖게 된다. 유목민의 생활에서 태양이 중시된 삶의 형식을 가지게 되었고, 안정된 농경 생활에서는 달이 중시된 삶의 형식을 가지게 되었다.

우리 신화를 보면, "환웅은 무리 3천 명을 거느리고 태백산 꼭대기의 신단수 아래로 내려왔는데 이곳을 신시라고 이르고, 그를 환웅이라고 하였다. 그는 바람을 맡은 어른과 비를 맡은 어른, 구름을 맡은 어른들에게 저마다 농사와 생명, 형벌, 선악을 맡게 하고 사람의 360가지 일들을 주관하면서 세상에 살며 정치와 교화를 베풀었다."[24] 라는 내용이 있다.

이 신화에서만 보아도 우리는 밝은 하늘과 밀접한 관련이 있음을 알 수 있다. 특히나 '태양(太陽)'과 매우 밀접한 관련이 있음을 알 수 있는데, 먼저 '이동해 왔다'는 것과 '3명의 어른'과 '360가지의 일들'이라는 것에서 그 단서를 찾을 수 있다.

먼저 '이동해 왔다'는 점부터 보면, 앞서 치우천황 이야기를 하면서 우리 민족의 중추가 유목민의 후예임을 말한 바 있다. 유목민은 주로 태양의 수리를 따르고 있다. 두 번째, 3수는 대양을 상징하는

---

24) 김화경 『한국 신화의 원류』, 지식산업사, 2005, p.158 인용. 최남선 편, 『삼국유사』, 삼중당, 1946, p.33.

수이다. 우리 신화에는 3수가 자주 등장한다. 그리고 세 번째로 위의 신화에서 '360가지의 일들'이라는 것이 의미하는 것은 360일, 5일이 짧은 1년의 태양 운행의 주기를 의미하는 것으로 볼 수 있다. 이 외에도 우리나라에는 태양과 관련된 신화가 많다. 다시 3장에서 서술하겠다.

그러나 이제껏, 우리는 태양보다 달을 더 우리의 정서를 반영한다고 생각해 왔고, 그러한 생각들이 지배적으로 작용을 해 왔다. 고대부터 내려온 태양의 문명을 부정하고 달을 좋아하는 민족이라 생각하는 이유는 무엇인지 생각해 보았다. 그것은 주로 35년의 일제강점기를 거치면서 일본의 역사 왜곡과 일본에 대한 반감으로 일본기에 그려진 태양에 시달려서 그런 것은 아닐까 생각해 본다. 그리고 두 번째 이유는 남방지역의 농경문화에서 들어온 달의 문화에서 비롯된 것으로 보인다.

고대부터 우리 민족은 태양같이 용맹스럽고, 정의롭고, 적극적인 민족이었다. 부드럽고 온화한 민족이 아니었다. 물론 문학이라는 예술장르에서는 달은 매우 신비롭고 우아하고 온화하고 여성스럽게 그리고 있다. 그것은 달의 예술적 감성 때문일 것이다.

1950년대 이후의 책들을 보면서 느낀 것인데, 우리 세시 풍속에 관해 쓴 책으로 극명하게 태양과 관련된 세시풍속인데도 불구하고 애써 부인하려고 하는 내용을 본 적이 있다. 그런 태도는 옳지 않다고 생각한다. 일본보다도 더 오래된 우리 문화에서 드러나는 태양의 문명을 외면해선 안 된다. 좀 더 적극적인 태도가 필요하다고 본다.

오래된 문명일수록 태양의 문명이 드러나기 마련이다.

이어령은 『신화 속의 한국 정신』에서 다음과 같이 말했다.

어느 나라 사람이든 옛사람들은 달과 친했다. '해'와 '달'은 옛사람들이 최초로 발견한 우주의 두 질서를 형성하는 상징의 원형이었다. 낮을 대표하는 것은 해, 밤을 상징하는 것은 달이다. 그러므로 그들의 그것을 어떻게 보았는가 하는 그 태도에서 그들이 우주를 어떻게 보았는가 하는 사고의 양식을 끌어올 수 있다. 첫째 해와 달에 대한 태도이다. 대체로 고대인들의 신화나 문학을 살펴보면 지역과 종족에 따라 해를 많이 읊는 쪽과 달을 더 많이 노래하는 쪽으로 분류될 수 있다. 해는 대낮의 이미지를 갖고 있고, 남성적이고 능동적이다. 반면에 달은 어둠과 밤에 나타나는 것으로 여성적이고, 정적이고, 수동적이다. 그러므로 영웅적인 것을 숭배하는 문화권에서는 '달'보다 자연히 '해'를 더 찬미하고 사랑한다. 북구(北歐) 신화든, 희랍계(로마)의 신화이든, 해는 힘과 슬기와 생명의 상징으로서 달보다 한층 높은 위치를 차지하고 있다. 아폴로의 신화적 이미지는 서양 문화의 도처에서 영웅적인 존재로 등장한다. 영웅 이상의 전형은 북방에 있어서 태양이면서 영웅 숭배 사상과 태양 숭배는 서로 혼합되어 있다.[25]

이어령은 문예의 입장에서 본 해와 달의 문화와 그들의 원형에 대해 잘 설명하고 있다. 달은 예술적 소재로 매우 훌륭한 것이다. 그러나 우리의 신화나 전통 문화예술의 원리 중에는 태양의 특징을 많이 가지고 있다. 그것은 3장에서 밝히겠지만, 앞서 말한 치우천황을 예로 들어 보아도 좋을 것 같다. 치우천황은 영웅이었다. 그 당시 '해'는 중요한 파워를 가진 것으로 이어령도 말했듯이, 태양은 '힘'

---

25) 이어령, 『신화 속의 한국 정신』, 문학사상사, 2003, p.132.

과 '슬기'와 '생명'을 상징함으로써 달보다 한층 높은 위치를 차지했다. 그가 말한 북유럽과 희랍계의 태양 문화와 우리의 태양 문화는 비슷한 성향을 지닌다.

또 설득력을 가지는 한 가지는 북방의 리더인 치우천황은 태양과 매우 관련이 깊다. 치우의 모습은 파워를 가진 태양을 닮은 도깨비 상과 닮았다. 치우는 유목민을 이끌고 이동한다. 유목민들에게는 해는 생명처럼 소중하다. 그래서 선사시대부터 동이족은 태양을 숭배했던 것으로 여겨진다. 치우는 태양을 의미하는 신과 같은 존재가 아니었을까 생각해 본다.

이후 유목생활에서 남쪽으로 이동하여 농경생활이 정착 되면서 '해'와 '달'이 모두 중요한 자리를 차지하게 되었다. 세시풍속 중에도 해를 비롯한 것이 골자를 이루고 있지만, 반면에 달력의 정확성을 높이기 위해서 달의 역법을 보충하는 것과 같이 달을 위시한 세부적인 세시 풍속도 많이 있다. 그것은 이후 농경정착에 의한 것이다. 우리가 현재 쓰고 있는 음력도 그런 이유이다. 농사를 지을 때 음력에 따라 날을 맞추는 것도 마찬가지다. 유목민들은 날과 계절에 따라 움직이고 수확하지만, 정착농경민은 날과 달에 맞추어 일하고 수확한다. 지금 우리는 유목민의 문화와 농경민의 문화를 고루 가지고 있지만, 그 뿌리에 있어서는 유목민의 태양 문화와 기질이 더 깊이 자리하고 있다는 사실을 잊어서는 안 된다.

1장의 내용들은 2·3·4장을 위해 선행되는 다양한 분야의 내용

들로서 다소 산발적으로 다양하게 살펴보았다. 다음의 2장은 천부경
을 해독하면서 우리의 오랜 태양의 문명을 직접적으로 볼 수 있을
것이다.

〈그림 10〉 태양을 닮은 고구려 도깨비 와당과 도깨비 도면

II

'천부경'은 고대 태양의 상징 코드이다
: 밖의 이미지

1. 시각이미지로 풀어 본 81자의 천부경

1) '천부경'이란

천부경을 해독하기 전에 천부경은 무엇이고 그에 얽힌 이야기들은 어떤 것이 있는가를 살펴서, 앞선 사람들은 그동안 어떻게 천부경을 이해해 왔는지, 앞으로 우리는 또 어떻게 해석할 것인지에 대해 논할 것이다.

천부경(天符經)은 환국(桓國)시대부터 전해 오고 있는 경문(經文)으로 알려져 있다. '81자'의 문자와 숫자로 이루어져 있고, 우리나라 고유의 신비로운 사상과 우주의 원리를 담고 있는 경으로 알려져 있다. 그동안 천부경에 대한 관심은 우리 것을 찾으려는 사상가나 종교인에 국한되어 알려져 있었다. 그러나 오늘날 누구나 할 것 없이 우리 것에 대한 관심이 높아지면서, 천부경은 우리의 관심 대상이

되고 있다. 천부경은 선사시대부터 오늘날까지 우리의 역사와 문화를 반영하고 있다. 태고 적부터 구전되어 오던 천부경은 여러 선인(先人)들에 의해 그 기록이 전해져 내려오고 있다.

1925년 최국술의 『최문창후전집』 「고운선생사적」 편에 따르면, <난랑비서문>과 함께 천부경의 연원에 대한 글이 있다. "태백산에 단군의 전비(篆碑)가 있었는데, 그 글을 읽기가 몹시 힘들고 해석하기 어려웠다."26)

조선시대 이맥이 쓴 『태백일사』에서도 위와 같은 최치원에 관한 이야기를 볼 수 있다. 여기에서는 『유기(留記)』라는 책을 인용해서 "신시(神市) 선인의 문자가 일찍이 태백산의 푸른 석벽에 있었다."고 언급한다. 그것은 녹도문자로 쓰여 있었고 이를 최치원이 당시의 한자로 해독하였다.27)

그 외에 "최치원이 81자의 천부경을 해석하고 그것을 번역하여 한자로 다시 백산(묘향산)의 석벽에 새겨 두었다."고 『정신철학통편(1920)』에서 전한다. 또한 전병훈이 『정신철학통편』을 쓰기 몇 년 전인 1917년에 천부경 경문(經文)이 평안북도 영변(寧邊) 백산에서 출현하였다고 전한다. 약초를 캐는 도인 계연수라는 사람이 백산의 약초를 캐기 위해 깊은 골짜기까지 들어갔는데, 석벽에서 이 글자를 발견하였다고 한다.28)

---

26) 윤해석, 『천부경의 수수께끼』, 창해, 2000, p.63.
27) 임승국 주해, 『한단고기』, 정신세계사, 1986 인용. 이맥(李陌)이 쓴 『태백일사』에 의하면, 천부경은 환국(桓國)에서 말로만 전해지던 글로 환웅 대성존이 하늘에서 내려온 후, 신지(神誌) 혁덕(赫德)에게 명하여 녹도(鹿圖)의 글로 이를 쓰게 하였다. 최치원은 신지의 전문(篆文)을 옛 비석에서 보고 다시 이를 첩(帖)으로 만들어 세상에 전하게 되었다.

천부경에 대한 이야기는 여러 사람들에 의해 이렇게 신비스럽게 기록되었다. 최치원은 우리 것을 찾으러 유랑하던 중 태백산의 비문(碑文)에 새겨진 선인시대의 갑골문자와 같은 그림문자를 발견하고 그것이 오래된 우리 민족의 행적이라 여겼다. 최치원은 그 당시 쓰이지 않는 문자 혹은 기호를 해독해서 있는 그대로 한자로 옮겨 놓았다. 방방곡곡을 돌면서 그림문자, 기호 혹은 우리 옛 문자에 대한 쓰임을 알아내면서 천부경을 해독했을 것이다. 하지만 그 의미를 종교적인 가르침, 즉 '교(敎)'라고 표현한 것은 당시 사상이 유불선과 같이 다양했고, 또한 여러 종교적 세계관이 만연한 시대였음을 반영한다.

그 외, 발해 대조영의 동생 대야발이 편찬했다고 알려진 단군조선과 기자조선에 대한 실사를 담은 『단기고사』와 그리고 1675년(숙종 때) 북애노인(北崖老人)이 저술한 것으로 추정되는 한국의 상고사(上古史) 및 만설(漫說)을 적은 『규원사화』, 또 1911년에 계연수(桂延壽)가 삼성기(三聖記), 단군세기(檀君世記), 북부여기(北夫餘記), 태백일사(太白一史)를 하나로 묶어 편집한 『환단고기』 등에 천부경의 내용이 조금이나마 실려 있다. 이를 바탕으로 쓰인 『단군조선 47대』에서 고동영은 서문에서 천부경에 대해서 다음과 같이 언급하였다.

28) 윤해석, 『천부경의 수수께끼』, 창해, 2000. p.65. 전병훈, 『정신철학통편』, 윤창대 주해, 우리출판사, 2004.

위의 글은 다소 과장되고 비약적인 표현이라 할 수 있다. 그러나 중국에서도 팔괘를 만든 복희씨, 그의 아들 신농씨는 분명하지 않은 신화 속의 이야기로 존재한다. 그럼에도 불구하고 자기네의 역사라고 과대 확장시키는 경향이 있다. 신화나 정설로 인정되지 않은 역사에 대한 시각은, 중국의 경우엔 우리보다 몇 갑절 더 과장이 심하다. 우리나라 사람들은 지나친 겸손과 겸허로 인해서 마땅히 느껴야 할 자부심조차 가지지 못하는 경우가 많다. 나는 고동영의 이러한 표현이 지나친 왜곡이라기보다는 자기 문화에 대한 자부심으로 본다. 아직 분명한 것은 그 누구도 알 수 없는 상황에서 몇 가지 문헌과 상상력으로 추측해 볼 수 있는 이야기들이다. 그 정확성에 대해서는 계속해서 새로운 유물과 문헌이 발견됨으로써 밝혀질 일이다.

가끔 나는 우리 민족성을 들여다볼 때 그런 생각을 한다. 한국인은 아주 미래 지향적인 사고를 가졌다. 왜냐하면 온근한 우리 것에 대한 고집보다도 새로운 문화의 수용에 더욱 고심하고 빨리 받아들인다. 그래서 문화의 변화 속도가 매우 빠르다. 그런 반면에 거꾸로 상상력이 부족하다. 지나간 것에 큰 의미를 두지 않는 것, 그것은 매우 위험한 생각이다. 천부경을 통해서 지나간 우리 것들에 대한 연구심을 길러 보는 계기가 되었으면 한다.

---

29) 고동영, 『단군조선47대』, 한뿌리, 1986, p.3.

다시 천부경에 대한 이야기로 돌아오면, 천부경의 원리가 만들어지거나 전해진 시기가 기원전 3000년에 가까운 시기까지 거슬러 올라갈 수 있다. 물론 천부경이 문자로 쓰인 시기는 한자의 전형(前形)이 된 갑골문자가 만들어진 시기 이후로 기원전 1500년을 전후로 기록되었을 것으로 추정한다. 그 속에 담긴 원리를 찾는다면 기원전 3000년까지 거슬러 올라갈 수도 있을 것이다. 천부경의 시기를 이렇게 추정하는 이유는 여러 가지가 있다.

첫 번째, 천부경의 상징체계는 고대의 시각(視覺)적 상징체계를 가지고 있을뿐더러 밖의 이미지를 딴 갑골문자와 같은 상징적이고 시각이미지를 내포하고 현상적인 의미의 문자로 쓰여 있다는 점이다. 앞서 언급한 『최문창후전집』 「고운선생사적」 편에 따르면, 천부경이 해석하기 어려운 글자로 표기되어 있었다고 전하는 것으로 봐서 갑골문자30) 혹은 기호문자였을 가능성이 높다. 삼국시대 이전의 각종 유물에서 나타나는 기호문자들로 보아서 갑골문자와 비슷한 우리의 옛 기호나 문자가 있었을 수도 있다는 추측을 해 볼 수 있다.

두 번째, 천부경과 같은 원리가 구전되거나, 수와 상징문자들로 이루어진 것이다. 수의 역사를 기원전 4000년으로 보았을 때, 천부경의 수리적 내용과 문장의 표현으로 봐서 적어도 기원전 1500년 이전부터 있어 왔던 원리라고 할 수 있다

---

30) 갑골문자(甲骨文字)는 서북의 등딱지[甲]와 짐승의 뼈[骨]에 새겨진 문자로 철기시대 즈음에 만들어진 문자다. 1900년 이후로 중국 은허에서 대량으로 발굴된 고대 문자로 알려져, 한때 기원전 3000년 전 은(殷代)의 문자로 알려지기도 했지만, 발굴된 뼈의 연대는 대부분 기원전 1300년에서 1050년으로 은나라 말기에 쓰인 문자다. 그러나 그 이전에도 문자가 있었음에 대한 가능성을 열어 두어야 한다. 최근 한국에서도 농은(農隱) 민안부(閔安富)의 유품인 농은유집(農隱遺集)에서 천부경문(天符經文)이라는 '천부경'과 비슷한 형태의 갑골문체가 발견되었다.

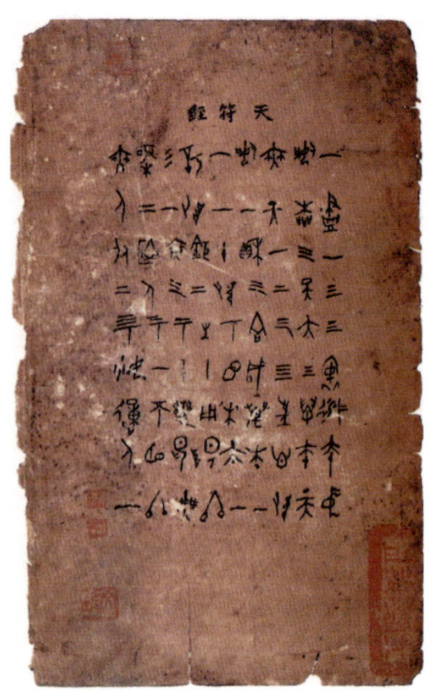

<그림 11> 농은 민안부의 유품 『농은유집』에
담긴 천부경문

세 번째, 구전되기 쉽게 구성되어 있고, 81(9×9)자에 맞춰서 쓰인 것으로 봐서 고대의 비밀스러운 진리를 담는 표현법이거나 통합적인 원리를 추구했던 표현법이라는 것을 알 수 있다.

천부경의 상징체계가 상당히 시각이미지 표현에 중점을 두고 있음을 보았을 때, 천부경은 시각이미지에 집중했던 고대의 사고체계의 특성을 가지고 있다고 볼 수 있다. 아마도 그림문자에서 갑골문자로 차원 변화가 일어났을 즈음에 기록으로 남겨졌을 가능성이 높다. 천부경의 문체는 은(殷) 말기(기원전 1300여 년)에서 주(周) 초(기원전 1000여 년) 사이의 갑골문 및 주문(籒文)[31]과 비슷한 형태를 띠고 있다. 은 대의 갑골문은 신과의 대화에 가까운 주술적인 내용을 많이 다루고 있고, 주 대의 갑골문 또는 금문(주의 초기 문자)은 주술적이면서도 하늘을 가장 최고의 신으로 섬김[32]에서 기인하는 질서를 지향하는 생활에 용이

---

31) 주(周)나라 선왕(宣王) 때 태사(太史) 사주(史籒)가 주문(籒文 : 大篆)을 만들었다고 한다. 천부경은 주문의 형식을 갖추고 있다. 특히 문자의 전체적 형태와 배치가 그러하다.

한 내용들을 다루고 있다. 따라서 천부경이 문자로 쓰인 것은 은 말 주 초의 시기에 당시의 통합적 사고에서 기인한 것이라 추측한다.

덧붙여서, 갑골문자(상형문자)나 한자의 역사를 보았을 때, 이 문자들이 지금의 중국인만의 글자라고 보는 것은 위험한 생각이다. 지금의 중국 땅에 그 당시에 어떤 사람들이, 또는 지금의 어느 민족의 선조들이 살았는지에 대해서 우리는 정확히 알 수 없다. 예를 들어, 은 대에 형성된 갑골문은 은(殷)과 매우 이질적인 문화를 가진 민족인 주(周)가 이어받아 금문으로 발전시켰고, 또한 이질적인 한 대의 문화가 오늘날의 한자에 가까운 모습의 문자로 조금씩 변화시켜 나갔다.

당시에는 여러 가지의 서로 비슷한 갑골문이 존재했고[33] 또 여러 다른 민족이 사용해 왔다. 지금에 와서 한자가 어느 민족의 것이라고 고집하기는 상당한 어폐를 가진다. 한자로 기록된 다른 나라의 문헌이라 할지라도 우리의 문화와 같은 맥을 담고 있다면 마땅히 우리의 문화연구에 쓰이고 발전되어야 한다. 한자는 지금 어느 나라의 것이냐가 중요하기보다는 예부터 사용되어 온 동아시아 공용문자였다는 점에 주목해야 한다. 오늘날의 우리가 향유하는 문화의 밑바탕에는 어떤 뿌리와 맥을 가지고 있고 어떤 교류가 있었는지를 찾고 이를 발전시키는 것이 우리의 정체성을 찾는 데 중요한 일이다.

한자의 전형인 갑골문자는 음과 뜻이 달라서 상징문자로 여러 다

---

32) 후지에다 아키라, 『문자의 문화사』, 오미영 옮김, 도서출판 박이정, 2006, p.50.
33) 김경일, 『갑골문이야기』, 바다출판사, 1999, p.26. 순자가 말하기를, "고대에 문자를 사용하고 쓰기 좋아하는 사람들이 많았으나 유독 '창지에'의 것만이 홀로 전해졌다."

른 민족들이 오랜 시간 동안 사용함으로써 만들어진 문자이므로 당시의 한자 문화권의 사람들은 이와 비슷한 갑골문자를 사용하였을 것이다. 집단마다 언어가 다르더라도 한자는 그림글자(뜻글자)이기 때문에 주변국과 문자로 소통할 수 있었다.

시간이 지나면서 한자의 그 기원이 오래되고 어원적인 개념을 가지고 있는 문자임에도 불구하고 말이 서로 다른 민족은 더 소통하기 편리한 소리에 따른 문자들을 따로 만들어 쓰게 된다. 한국은 한국대로 일본은 일본대로 한자를 사용하되, 자기의 말과 잘 조화를 이루는 글자를 따로 만들어 쓰고 있다. 따라서 오늘날 동아시아의 문자인 한자가 중국 고유의 글자라고 생각하는 것은 문자가 가지는 국가적·정치적 권력과 밀접한 관련을 가진 힘의 논리에 의한 것이다.

네 번째, 천부경은 선사시대인의 '다의적(多義的) 상징체계'를 반영하고 있다. 천부경 해석이 그토록 분분하고 접근하기 어려웠던 것은 생성 이후 수천 년의 세기 교차가 있었던 동시에 사고체계의 변화가 있었음을 말해 준다. 최치원도 신비롭게 여기고 한자로 옮겨 놓았을 뿐 그것을 하나하나 해석하지는 않았다. 그저 형이상적(形而上的)이고 사상적(思想的)인 측면에서 보았다. 신라시대 대학자였던 최치원도 막연하게 종교 또는 도의 측면에서 바라봤다. 당시의 시대적인 사상적 사고체계를 말해 준다. 천부경은 그림문자가 가지고 있는 상징체계와 같이 중의(中意)적이면서도 시각적인 측면을 많이 가지고 있다. 초기 문자의 발생 시기의 직관과 관념, 현상적 이미지에 대한 묘한 오버랩이 그것이다. 숫자가 많이 들어가 있는 것도 그런 이유이다. 천부경은 겉으로 보기에 수와 문자로 써 놓았기 때문에 마치 수수께끼 암호처럼 보이지만, 그 상징세계로 들어가 보면 매우 시각적 이미지를 담고 있다.

다섯 번째, 천부경은 비밀스러울 정도로 축약된 단어들로 배열되어 있다. 완전한 문자가 형성되지 않은 시기의 것임을 추측할 수 있다. 그렇지 않으면 초기 갑골문의 표현 방식일 수도 있다. 상징적 언어의 나열로 이루어져 있고 무엇보다 전체 문장에서 처음과 끝이 일관성을 가지면서도 너무나 간결하게 표현되어 있어서 당시에도 비밀스럽게 다루어진 문장이 아니었을까 미루어 짐작할 수 있다. 앎은 신비로움을 넘어서 숭고에 가까운 것이었으므로 신이 준 주문처럼 비밀스럽게 쓰였을 가능성이 있다. 마치 천부경을 읊으면 신비한 기운이 나온다는 생각들이 여기에서 기인하였을 것이다.

이러한 이유에서 천부경은 청동기시대의 매체와 인간의 사고체계 및 상징체계를 담고 있다고 뒷받침할 수 있다. 그래서 청동기시대의 사람들처럼 통섭적(通涉的)이고 보다 열린 해석을 시도하였다. 그렇다고 최치원의 견해처럼 사상적인 측면을 배제할 수는 없다. 문화는 종교와 과학, 혹은 사상과 현상이 동전의 양면처럼 한 몸으로 붙어서 중첩되어 이어져 왔기 때문이다. 그런 측면에서 양면을 다 살펴야 한다.

먼저 2장에서는 천부경 81자의 문자를 해석하는 데 있어서, 청동기시대를 자연의 추상과 상징이 만연했던 시대로 보고, 자연현상의 시각이미지적인 측면에서 해석하였다. 우리는 무엇을 인식할 때 밖의 이미지와 안의 이미시를 살핀다. '밖의 이미지'는 밖에서 일어나는 현상적 이미지를 의미하고, '안의 이미지'는 우리 내면에 깊이 녹아 있는 정신적 이미지를 의미한다. 2장은 보이는 시각이미지, 즉 '밖의 이미지'로 해석할 것이다. 그리고 3장에서는 오늘날까지 이어져 오고 있는 천부경의 정신적 측면의 의미와 사상으로 변화된 일면을 살펴볼 것이다.

2) 천부경의 수와 상징이미지 찾기

천부경 원문 해독에 앞서 천부경에 나타나는 천지인을 뜻하는 3수와 3의 배수 81에 대해 살펴보고, 그동안 해석을 어렵게 만들었던 앞과 끝 구절인 '일시무시일'과 '일종무종일'의 상징이미지에 대해서 먼저 살펴본다. '상징체계'는 천부경을 해석하는 데 중요한 요소가 된다. 천부경의 전문은 81자의 수와 문자로 이루어져 있다. 81자에 우리가 담을 수 있는 내용은 극히 제한적이고, 어떤 구체적인 이야기를 전하기도 어려운 적은 수의 글자들이다. 그렇다면 의미심장한 그 글자들은 무엇을 함축하고 있는 것일까? 아마도 내용은 그들의 상징체계로 이야기를 풀어 갈 것이라는 추측을 하게 된다.

지금 우리도 천부경의 81자처럼 비밀스러운 상징 언어를 간혹 쓰곤 한다. 수업시간이나 제3자를 피해서 둘만의 이야기를 나눌 때, 둘만이 아는 상징적인 용어 또는 기호를 쓰면서 알아차리는 앞머리 상징어가 있다. 천부경을 해독하는 첫 번째 과제는 앞과 끝 구절의 그 상징적 문구를 어떻게 풀어 가야 하는가에 달려 있다.

천부경의 해독을 가장 어렵게 만들었던 것은 앞과 끝 구절인데, 그 처음과 끝이 매우 상징적이고 반복적 구조를 이루고 있다. 이 구절은 읽는 이로 하여금 전체의 경문을 오리무종하게 만들어 버린다. 그것은 바로 "일시무시일(一始無始一)과 일종무종일(一終無終一)"이다. 그동안 사람들에게 사상적 해석으로 인도한 가장 큰 원인이 되는 문구이다. "하나가 시작하지만 시작되는 하나는 없다." …… "하나가 끝나지만 끝나는 하나는 없다."라는 뜻을 지니고 있다. 아주 심오하면서 따라 부르면 주문(籬文)이나 노래가 될 것 같은 기분도 준다.

나도 역시 천부경을 해독하고자 할 때 이 문구가 나를 혼돈스럽게 만들었다. 그러나 며칠 낮과 밤을 보내면서 번개와 같이 스치는 생각이 하늘에서 움직이는 태양이나 달이었다. 이 둘은 땅에서 떠오르지만 이내 움직이므로 떠오는 것은 없다. 그리고 지지만 지는 것 또한 없다. 항상 돌아오기 때문이다. 이 문구는 분명 하늘의 모습을 표현한 것이라는 생각을 하게 되었다. 태양과 달 중에 태양을 상징적으로 표현하고 있음을 알 수 있다. 그리고 오래된 문명일수록 태양이 가지는 의미가 크다. 문장의 뒷부분에 그것을 뒷받침해 주는 문구가 있다. '본심본태양앙명(本心本太陽昻明)'이라는 문구가 태양을 의미함을 뒷받침해 준다.

또한 이 문구로 인하여 천부경은 음률을 가지고 있고, 가로 9칸, 세로 9줄로 구성되어 총 81자를 이루고 있어서 마치 '율법(律法, 어떤 율에 따른 법)'이나 '법칙(法則)'과도 같아 보인다. '81'이리는 수는 치우와 관련된 숫자이면서 한국 문화예술에 중요한 원리를 가진 수이다.[34] 또한 역법의 상수 중에 일법(日法)인 81은 태양과도 관련을 가진 수이다.

문명의 시작과 천문, 수, 음악, 정치는 깊은 연결고리를 가진다. 예를 들어 「악기」에 '오음과 정치'에 관해서 보면 다음과 같다.

> 宮爲君, 商爲臣, 角爲民, 徵爲事, 羽爲物, 五者不亂, 則無怗懘之音矣.
> 궁(宮)은 임금, 상(商)은 신하, 각(角)은 백성, 치(徵)는 일, 우(羽)는 만물을 상징한다. 이 다섯 가지 음이 어지럽지 않으면, 어그러지거나 어긋나는 가락이 없을 것이다.

악이 어지러우면 정치가 어지러워 나라는 혼란에 빠짐을 의미한다. 여기서 악이 어지러우면 비단 정치만 어지러운 것이 아니다. 모든 것이 연관되어 있음을 의미한다. 궁·상·각·치·우는 각각 그 상수가 81:72:64:54:48이다. 고대 음악은 이와 같은 비율로 '율(律)'을 정해 도량형의 기준으로 삼았다.[35] 따라서 오음(五音)이 어지럽다는 것은 음악적 혼란만 아니라 통치 기준이 되는 도량형이 어지럽다는 것을 의미하며 나아가 정치의 혼란까지 뜻했다. 그러므로 수가 미치는 영역은 매우 컸음을 알 수 있다. 그리고 5음 중에 궁은 81의

---

34) "치우의 형제가 81인이었는데, 모두 짐승의 모습을 하고 사람의 말을 하며, 구리로 된 머리와 쇠로 된 이마를 가지고 모래를 먹으며 오구장(五丘杖), 도극(刀戟), 태노(太弩)를 만드니 그 위세를 천하에 떨쳤다." 『사기』 「정의」, "치우는 옛 천자의 이름이다." 「집해」, 김인희, 『동이신화 태양을 쏘다 1』, 박이정, 2007.

35) 『한서』 「율력지」에 따르면, "黃鐘律의 律管 길이는 81分＝9寸이다." 또 『사기』 「율력지」에는 "黃鐘, 長八寸十分一, 宮"은 즉 8촌 1푼의 도량형을 의미한다.
王夢鷗, 『樂記集釋』, 김승룡 편역, 청계출판사, 2002, p.127.

상수를 가지고 있다. 81은 3의 배수이다. 3은 천지인을 가리키는 조화의 수이자, 태양의 수이고, 생명의 수이다.

위의 내용을 토대로 해독해 보아도 그리 쉬운 일이 아니다. 천부경 전문은 앞뒤의 두 문구 외에는 대부분 수로 이루어져 있다. 상상력을 펼쳐서 해독을 하려고 해도, 해독은커녕 이내 '수(數)'에 부딪혀 더 나아가지 못하게 된다. 그러나 그 해결의 비밀이 '수'에 있음을 알게 되었다.

81자의 글자 중에 '3'자가 가장 많이 등장한다. 3자는 우리 민족뿐만 아니라, 세계의 역사에서도 '3'이라는 수는 종교적, 민족적 원형을 가진 숫자이다. 그다음으로 1, 2가 많이 나오고, 그 외 4, 5, 6, 7, 8, 9, 10이 나온다. 숫자 외의 글자는 '천·지·인'이라는 글자가 가장 많이 보인다.

먼저 '3'자가 가지고 있는 상징적 의미와 '천·지·인'이라는 글자는 매우 밀접한 의미를 가진다는 것을 경문을 읽으면 느낄 수 있다. 그리고 1·2·3이 상징하는 수가 천지인을 의미하는 것도 알 수 있다. 또한 '천일일지일이인일삼(天一一地一二人一三)'에서 1·2·3과 천·지·인 이미지가 서로 관계를 맺고 있음을 유추해 낼 수 있다. 따라서 1은 하늘이고, 2는 땅이고, 3은 인간이라는 것까지 이끌어 낼 수가 있다. 이것만 가지고도 우리는 천부경이 신사시대 우주관과 근접해 있음을 알 수가 있다.

　　고대 우주관(天體觀)은 인간사고의 가장 기본으로서, 하늘은 머리 위에 땅은 발아래에 있다는 인식에서 시작된다. 전한시대의 『회남자(淮南子)』 「천문훈(天文訓)」에서는 "천지(天地)의 형체가 생기기 이전에는 혼돈되어 구분이 없는 상태였다."라는 내용이 있다. 처음엔 하나의 무궤(無匱)에서 하늘과 땅이 나뉜다. 아주 관념적이면서 평면적 시각이미지를 내포하고 있다. 노다 주료가 구분 지은 '1차 개천설'과도 비슷한 점을 가지고 있다.36) 천부경이 나타내는 시각적 이미지도 평면적이고 그 평면 위에서 하늘과 땅, 인간이 분화된다. 그 당시의 세계관을 암시한다.

　　즉 천부경은 고대의 우주관을 담은 원리로서 그 당시의 천문서와도 같고 한편으로는 수학서 같은 역할을 하는 것 같기도 하다. 한편으로는 하나로 통하는 통합적 생활지침서 같기도 하다. 그 당시의 우주관은 관념적이라기보다 통합적·상징적 사고(思考)를 가지고 있었던 것으로 보인다. 기원전 문명 태동과 나라가 형성될 즈음 우주관이나 율법들도 함께 그 모습을 드러내기 시작했다. 천부경은 이러한 바탕 위에 만들어진 상징체계이다. 이제 이러한 사전 정보를 가지고 상상력을 발휘해서 재미난 해독을 시작해 보자.

---

36) 1차 개천설과 2차 개천설의 구분은 고대인들이 구분한 것이 아니고 노다 쥬로가 『주비산경』과 한 대 천문 이론을 토대로 구분한 것이다. 노다가 말하는 1차 개천설은 주(周) 초기의 주비산경 상권과 진(秦)과 전한(前漢)의 '칠형도'까지로 구분하였다. '칠형도(七衡圖)'에 기초한 해의 운행도는 천부경 도해의 도형과 비슷한 부분을 가지고 있다. 그러나 노다는 천원지방에 근거하여 설명하였고, 천부경은 하나의 무궤에서 하늘과 땅이 평면적으로 나뉜다는 점에서 서로 차이점이 있다. 천부경은 시기적으로 『주비산경』과 비슷한 시기거나 혹은 앞선 시기로 추정한다. 좀 더 자세한 것은 이후에 서술할 것이다.

3) 원문해독 – '천부경, 태양을 관측하다'

우선 원문해독의 필요성을 언급하자면, '81자'의 문자에 대한 다양하고 분분한 해석을 읽고 따르기만 할 것이 아니라, 샤먼의 후예답게 원문을 직접 해석해 봐야 할 것이다. 그것은 치우의 '네 개의 눈'과 같이 보고 깨닫기 위함이다. 김지하는 <흰 그늘의 미학을 찾아서>에서 네 개 중에 두 개의 눈은 '몸 전체'라 하였다. 이는 내가 연구에 가치를 두는 우리 민족의 샤머니즘적 '숭고'의 개념과도 일치하는 말이다. 천부경의 원문을 이성보다도 다듬어지지 않는 자연에 놓인 것 같은 '온몸의 감성'적 측면에서 직관적·감각적으로 해독하길 바란다.

천부경 원문을 해석함에 있어서, '천지인 합일과 삼수분화', '삼수분화에서 수리적 변화로', '천지인 각도기와 태양의 관측' 순서대로 세 가지로 분류해서 해독하겠다.

이 장에서는 <천부경>이 '하늘의 태양을 관측하는 그림'이라는 것에 주목하고 독해를 해 보길 바란다. 현상을 표현할 때 시각이미지로 전달하지 못할 것은 별로 없다. 하물며 기하학적 시각이미지의 시대라고 보아도 손색이 없는 청동기시대에 만들어진 천부경을 그 어떤 표현수단보다 시각이미지적인 측면에서 이해하는 것은 매우 용이한 방법이다. 천부경의 내용은 시각이미지가 문자보다 앞설 만큼 자연현상에 집중했던 시기의 일이다.

왜 천부경을 이미지로 해독하는지 상기하면서 '천부경 전문 81자'를 보자.

<天符經>

一 始 無 始 一 析 三 極 無
盡 本 天 一 一 地 一 二 人
一 三 一 積 十 鉅 無 匱 化
三 天 二 三 地 二 三 人 二
三 大 三 合 六 生 七 八 九
運 三 四 成 環 五 七 一 妙
衍 萬 往 萬 來 用 變 不 動
本 本 心 本 太 陽 昂 明 人
中 天 地 一 一 終 無 終 一

<천부경>

일 시 무 시 일 석 삼 극 무
진 본 천 일 일 지 일 이 인
일 삼 일 적 십 거 무 궤 화
삼 천 이 삼 지 이 삼 인 이
삼 대 삼 합 육 생 칠 팔 구
운 삼 사 성 환 오 칠 일 묘
연 만 왕 만 래 용 변 부 동
본 본 심 본 태 양 앙 명 인
중 천 지 일 일 종 무 종 일

(1) 천·지·인 합일과 삼수분화

일시무시일(一始無始一)

하나가 시작되지만 시작되는 하나가 없다

천부경 전문(全文)에서 처음으로 시작하는 말이 '一始無始一'이다. 이것을 해석해 보면, '하나가 시작되지만 시작되는 하나가 없다.'라는 뜻이다. 참으로 형이상학적인 말이다. 필자는 수없이 이 말을 되새겨 보았다. 처음에는 극한을 떠올렸다. 무한대와 무한소같이 극소와 극대도 끝이 없음을 의미하기 때문이다. 끝없는 우주를 일컫는 것은 아닐까 생각했다. 그러나 전체적인 맥락에서 해석한다면 맞아떨어지는 해석이 아니었다.

천부경의 전문은 '일시무시일'에서 시작해서 '일종무종일'로 끝난다. '하나가 시작되지만 시작되는 하나가 없고, 하나가 끝나지만 끝나는 하나는 없다.' 중얼거리면서 생각하고 또 생각했다. 뇌리를 스쳐 지나가는 것이 있었다. 그것은 뜨고 지는 '해'였다. 해가 뜰 때와 해가 질 때의 순간을 상상해 보라. 순식간에 뜨고 진다. 해가 뜨면 이내 움직여서 시작되는 것은 없다. 마찬가로 해가 끝나지만 끝나는 해는 없다. 첫 구절과 끝 구절이 해를 의미한다는 것을 알게 되었다. 따라서 천부경의 시작은 태양을 의미한다. 해독에 있어서, 一(하나)자와 日(태양) 지는 바꾸어 해석해도 무관하다. 오랜 세월 지나면서 日이 一로 바뀌었을 가능성도 배제할 수 없다.

태양은 선사시대부터 고대에 이르기까지 그 시대 사람들에게 있어서 관찰과 숭배의 대상이다. 해의 움직임은 시간과 계절을 알려 준다. 그리고 태양은 위치와 방향까지 알려 주는 아주 용이하고 고마운 존재였다. 또한 태양은 천문학과 수학과 종교를 만들어 내는 데 공헌한 권위를 상징하는 존재이다. 오늘날의 문명은 태양의 문명이라고 해도 과언이 아니다. 수의 역사는 기원전 4000년으로 거슬러 올라간다.[37] 수는 숭배의 대상인 하늘의 변화를 기록하는 도구였다. 천부경도 주로 수로 이루어져 있다. 수는 종교와 과학적인 것을 담

---

37) 수의 역사는 메소포타미아에서 기원전 4000년까지 거슬러 올라간다. 수는 문자처럼 상징을 담는 그릇이다.

는 그릇이다. 그리고 주술의 방법적인 도구이기도 하다. 수는 관념적이기도 하지만 당시의 자연현상을 상징적으로 담는 그릇이었다.

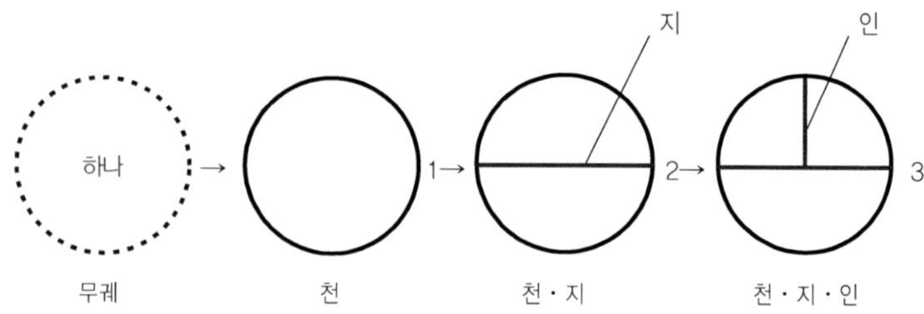

2장의 그림들은 해석을 위해서 필자가 원문해석을 중심으로 풀이한 것이다. 위의 무궤가 원이든 사각형이든 상관은 없다. 무궤를 원으로 본다면 원으로, 사각으로 본다면 사각으로 표현해도 좋다.

〈그림 12〉 삼극(三極)으로 나뉘는 과정에 대한 해석도

석삼극무진본(析三極無盡本)

3극으로 나누었지만 근본은 없어지지 않는다

<그림 12>처럼 하나의 무궤에서 3극으로 나뉘지만 근본은 하나임을 뜻한다. 삼수분화와 합일을 말한다. 3극으로 나누어지지만 무궤의 크기나 근본은 변화가 없음을 의미한다. 그럼 어떻게 3극으로 나뉘었는지 다음의 구절을 보자.

위의 그림에서 근본인 '하나'는 하늘인 동시에 태양, 그리고 무궤라고 볼 수 있다. 그림과 같이 하나의 무궤에서 분화되어 가는 것을 계속해서 해석해 가면서 설명하겠다.

천일일지일이인일삼(天一一地一二人一三)

‘천’은 하나일 때 하나이고, ‘지’는 하나일 때 둘이고, ‘인’은 하나일 때 셋이다

이것은 <그림 12>처럼 무궤가 3극으로 분화되는 과정을 의미한다. 3극으로 나뉘는 방법에 대한 것이다. 무궤가 하나일 때, 천은 하나이고, 지는 둘이고, 인은 셋이다. 즉, ‘천’은 하나일 때 무궤도 하나이고, ‘지’는 하나일 때 무궤가 둘로 나뉘고, ‘인’은 하나일 때 무궤가 셋으로 나뉜다. 다시 말하면, 이 말은 ‘천’은 하나고, ‘지’는 두 개로 나뉘고 ‘인’은 세 개로 나뉜다는 뜻이다. 위의 <그림 12>처럼 분화됨을 의미한다.

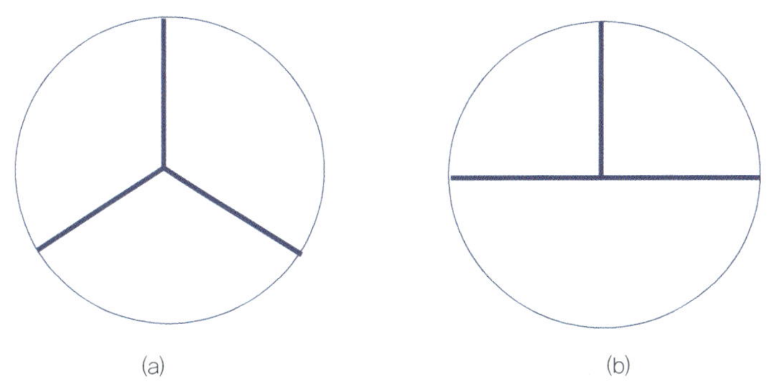

〈그림 13〉 삼태극(a)과 삼화(b)의 그림

여기서 나누어지는 순서가 중요하다. 이 모양은 태극과 같이 구심에서 같은 크기로 3등분 하지 않고, <그림 13−b>와 같이 하늘·

땅·사람의 순서대로 나뉜다. 원을 반으로 나누고, 그 위의 반원을 또 나누는 형태를 말한다. 여기에서 나타나는 3극의 합일과 분화, 분화와 합일은 우리 민족의 삶의 원리와 철학이 담겨 있다. 이에 대해서는 3장에서 다시 서술하겠다.

일적십거무궤화삼(一積十鉅無匱化三)

하나가 쌓여 10으로 커져도 무궤는 3개로 나뉜다

하나가 쌓여 10으로 커져도 무궤는 3개로 나뉜다. 이는 삼수분화의 특수성을 말한다. 동심원 겹겹과 같이 아무리 세계가 커져도 변함없이 <그림 14>처럼 3극으로 나뉜다는 뜻이다.

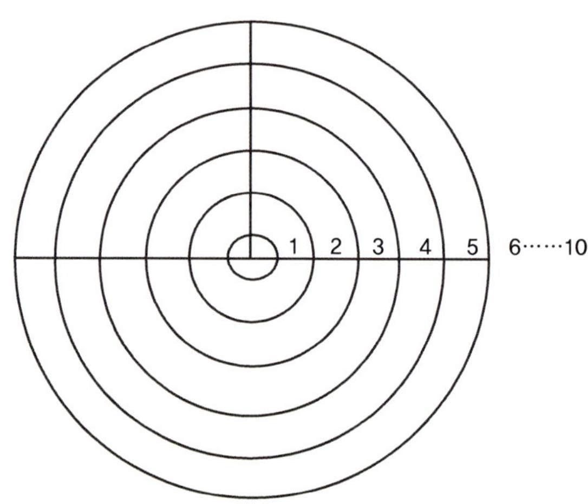

〈그림 14〉 '일적십거무궤화삼'에 대한 해석도(암각화의 동심원을 떠올려보자)

천이삼지이삼인이삼(天二三地二三人二三)

'천'이 둘일 때도 '지'가 둘일 때도 '인'이 둘일 때도 3화 된다

천이 두 개일 때, 지가 두 개일 때, 인이 두 개일 때도 무궤는 3으로 나뉜다. 즉 무궤가 2개로 쌓여도 천, 지, 일이 3개로 나뉜다. 아래의 <그림 15>에서 두 개의 무궤가 쌓인 주황색의 동심원(무궤)을 말한다.

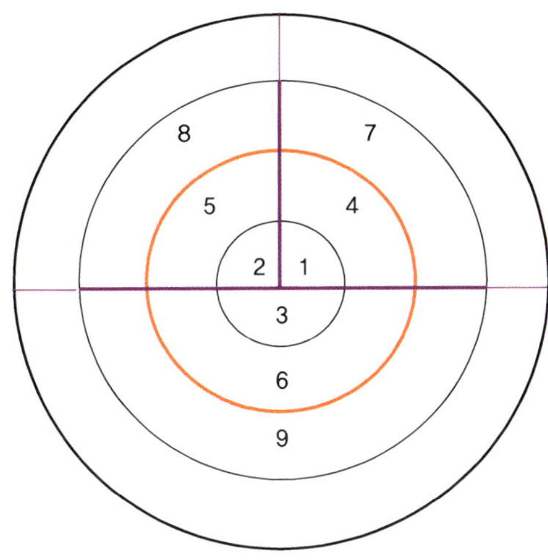

〈그림 15〉 '무궤가 3개라도 3극'이 됨을 말하면 그 합이 9임을 나타낸다

대삼합육생칠팔구(大三合六生七八九)

대삼이 합치면 6이고 7, 8, 9가 생긴다

바로 앞에서 말한 천2, 지2, 인2가 대삼이다. <그림 15>에서 대삼은 주황색 동심원(무궤)이다. 이 대삼을 합치면 6이고, 무궤가 또 쌓이면 주황색 무궤가 되고 7·8·9가 생긴다.

운삼사성환오칠(運三四成環五七)

3, 4를 운용하면 5, 7이 고리를 이룬다

동심원 사이 폭의 값들을 1로 본다면, <그림 16>과 같이 세 번째의 무궤에서 3과 네 번째 무궤, 3과 4를 운용해서 선을 이으면, 5와 7이 고리를 이루는 삼각형이 나온다.

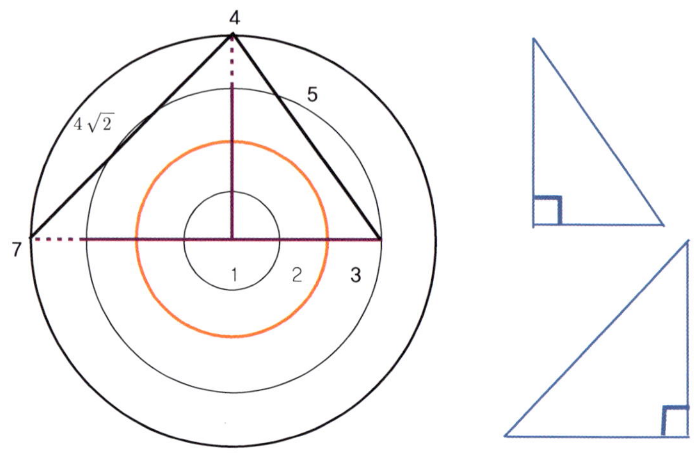

〈그림 16〉 '운삼사성환오칠'에 대한 해석도이다

다시 말해서, 3과 4를 운용해서 5와 7이 고리를 이룬다. 'ㄴ' 모양을 기준으로 세 번째 무궤와 네 번째 무궤를 서로 이으면 3:4:5의 비율을 가진 작은 삼각형이 나오고, 왼쪽의 네 번째 무궤끼리 이으면 4:4:4$\sqrt{2}$ 비율의 이등변삼각형이 나오고, 이 두 삼각형을 붙인 값은 5:7:4$\sqrt{2}$ 비율을 가진 가장 큰 삼각형이 나온다. 세 개의 삼각형

중에 앞의 두 삼각형은 마치 <피타고라스 정리>를 일컫는 것 같다. 아마도 피타고라스 정리 이전에 이 법칙은 존재했던 것이 분명한 것 같다. 이것이 직접적으로 피타고라스 정리를 의미하는 것은 아니지만 동일한 원리이다. 이것은 고대에 아주 유용하게 쓰였던 수리와 기하학임에 틀림없다.

　

<그림 16>과 피타고라스 정리의 기하학적 도형인 <그림 17>을 비교해 보길 바란다. 피타고라스 정리는 다음과 같다.

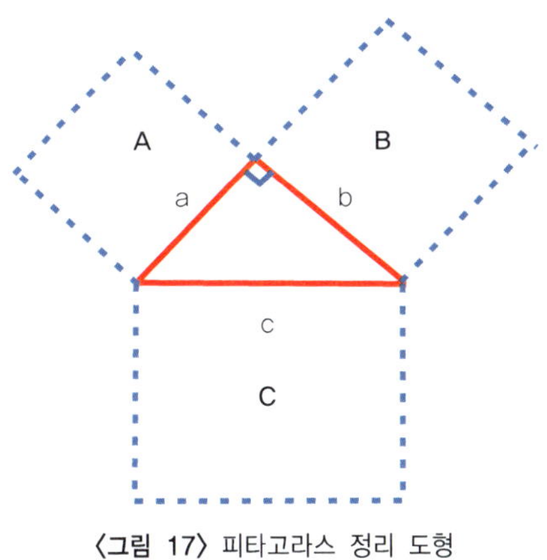

〈그림 17〉 피타고라스 정리 도형

〈피타고라스 정리〉

A＋B＝C는 $a^2 + b^2 = c^2$ 이고, c변을 마주 보고 있는 꼭짓점의 각이 90도여야만 피타고라스 정리에 부합한다. 그리고 피타고라스의 가장 위대한 발견은 무리수의 발견이다. 이등변삼각형의 긴 변은 무리수이다.

천부경의 해독에서 나온 <그림 16>에서는 삼각형이 세 개가 나온다. 그중에 제일 큰 삼각형($5:4\sqrt{2}:7$)은 피타고라스 정리에 해당하지 않는다. 가장 긴 변과 마주 보는 꼭짓점이 직각을 이루지 않으므로 피타고라스 정리와 거리가 멀다. 나머지 두 삼각형 직각삼각형($3:4:5$)과 이등변삼각형($4:4:4\sqrt{2}$)은 피타고라스 정리에 해당한다. 그중에 직각삼각형($3:4:5$)은 <그림 17>과 같은 직각삼각형이다. 그리고 이등변삼각형($4:4:4\sqrt{2}$)은 피타고라스의 수학적 업적 중 가장 큰 업적이라 볼 수 있는 무리수의 발견을 유도하는 삼각형이다. 따라서 천부경은 피타고라스 정리보다도 여러 삼각형을 동시에 나타내고 있다.

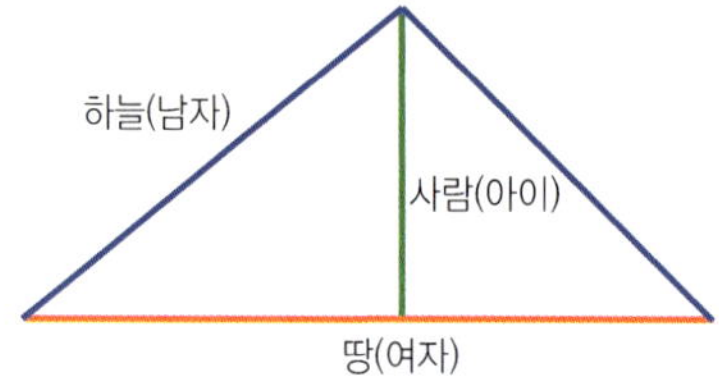

〈그림 18〉 천부경에 등장하는 삼각형

그리고 제일 큰 삼각형 <그림 18>은 피타고라스 정리와 직접적 관련은 없지만, 매우 중요한 각도기의 역할을 한다. 이 도형은 학교 다닐 때 수학시간에 썼던 이등변삼각형 자와 직각삼각형 자를 서로 붙인 형상을 연상케 한다. 이 그림은 천·지·인의 형성원리로 만들어진 각도기이다.

1이 묘하게 넘쳐서 무수히 왕래하면 쓰임이 변하지만 근본은 하나라는 말은 세 번째 무궤에서 1이 묘하게 넘쳐서 피타고라스 정리처럼 쓰임이 여러 가지로 생겨남을 의미한다.

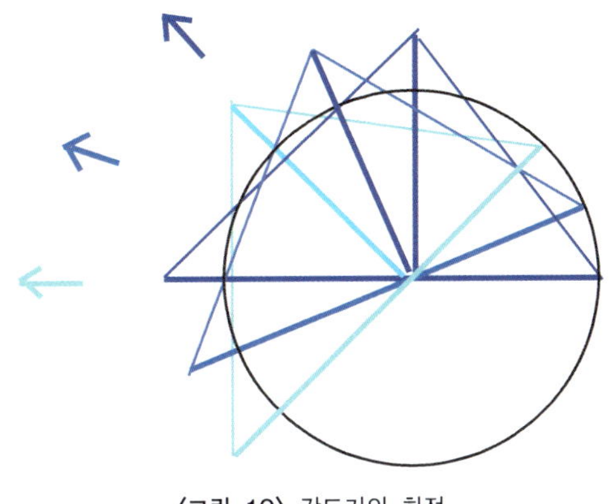

〈그림 19〉 각도기의 회전

또한 쓰임이 변하지만 근본은 변하지 않는다는 말은 원 안에서 구심을 중심으로 삼각형을 움직이면 여러 방향이 생긴다. <그림 19>의 그림같이 각도기 방향은 수없이 변하지만(쓰임은 변하지만), 각도기의 형태(근본)는 변하지 않는다.

용변: 쓰임은 변한다. － 변하는 것 － 방향

부동본: 근본은 변하지 않는다. － 변하지 않는 것 － 삼화

이런 이미지를 만든 옛날 사람들은 이것을 통해서 방향을 잡거나 주역처럼 점을 쳤을 것이다. 원은 하늘이고 원 안에서 움직이는 삼각형은 방향과 움직임을 의미한다. 땅에는 사방의 여러 방향이 있지만 그 방향을 알기 위해서는 하늘의 규칙적인 모습과 위치를 통해서만 알 수 있다. 그 기준은 낮에는 태양, 밤에는 달과 별들이었다.

(2) 천지인 각도기와 태양의 관측

본심본태양앙명(本心本太陽昂明)
근본 중심(마음)은 본래 높이 밝은 태양이다

이 문구에서는 갑자기 태양이 등장한다. 이것은 태양이 척도의 근본이 됨을 의미한다. 천부경의 이 구절과 첫 구절 그리고 끝 구절에서 태양이 실마리가 된다. '근본 중심은 본래 높이 밝은 태양이다'는 것과 첫 구절과 끝 구절의 태양의 순환은 어떤 원리를 말하고자 한다. 즉, 위의 각도기가 겨냥하는 것이 태양임을 말하고 있다. 이것은 총체적으로 계절을 알고자 태양고도를 측정하는 원리이거나 하루의 길이를 알려 주는 해시계 등을 만드는 설계도를 의미한다. 태양에 모든 것을 비추어 만든 문명에는 태양이 모든 원리의 근본 중심이 된다. 근본 중심이란 척도의 중심이라는 것이다.

예를 들어, 솟대나 사람을 세워 멀리 있는 태양의 위치를 측정한

다면 그것은 곧 시계가 된다. 그리고 태양의 고도를 측정하면 계절을 알 수 있다. 사람은 높이 밝은 태양을 향해 서 있다. 높이 밝은 태양은 중천에 떠 있는 태양이다. 그리고 밝은 태양은 하늘에서 동쪽에 위치한 태양을 의미한다. 동쪽은 밝은 곳이다. '배달(밝땅의 겨레)'38)족의 이동 경로 방향이기도 하다. 우리 민족은 그 어느 나라보다 밝음을 숭상하였다. 그 밝음은 하늘을 비추는 태양뿐만 아니라, 태양이 떠오를 때 만물이 비쳐 여명을 이룰 때처럼, 모든 만물에 깃든 밝음이다. 그래서 캄캄하고 무서운 밤을 지나 서서히 밝아지는 태양의 여명을 숭상하였다. 이 문구에서 종교적인 의미로 많이 해석되었을 것으로 본다.

인중천지일(人中天地一)

인간은 천지가 하나인 가운데 있다

인간이 하늘과 땅의 가운데에 있다. 이 또한 위의 원리를 그대로 표현하고 있다. <그림 20·21>과 같이 움직임의 중심에 인간이 있다. 이 동심원의 중심에 서 있기 때문에 그림자 움직임의 중심이 된다. 그 당시에 실제로 인간이 각도기처럼 땅에 서 있었을 수도 있는 일이다. 태양의 각도를 알기 위해서나 그림자의 길이나 방향을 재기 위해서 말이다. 태양이 지는 위치의 변화는 계절을 알려 주고, 사람의 그림자의 길이는 시간과 방향을 알려 주기 때문이다.

---

38) 임승국 주해, 『한단고기』, 정신세계사, 1986, pp.18~19. 임승국의 주에 의하면, '밝땅'은 배달을 의미한다. 밝달은 밝은 땅이라는 의미를 가진다. '밝'이 '배'로 변하여 '배달'이 되었나.

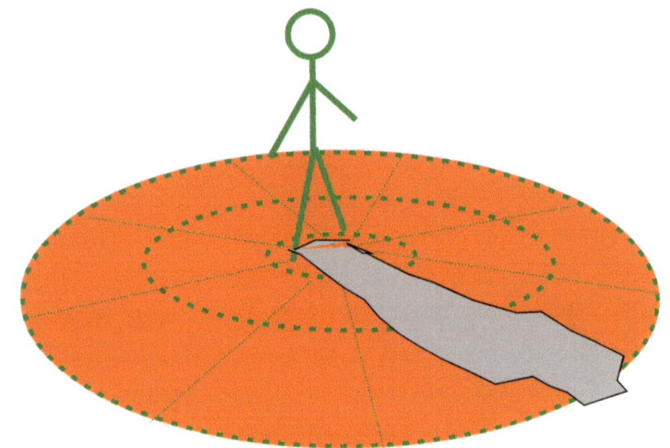

〈그림 20〉 시간과 방향, 그리고 계절을 그림자로 알 수 있다

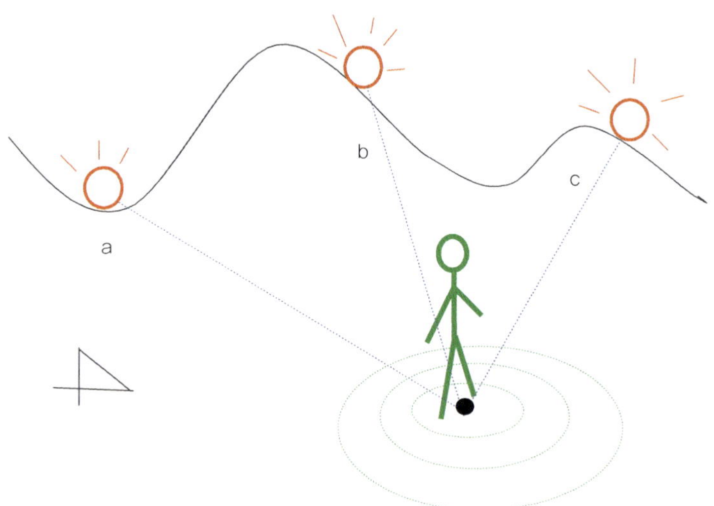

〈그림 21〉 계절에 따른 태양의 위치 측정

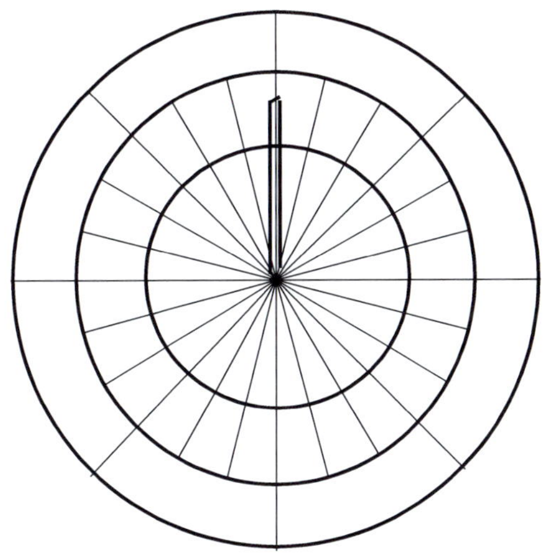

〈그림 22〉 신라시대 돌 해시계의 암각모형

일종무종일(一終無終一)

첫 구절과 마찬가지로 해는 졌지만 지는 해는 없다. 왜냐하면 또 뜨기 때문이다. 앞서 말했듯이 유목 생활에서 계절은 삶과 밀접한 관련이 있다. 농경 사회에서 '달'의 관찰이 중요한 역할을 했다면, 유목 생활에서는 '해'의 관찰이 중요했다. 그 이유는 유목민들은 계절에 따라 이동을 해야 하기 때문이고, 농경 사회에서 달에 맞추어 농사를 지었기 때문이다. 유목민에게 해는 삶과 직결된 숭배의 대상이었다. 천부경이 만들어진 시대에 태양은 숭배의 대상이면시 이동의 척도고 수리였다. 천부경을 해독하는 핵심 코드는 태양이다. 그리고 동심원과 十고법이나.

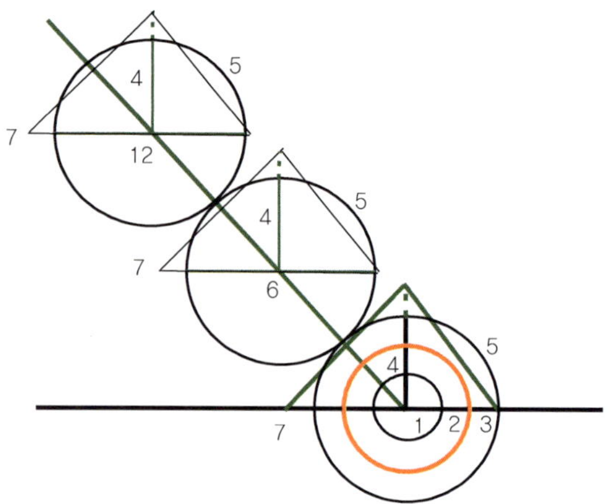

<그림 **23**> 변화하는 수리와 변화하지 않는 수리

<그림 23>에서 3수는 변화하고 4와 7은 변하지 않는다. 이것은 천·지·인의 수리를 만들어 낼 뿐만 아니라 계절과 시간을 측정하는 용이한 것이었다.

2. 선사시대부터 이어 온 하늘을 쫓는 동심원

1) '원(圓)' – 진리를 담는 그릇

인류에게 있어서 '원'의 발명[39]은 매우 대단한 것이었다. 원은 인

---

39) 루돌프 아른하임, *Art and visual perception*, 김춘일 옮김, 미술과 시지각, 미진사, 2003, 4장. 아른하임은 어린아이가 '원'을 처음 그리게 되는 것은 발달과정에서 나타나는 발명이라고 하였다.

간이라면 어릴 적부터 신경계의 발달로 무의식적으로 그리게 되는데, 융은 그것을 인간의 집단무의식에서 발동되는 원형으로 보았다. 그러나 여기서 말하는 원은 정원(正貝)이 아니다. 정원의 쓰임은 오늘날 우리가 알고 있는 평범한 것이 아니었다. 그래서 원은 아주 오래전부터 완전성을 대표하는 인위적 성질을 가진 형태로 알려져 왔다. 그것을 표현할 때는 도구를 쓰지 않고는 완벽하게 그려 내지는 못한다. 완전한 원을 도구 없이 그릴 수도 없는 것처럼 원 그 자체로서는 그리거나 만들기 쉬운 도형이 아니다. 그래서 신비하고 완벽한 도형으로 신성시되어 온 것 같다.

원은 예부터 어떤 원리를 담기에 좋은 그릇(무게)이었다. 천문, 수학, 종교, 과학, 주술, 예술 등과도 밀접한 관련을 맺고 있다. 고대부터 원은 태양이나 왕이나 신을 의미하는 도형으로 알려져 있다. 그만큼 원은 예사로운 것이 아니다. 원이 완전함과 신비로움, 그리고 어떤 원리를 상징적으로 표현하는 개념으로 쓰이는 데에는 여러 가지 이유가 있다.

우선, 원은 인간의 노작활동과 시지각의 발달을 통해서 인간이라면 누구나 어릴 때부터 자기도 모르게 그리게 되는 것에서부터 비롯되는데 그 이유를 우리는 정확히 알지 못한다. 왜 인간은 배우지 않아도 유아시절부터 동그라미를 무의식적으로 그리는 걸까? 그것은 오랫동안 원을 사용해 온 인간의 집단무의식의 발로일까, 아니면, 우주의 순환적 본질을 물려받은 것일까?

첫째, 태초의 원은 사원을 닮은 이미지에서 시작되었을 것이다.

물론 여기서 말하는 원은 완전한 원이 아니라 자연에서 얻는 원이다. 처음 인식된 원은 가공되지 않은 자연의 모습에서 온 둥근 곡선의 원이다. 대표적인 자연물은 하늘의 해, 달, 육안으로 보이는 별들은 모두 둥글다. 그리고 땅에 있는 인공적이지 않은 원형은 알이 그 전부다. 하늘에는 둥근 것이 많은데 땅에는 알 종류뿐이다. 태양과 달이 숭배 대상이었듯이 둥근 알도 예사롭지 않은 것이었다. 이것은 규칙적인 순환의 질서를 가지고 있었기 때문이다.

둘째, 해, 달, 별은 지구 주변에서 각각을 순환(循環)한다. 원은 순환을 나타내기도 한다. 그 순환성을 본떠 인간은 보다 완벽한 원을 만들어, 원리의 상징적 개념들을 만들어 원 안에 넣기를 좋아했다.

셋째, 원은 우주 또는 하늘을 상징한다. 이것은 고대의 가장 대표적인 원의 상징적 개념이다. 그 예로 앞서 말한 "하늘은 둥글고 땅은 방형이다."라는 천원지방설이 있다. 이러한 관념은 청동기시대 이후 동·서양의 우주관에서 찾을 수 있다.

위의 세 가지 원의 공통점은 하늘과 밀접한 관련이 있다. 그래서 하늘을 숭배하는 선사시대인은 원을 신성하게 여겼던 것일까.

선사시대부터 태양의 운행을 알기 위해 쓰였던 동심원은 몇 천 년 동안 원리와 수리를 담는 도형으로 사용되었다. 선사시대부터 땅은 현상의 세계였고, 하늘 세계의 본질과 같은 규칙을 담고자 법을 만들고, 방향을 세우고, 수리를 만들었다. 그래서 하늘과 땅을 통해서 얻은 어떤 수리(원리)나 역법(曆法)을 만들어 내고는 '원' 안에 담아내기를 좋아했다. 원은 처음과 끝이 없으니 순환한다고 여겼기 때문이다. 그리고 종교에서는 원을 '윤회'와 연관시키기도 한다. 또한 '탑돌이', '원무(圓舞)'의 기원을 그것에서 찾을 수 있다.

원의 표상은 다양하게 나타난다. 원은 고대의 하늘 모습이었고, 에너지를 발산하는 도형이기도 하지만, 오래전부터 인간이 여겨 오던 종교적 교리의 상징이 되기도 하고, 한편으로는 권력을 담기도 하였다. 또한 원은 과학과 수학처럼 생활 속에 원리를 담아서 청동 거울과 같은 생활용품으로 디자인되기도 했다. 다시 말하면, 원은 인간에게 신비한 힘을 주는 도형이었고, 인간들은 그 파워를 믿으며, 실생활에 사용해 왔다. 오늘날의 지식과 문화는 고대의 '동심원(同心圓)'이 만들어 낸 문명의 바탕 위에 서 있다고 해도 과언이 아니다.

2) 태양을 쫓는 동심원 – 시간과 윤회

(1) 바위에 새긴 해 모양 동심원

태양을 쫓는 선사시대 암각화의 동심원에서 오늘날 우주의 궤도까지 동심원은 광범위하게 쓰여 왔다. 그러나 그 기원은 앞서 말한 대로 태양의 모양에서 비롯되었을 것으로 보인다. 그 어떤 것보다 에너지와 파장의 대상이었기 때문이다.

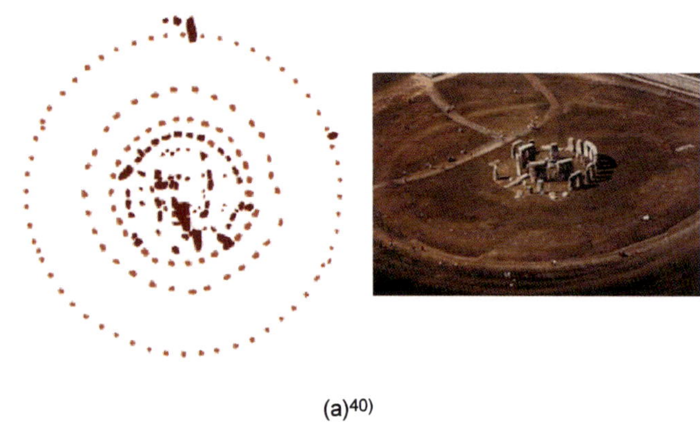

(a)⁴⁰⁾

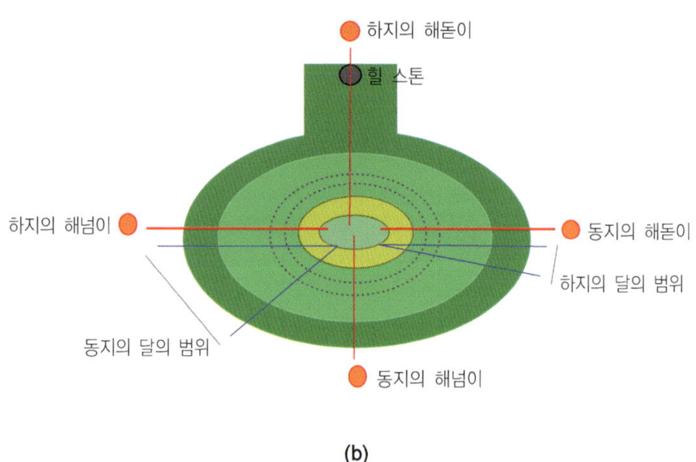

(b)

〈그림 24〉 (a) 스톤헨지 분포도, (b) 스톤헨지에 대한 설명

---

40) www.stonehenge.co.uk.

<그림 24>에서 보이는 것처럼 태양은 동심원이나 나선형으로 표현되었다. 왜냐하면 태양은 열이자, 에너지이기 때문이다. 그래서 태양의 모양을 그려 넣는 것만으로도 에너지를 받는다고 여겼고, 실제로 에너지를 얻었을 가능성이 매우 높다. 앞서 언급한 '케스트 어웨이(영화)'에서 '윌슨'의 존재와도 같이 태양의 모양만으로 이미 태양의 에너지를 느낄 수 있었을지도 모른다. 태양은 한편 권력을 가진 자를 표상하거나 권력을 가진 종교로 발전하게 된다. 태양의 관찰은 역법과 수리 등을 만들어 내었고 문명의 변화를 이끌었다.

<그림 24-a>의 구축물은 앞에서도 언급했듯이 스톤헨지이다. 거대바위의 건조시기가 각각 다른데 바깥 도랑과 제방 그리고 힐스톤은 방사성탄소연대측정으로 기원전 1848±275년에 건조되었고, 입석류는 기원전 1700~1600년, 중앙의 석조물은 기원전 1500~1400년에 건조된 것으로 추정되고 있다. 이 스톤헨지는 고대의 태양숭배와 신앙에 사용되었고, 태양의 관찰은 그것의 일부에 속하였을 수도 있다. 우리나라의 <조대기>에서도 해가 뜨고 지는 방향을 보고 경배를 드렸다는 내용이 있다.

즉, 태양의 순환은 대단한 진리였고 숭배의 대상이 되었다. 모든 역법은 이와 같은 순환의 원리로 만들어졌다.

최근 천문학계 연구에 의하면, 구축물의 세워진 당시, 하지(夏至)의 태양이 힐스톤 위에서 떠올라 중앙제단을 비추었던 시기기 천문학적으로 기원전 1840±200년이라고 계산됨으로써 방사성탄소연대측정의 결과와 일치한다는 점에서 주목받고 있다.

<그림 24-b>[41]의 동심원 포인트는 스톤헨지의 분포도를 나타내고 있다.

이 동심원은 태양이 뜨는 위치와 지는 위치를 표시하고 있다. 이것은 선사시대부터 시계이자 달력과도 같은 역할을 했을 것이다. 우리가 매일 같은 데서 해가 뜨고 지는 것을 관찰한다고 생각해 보자. 해가 지는 위치는 계절에 따라 하루가 다르게 변한다. 겨울에는 서쪽 하늘에서도 점점 남쪽으로 지고, 여름에는 점점 북쪽으로 이동하며 기운다는 것을 알 수 있다.

마찬가지로 이 거석들의 포인트는 고정된 위치를 의미한다. 이를 통해서 해와 별의 이동을 관찰하였던 것이다. 스톤헨지는 거대한 태양의 문명을 말해 주는 큰 단서다. 이러한 스톤헨지의 포인트(<그림 24-b>)는 천부경의 도해와 일치하는 그림일 뿐만 아니라 태양의 관찰 및 측정이라는 측면에서도 일치한다. 아마도 태양의 위치의 관찰은 역법(曆法)의 시초인 태양력의 근원이 되었을 것이다.

(2) 해를 셈하는 시계와 달력

마야문명은 많은 베일에 가려진 문명이지만, 정확한 사실은 마야문명을 세운 민족이 기하학과 수학, 천문학이 매우 발달하였던 이들이었다는 것이다. 언어 연대학적 연구에 따르면 마야어족의 조상은 북아메리카 인디언의 작은 부족으로서, 이들이 남진(南進)해서 기원전 3000년대 중반에 서부 과테말라 고지에 정착한 것이라고 한다.

---

41) www.stonehenge.co.uk.

그 후 기원전 2000년경에 북서쪽과 남서쪽으로 각각 갈라져서 살게 된다. 대규모의 도시 유적이 세워지기 시작한 것은 기원후부터이며, 마야문화가 번성한 지방은 3개 지역으로 구분된다. 그 중심을 이룬 것은 과테말라 북부, 서쪽은 멕시코, 동쪽은 벨리즈 지방이다.

마야문명의 번성했던 시기는 300년~900년까지로 황금기였으나, 10세기에 이민족의 침략으로 인해 멸망하였다. 이후, 일부 마야 유민들이 유카탄 반도로 이동하여 아스텍 문명을 세웠다.

마야는 신정정치(theocracy)를 실시했다. 그들은 이집트의 피라미드와 유사한 <그림 25-a>의 거대 신전과 원형구장을 건축하고 태양신과 달의 신을 숭배했다. 치첸이사의 피라미드는 마야문명을 가장 잘 상징하는데, 피라미드 내부에 심장을 바치는 제단이 있고, 외부를 구성한 것은 마야의 달력을 상징한다. 9개의 층은 2개를 합하여 18개의 달을 상징하고, 계단은 3면이 91개, 정면에 92개를 합하여 365개로 1년의 날수를 표현하고 있다. 각 층마다 3개씩 들어간 구조는 52개로 주기를 상징하는데, 이는 52년에 한 번씩 윤년이 있음을 계산한 것이다.

피라미드의 정면에는 일 년에 2차례 춘분과 추분에 10분 정도씩 뱀의 형상이 그림자로 맺히는데, 이는 피라미드의 ‘비의 신’인 뱀을 의미한다. 밤과 낮의 길이가 같고 거의 정동에서 해가 지고 정서에서 해가 지는 춘분(3월 20일)과 추분(9월 23일)에 뱀의 그림사가 드리워진다는 것은 매우 의미심장하다.

(a) 멕시코 마야문명 치첸이사의 피라미드

〈그림 25〉 (b) the aztecs calendar stone

　마야문명은 천체 관측법과 역법이 매우 발달했기 때문에 마야 달력으로도 유명하다. 이 달력은 그림문자와 독특한 숫자를 사용하여 역법을 표현하기도 했다.

　그들의 달력은 시작점이 기원전 3113년 8월 13일로부터 정해진 태양역법을 사용하고 있었고, 이 역법은 태양계의 대주기를 지칭하며, B.C. 3113～A.D. 2012년까지의 기간을 포함하고 있다. 기원후 겨우 몇 세기를 번성해 살면서, 기원전 3113년부터 시작된 역법을 가질 수 있었다는 것은 믿기지 않는 일이다.[42] 그것은 그들 민족의 전승된 천문과 역법이 있었거나 하늘을 관측하는 데 있어서 대단한 관찰과 집중력의 소산인 훌륭한 산술과 천문이 발달했었음을 증명한다.

　마야문명이 10세기에 이민족의 침략으로 인해 멸망할 시점에 일부 마야 유민들이 유카탄 반도로 이동하여 아즈텍문명을 세웠다. 아즈텍문명은 마지막 태양의 문명을 장식하듯 그 극치를 보여 준다.
　아즈텍문명에서도 마야인들의 후예답게 대표적인 태양의 문명 중에 그림문자로 거석에 암각된 아즈텍 달력이 유명하다. 아즈텍의 달력은 우리가 쓰고 있는 달력보다 훨씬 정확하다고 한다. 이들은 태양신을 섬겼으며, 거석에 새긴 <그림 25-b>의 아즈텍 달력도 태양의 움직임을 쫓고 있다.

---

42) 그렉 브레이든 외, 『월드쇼크 2012(*The Mystery of 2012*)』, 쌤앤파커스(에스에이엠티유), 2008, p.220.

동심원에 여러 그림문자들이 그려져 있고, 전체적인 모습은 태양을 닮아 있다. 마야문명은 현대과학으로도 관측하기 어려운 태양계의 운행을 정확히 예견하고 있다. 그들은 마야문명을 전수받아 높은 수준의 고대문명을 이루었다. 그러나 그들이 예견한 대로 1519년에 에스파냐의 코르테스에 의해 정복당하여 문명이 파괴되었다.

마야문명은 멕시코 중부의 건조한 지역에서 유목생활을 하던 아스텍족이 이룬 문명이다. 아마도 마야문명은 그들의 역과 같이 기원전 3000년경부터 있어 왔고 이민족의 침입으로 계속 이동해서 남아메리카까지 가게 되었을 것이다. 유목민에게 태양은 매우 중요한 삶의 지표였음을 알 수 있다.

(3) '천원지방'의 청동거울

고대 중국과 한국에서는 천원지방을 담은 청동경(靑銅鏡)을 사용하였다. <그림 26－a>의 방격규구사신경(方格規矩四神鏡)은 부산 구포에서 출토된 것으로 1세기경에 우리 선조들이 사용했던 청동경이다. 방격규구사신경은 후한(後漢) 초에 완성된 한나라 거울의 전형이라고 한다. 나는 후한 대에 한나라 사람들만 이런 거울을 만들고 사용했을 것이라 생각하지 않는다. 물론 한 대는 여러 민족의 문화를 합하고 다시 재정립하여, 천문과 역법을 통합해서 연구하였고, 문화가 유행하고 번성하였다. 그래서 천원지방(天圓地方)의 형태를 따르고 있는 이 거울이 한 대의 전형이라고 하는지도 모른다. 그렇다고 우리나라에서 발견된 1세기의 청동거울을 어찌 후한 대의 중

국 것으로 볼 수 있겠는가. 아마도 방격규구사신경과 같은 청동경의
모양이 후한시대에 유행하였다고 볼 수 있겠다.

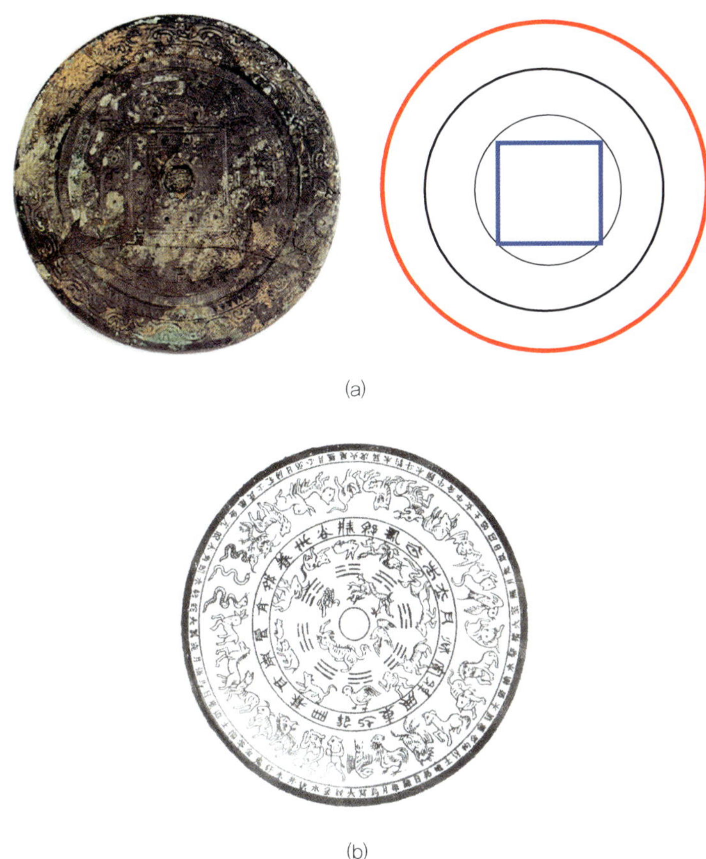

<그림 26> 방격규구사신경(方格規矩四神鏡). 부산박물관소장, 1세기(**a**),
　　　　　중국고대 천구그림(**b**)

나는 청동경이 거울의 용도로만 쓰였다고 생각하지 않는다. 청동경은 한 면엔 사물을 비추고, 한 면엔 하늘을 비추는 거울이었다. 하늘을 비추어서 시간과 방향을 알아내고, 때로는 달력이 되기도 하고, 때로는 점도 칠 수 있는 도구로 실생활에 사용했을 것이다. 다시 말하면 오늘날의 나침반, 자, 시계, 장신구 등의 역할을 했을 것이다.

거울의 명칭, 방격규구(方格規矩)의 뜻인 '방향을 바로잡는 원형과 방형'에서 그것의 쓰임을 말해 준다. 그리고 정교한 그 모양에서도 도출해 낼 수 있음직하다. 사신을 통해 사방을 표시하였고, 가장자리의 원에 있는 작은 눈금들이 그것을 증명해 준다. 중국에서는 중간 홈에 막대를 꽂아 해시계로 사용되었을 것이라는 추측이 정설로 받아들여지고 있다.

청동경의 모양과 천부경은 무관해 보이지만 나는 같은 맥락으로 보고 있다. 천부경과 청동경은 한 대의 천문과 역법에 있어서 비슷한 맥락을 가지고 있다. 중국은 한나라 때 모든 천문과 역법이 한자리에 모여 통합되고 재정립되었다고 해도 과언이 아니다. 갑자기 한 대에 이러한 여러 정보들이 한자로 기록된 것은 주변의 여러 역법들이 보태어진 것으로 추측된다.

방격규구사신경은 둥근 외각선에 눈금 장식이 있고, 세 개의 원이 동심원을 이루고 있다. 그 안에는 방형을 위시한 사신이 들어 있다. 이것은 실용적인 물질의 세계 외에 정신적인 세계를 상징하는 것으로 보인다. 즉, 하늘의 모양과 땅의 모양을 담고 있으므로 복합적인 세계를 담고 있다. 권력과 부의 상징이기도 했지만, 태양과 같이 빛을 반사하므로 어떤 에너지체라고 보아도 될 것이다. 이러한 청동경은 형태 면에서 만다라와도 매우 비슷하다.

(4) 만다라

만다라(mandala)[43]는 낱낱의 살[輻, 복]이 속 바퀴 측[轂, 바퀴 곡]에 모여 둥근 수레바퀴[圓輪, 원륜]를 이룬다. 원은 보이지 않는 본질의 세계이다. 원 안에 들어 있는 사각형은 보이는 현실의 세계를 의미한다. 그래서 만다라의 원 안의 사각형은 물질의 세계에서 정신의 세계로 넘어가는 과정이다. 따라서 이러한 원과 방형으로 이루어진 만다라는 모든 법을 원만하게 다 갖추어 모자람이 없다는, 즉 깨달음의 뜻을 담고 있다.

융은 만다라에 대해서 많은 명상을 시도했다. 융은 프로이드와 결별 후 은둔생활을 하면서 매일 자신의 내적 상황을 나타내는 원 형태의 그림을 그렸다고 한다. 그는 스스로 만다라를 그리며 치유하는 경험을 한 철학자이다. 그래서 지금도 미술치료 분야에서 만다라 형태를 활용하고 있는 것으로 생각된다.

---

43) 밀교(密敎)에서 발생한 상징적인 형식으로 그려진 佛畵로 깨달음의 경지를 상징형식으로 나타낸다. 산스크리트어의 어원으로 원, 원료라는 뜻이 있다.

〈그림 27〉 만다라

만다라에 대한 융의 견해에 대해서 아른하임은 다음과 같이 설명하고 있다.

회화 형태의 발달은 신경계의 기본적 특징에 의존되며, 신경계의 기능은 문화나 개인차에 의해 크게 수정되지 않는다. 전 세계의 유아들의 그림이 본질적으로 서로 닮아 보이고, 또 서로 다른 문명이 낳은 초기의 미술작품들에서 유사한 점들이 현저하게 나타나는 것은 바로 이러한 이유 때문이다. 이에 대한 좋은 예로서 소위 '만다라'를 들 수 있다. 이 말은 융이 산스크리트어로 붙인 명칭으로서 '동심원적 구성의 원'이다. 이런 모양의 원은 어떤 문명에서도 엿볼 수 있고, 회화에서도 발견된다. 융은 이 패턴을 가리켜 어디에서도 나타나는 '아르키타입(archetype, 원형)' 및 '집단이미지들'의 하나라고 말한다(융은 이러한 것이 집단무의식의 한 부분이라고 본다). 왜냐하면, 집단무의식은 '단순한 인종의 차이와는 무관한 뇌수구조의 동질성의 심리적 표현(psychic expression)'이기 때문이다.[44]

---

44) 루돌프 아른하임, *Art and visual perception*, 김춘일 옮김, 『미술과 시지각』, 미진사, 2003, p.210.

융이 말한 집단무의식의 발로인 '아르키타입(archetype)', 즉 '원형'은 인종과 문화의 영향으로 바뀌지 않는다. 그것은 유아들이 그리는 '햇살패턴'의 그림과 같은 초기 분화단계의 특징이다. 천부경의 '동심원적 구성의 원'과 위에서 살펴본 세계의 동심원적 원은 융이 말한 아르키타입을 가지고 있다. 문명의 초기분화단계인 '햇살패턴'으로 볼 수 있다.

지금까지 여러 나라의 동심원 형태의 유물들을 보면서 동심원적 원형이 실제로 여러 시대와 지역에서 분포되고 있다는 것을 볼 수 있는데, 그렇다면 왜 인류에게는 동심원과 같은 무의식적 원형이 생겨난 것일까? 그에 대한 해답은 융이 말한 신경계의 기능과 시지각의 발달이 그 근본 원인일까? 아니면 인간은 동심원적 구조인 우주 속 태양계에 놓인 작은 존재이기에 순환적·시간적 순환성의 영향을 받아서 비롯되었을까? 그 답은 우리의 손가락·발가락이 왜 10개씩 있는지와 같은 근원적 물음으로 옮겨진다. 그것은 인간이 우주와 연관된 환경적 존재이기 때문에 비롯된 것이 아닐까 생각해 본다.

3) 동심원 속의 우주

근세에 이르러 우리나라에는 하늘을 그리는 3원 28수의 천상열차분야지도가 있다. 이것은 하늘의 모습을 3개의 동심원과 28수에 맞추어 황도와 적도, 그리고 별자리를 표기한 것이다.

덕수궁 궁중유물전시관에 가면 국보 228호로 지정되어 있는 천상열차분야지도 태조본을 만날 수 있다. 이것은 조선이 건국된 그해 (1392년)에 평양 석각본의 인본을 바치는 사람이 있었고, 이를 본 태조가 매우 기뻐하여 돌에 새길 것을 지시하였다. 그런데 천문도가 세월이 오래되어 그 도수가 차이가 나므로 그 값을 새로 측정하여 새로 제작하였다. 조선이 개국한 지 얼마 되지 않은 1395년(태조 4년)에 흑요석에 각석한 것이다. 권근을 비롯한 10여 명의 학자들이 수년간의 노력 끝에 태종 석각본 천상열차분야지도를 완성하였다.

그 외의 세종 석각본은 전해지지 않고, 숙종 석각본은 보물 837호로 지정되어 있다. 현재 세종대왕기념관에 보관되었다. 이것은 더욱 정교하게 천문그림을 새긴 것으로 천문학자들이 우리 하늘에 맞게 관측하여 그 위치를 바로잡고 보완한 것이다.

천상열차분야지도(天象列次分野之圖)는 이름에서 나타나듯이 '하늘 모습을 12개의 분야로 펼친 그림'이다. 천상열차분야지도에는 여러 가지 하늘에 대한 내용을 담고 있다. 그 내용을 보면, <그림 28>의 서울대 규장각의 고탁본에서 위의 각진 둘레 안에는 하늘의 12차와 땅의 12분야에 대한 기록과 해·달에 대한 기록이 설명되어 있고(a), 별자리 그림을 중심으로 주변에 사방신(四方神)에 대한 간략한 설명이 되어 있다. 하단부에는 당시의 우주수로 측정된 28수의 거극도(去極度) 및 각도, 천문도의 내력, 참여한 관리들의 명단이 기록되어 있다(d). 큰 원 안에는 교차하는 중간 원들이 하늘의 적도와 황도를 나타내고 있고, 그 중심에는 북극성이 위치하고 있다(c). 그 주위에는 계절과 상관없이 항상 보이는 별들을 표시하는 중앙의 작은 원이 있다(c). 그 주위에 각 분야별로 1,464개의 별들이 293개의 별자리를 이루어 밝기에 따라 그려졌으며, 또한 별의 크기에 따라 모양이 다른 크기로 그려져 있다. 별자리의 개수는 중국과 서구에 비교되지 않는 매우 많은 수가 기록되어 있다. 또 그 주위에 은하수가 그 모양대로 표시되어 있으며, 큰 원의 가장자리를 따라 365개의 눈금이 주천도수(지구의 공전)를 나타내고 있다. 윗부분의 원에는 24절기(節氣)의 혼효(昏曉)에 자오선을 지나는 별에 대한 천상기사(天象記事)(b)가 있다.

천상열차분야지도는 근세에 세계적으로 가장 정밀한 우주 그림이다. 이 그림도 역시 원형을 이루고 있다. 단지 실사(實査) 위주의 천문학과 역(歷)의 발달로 하늘 그림을 좀 더 정교하게 그렸을 뿐이다. 특히 천구와 하늘의 적도와 황도를 나타낼 때 원으로 그려졌고, 그 원 안에 별들이 중앙에 북극성을 중심으로 광범위하게 위치하고 있다. 또한 조선시대까지 하늘의 별과 해, 그리고 달의 운행을 표현하기 위해서 동심원 형태의 천체 관측기를 사용하기도 하였다. 천문도는 비단 우리나라에만 있는 것이 아니다. 그러나 그 어느 나라보다도 정교하고 세심한 부분을 가지고 있다. 그리고 권근이 남긴 기록에서는 고구려 원본을 기초로 제작하였다고 언급하였는데, 이것은 고구려에도 이와 비슷한 지도나 원리가 있었음을 반영한다. 그것은 위에서 해독한 천부경의 시각이미지와 같은 원리가 아닐까 짐작한다. 그리고 천상열차분야지도를 만든 선조들의 우주에 대한 우수한 인식이 선사시대부터 이어 온 하늘과 땅, 그리고 인간을 숭상하며 관찰해 온 천부경에서 비롯된 민족성 때문이 아닐까 하는 생각이 든다.

태양과 천문 관측에 의해 만들어진 수는 상징적이면서 관념적인 내용을 띠고 있다. 천부경의 상징수는 피타고라스의 수철학과 주비산경 및 고대역법과도 일맥상통하는 비슷한 점과 또 차이점을 가지고 있다. 다음으로 그것에 대해 논할 것이다.

a.

양쪽 끝의 두 부분은 하늘의 12차에 대응되는 지상의 12분야에 대한 기록과 각각의 별자리 도수, 안쪽 주 부분은 해와 달에 대한 기록이다.

b.

24절기의 저녁과 새벽에 자외선을 지나는 별자리들에 대한 기록이 적혀 있다.

c.

가장 큰 원과 가장 작은 원 사이로 적도와 황도가 있고, 원의 중앙에는 북극을 나타내고 있다. 북극을 중심으로 28수에 맞추어 1464개의 별들이 크기에 따라 달리 새겨져있다.

d.

우주론에 대한 기사(記事)와 28수 각각의 거극분도를 나타내고 있다.

e.

천문도 작성의 역사적 배경 등이 기록되어져 있다.

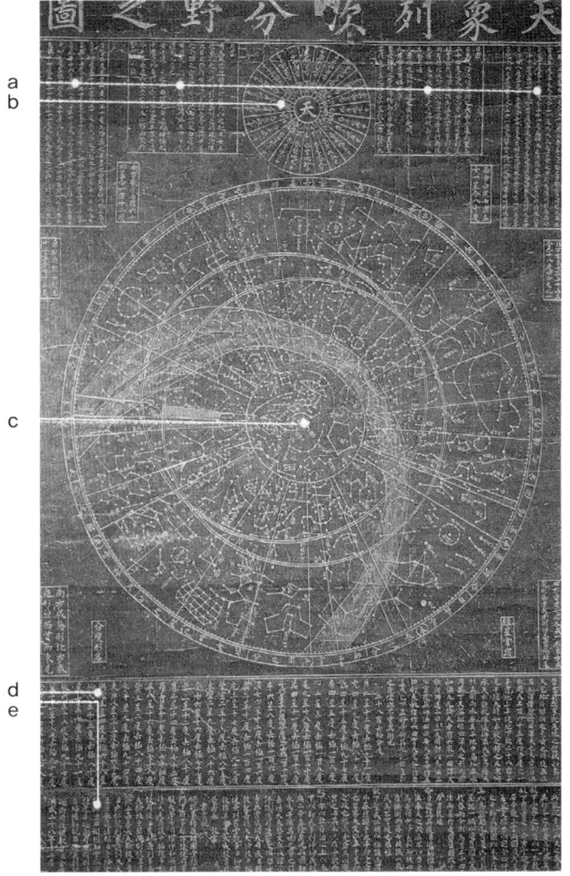

〈그림 28〉 천상열차분야지도 숙종석각본 고탁본. 서울대규장각.

3. 천부경 속의 수(數)와 역(曆)

1) 천부경의 상징수와 피타고라스의 '테트라크티스' 비교

위의 천부경 해독을 통해서 살펴본 바로 고대의 지식은 우리가 상상하는 이상으로 신비하고도 유익한 원리를 가지고 있다. 천부경 속에는 피타고라스 정리라는 동양의 구고법(句股法)이 들어 있다. 그러므로 천부경을 더 잘 알기 위해서는 천부경 속 상징수와 피타고라스의 '테트라크티스'를 비교하는 것도 좋을 것 같다.

먼저 테트라크티스를 살펴보기 이전에 피타고라스에 대해 살펴보자. 우리가 앞에서 살펴본 대로 피타고라스는 천문학과 수학, 그리고 철학 등 다방면에서 성자에 가까운 식견을 가진 사람이었다. 그는 18세 때부터 그가 태어난 사모스 섬을 떠나 38년 동안 지식여행을 떠난다. 그 당시의 지식은 오늘날 지식의 개념과는 조금 다르다. '보이는 세계(visible world)'와 '보이지 않는 세계(invisible world)'의 본성을 아는 것, 즉 통합(통섭)적인 것을 기초로 삼았다. 그것은 이오니아의 여행에서 탈레스와 아낙시만드로스에게서 받은 영향이라 볼 수 있다. 이후 지중해 연안 지역, 이집트와 바빌론 등을 거쳐 여행을 마치고 고향으로 돌아온 그는 자신이 얻은 지식과 사상을 그리스에 처음으로 소개한다. 그는 이집트와 바빌론에서 배우고 발전시킨 식견을, 숫자 · 기하학 · 상징 · 명제 등을 사용해서, 그 사상의

핵심들을 전달하였다.[45]

피타고라스는 철학(philosophy)이라는 말을 가장 먼저 사용한 사람으로 알려져 있다. 피타고라스의 철학의 목적은 "자신이 스스로에게 강요한 경계로부터 마음을 자유롭게 하는 것"[46]이다. 어떤 지식을 얻을 때에도 자유로움을 강조했다. 왜냐하면 열어 두지 않으면 오류를 범하기 쉽기 때문이다. 오늘날에도 수많은 지식의 세계가 펼쳐지지만 우리는 그것을 진실의 잣대로 보기보다 유동적인 사고의 흐름과 변화 가능한 현상의 한편을 열어 두며 받아들일 준비를 한다. 피타고라스도 지식이 가지고 있는 경계와 불완전성에 대해 고민을 했던 것으로 보인다.

피타고라스가 생각하는 앎은 앞서 말했듯이 보이는 세계인 '현상(appearance)'과 눈에 보이지 않지만 '실재(實在, reality)' 세계 사이의 구분에 있다. 특히 그에게 수학은 눈에 보이는 세계와 눈에 보이지 않는 세계 사이에 놓인 다리였다.[47] 따라서 피타고라스의 지식에서 수(數)는 매우 중요한 매체이다. 수는 변화하는 현상과 다른 영원한 실재를 의미하므로 수의 상징적 사고는 그 기반에 정신적이고 종교적인 요소가 강한 동시에 현상을 배제할 수 없는 것이었다.

피타고라스는 또한 우주를 처음으로 '코스모스'라고 부른 사람이다. 코스모스의 그리스어 어원은 질서(order)와 장식(裝飾, adornment)

---

45) 존 스트로마이어·피터 웨스트브룩, *Divine Harmony: The life and teaching of Pythagoras*, 류영훈 옮김, 『피타고라스를 말하다』, 통크, 2005, p.41.

46) 앞의 책, p.62.

47) 앞의 책, pp.63, 80.

의 의미를 동시에 내포한다. 피타고라스는 밤하늘의 별들이 지닌 배열과 움직임 및 그 고유한 질서를 장대한 아름다움으로 느꼈을 것이다. 그에게 하늘이란 순수한 숫자들과 완벽한 형태 및 움직임과 사물을 이루는 원소들 간의 관계를 구체화하고 통합하여 드러내 주는 것이다. 코스모스와 같이 영원하며 불변하는 본질이 지혜의 근본이었다.48)

그는 가르칠 때도 숫자에 대한 공부에서 시작해서, 음악, 기하학, 신학, 천문학, 의학, 정치학 등으로 수업을 이끌어 나갔다. 동시에 모든 지식을 얻는 데 기본이 되는 '최고과학(master science, 모든 학문에 공통되는 방법론)'49)을 가르치는 데도 집중했다. 이것이 오늘날 통합교육법이 아닐까 생각한다. 동시에 하나에서 시작해서 고리를 만들어 가는, 모든 것이 하나로 통하는 고대의 사고법과 같은 것이 아닌가 생각한다.

이러한 그의 사상과 지식을 바탕으로 해서 형성한 것이 '테트라크티스(tetraktys)'다. 그는 수학과 기하학을 철학적인 학문으로 발전시켰다. 그가 좋아하는 '원형(原型, archetype)으로서의 숫자'는 현상이 기반이 되기는 하지만, 고대의 자료들로부터 배운 그 이상의 영원성을 가진 상징적 의미를 추구한다. 그것을 대변하는 것이 테트라크티스이다. 그것은 10개의 점을 피라미드 형태로 쌓은 그림을 가리키는데, 보이는 것과 보이지 않는 차원들을 상징한다.

---

48) 앞의 책, p.108.
49) 앞의 책, p.65.

1+2+3+4＝10이 되는 1은 점(·), 2는 선(−), 3은 면(△), 4는 공간(삼각뿔)을 나타내며, 이것이 더해진 10은 성스러운 완전수를 나타낸다.

따라서 피타고라스학파는 테트라크티스를 이루는 10개의 숫자를 중요하게 여겼다. 천부경에서도 10개의 숫자가 등장한다. 테트라크티스와 천부경의 수를 이루는 숫자의 원형과 상징을 살펴보고 비교하면 아래와 같다. 아래의 내용은 존 스트로마이어 · 피터 웨스트브룩이 쓴 『Divine Harmony』를 류영훈이 옮긴 『피타고라스를 말하다』에서 정리하여 인용하였다.

> 하나에 해당하는 '모나드(Monad)'는 무엇으로도 나눌 수 없는 궁극적인 실체이고, 창조의 바탕이 되는 근본적인 단일체(一者)를 상징한다. 피타고라스는 모나드를 존재(being)라고 일컬었다. 이것은 우주만물의 근원이고 영속성의 기원이 된다. 더 나아가 이성의 신인 아폴로 또는 '중심의 불'인 히페리온(Hyperion)과 동일시된다. 모든 것의 중심에 있는 태양과 마음을 의미한다.
>
> **천부경에서도 '一(일)'은 첫 구절과 끝 구절을 의미한다. 1은 태양을 상징하기도 하고, 근본이 되는 단일체인 무궤를 상징하기도 한다.**

둘, '디아드(Dyad)'는 모나드와 대립되는 것으로서 극성, 차이, 분열, 상호성에 해당하는 개념이다.
마찬가지로 천부경에서 '二(이)'는 하늘과 땅이 반반으로 나뉘는 수이고 양극, 분화, 차이를 상징한다.

셋, '트라이드(Triad)'는 실재성을 띤 첫 번째 숫자, 세 개가 이루어 하나가 되는 것을 의미하기도 한다(삼각형의 의미). 온전하고 완전한 만물의 원리이다.
천부경에서도 '三(삼)'은 하늘과 땅에 실재성을 띤 인간을 의미한다. 완전한 수이고 생명의 수이며 완전한 조화를 상징한다.

넷, '테트라드(Tetrad)'는 완성, 또는 완전성을 의미한다. 자연이든 숫자이든 우주의 만물은 하나에서 넷으로 진행하는 과정에서 완성된다. 4계절(동양에서는 사분력), 물, 불, 흙, 공기의 4원소(엠페도클레스의 설), 4개의 주요 음정(音程)이 있으며, 행성들의 4종류의 움직임이 있다. 그리고 네 점은 사각형과 처음으로 입체인 삼각뿔을 만들어 낸다.
천부경에서 '四(사)'는 안정적인 수이며, 질서를 가진 하늘을 상징하는 수이다.

다섯, '펜타드(Pentad)'는 둘과 셋이 함께 있는 것을 의미한다. 짝수와 홀수, 남성과 여성의 결혼과 화해, 조정과 화합을 상징한다.
마찬가지로 천부경에서도 3·4가 운용하여 생긴 수로서 홀수와 짝수의 결합을 의미한다.

여섯, '헥사드(Hexad)'는 최초의 완벽한 숫자다. 자신의 부분으로 하나의 전체를 이룬다(입방체). 건강과 균형의 형태를 반영한다. 서구의 6방향을 의미한다. 북·남·동·서·상·하(동양의 중앙 개념이 빠져 있다.)를 의미한다.
6은 최초의 3의 배수이고 큰 것을 상징한다. 그래서 천부경에서 무괘가 두 번 쌓인 '대삼'의 합한 수이다(大三合六).

일곱, 헵타드(Heptad)는 데카트(10) 안에 있는 다른 숫자들을 곱하거나 나누어서 만들 수 없는 유일한 수이다. 이것은 처녀성을 나타내며, 아테나 신을 상징한다. 이것은 첫 번째 조화의 숫자이다. 삼각형 변과 사각형 변의 숫자들이 결합해서 만들어졌기 때문이다. 7은 자연의 질서를 부여한다.

천부경에서 7은 하늘(4)과 사람(3)을 담고 있으므로 땅의 수가 되면서 동시에 여성(하늘에서 땅으로 내려온 칠선녀)을 상징한다.

여덟, 옥타드(Octad)는 첫 번째 입방체를 만든다. 안정성과 부동성, 균형과 규칙의 근거가 된다. 화성(和聲, 도레미파솔라시도)을 나타내는 숫자이기도 하다. 우정과 지속을 상징하는 옥타드는 에로스(Eros)를 상징하기도 한다. 우주는 아홉 개의 천구로 구성되어 있는데 이 가운데 여덟 번째 천구가 모든 것을 싸고 있다. 그러므로 옥타드는 만물을 포용하는 존(尊)의 관념을 가진다.

8은 동양에서도 종교적인 숫자로 많이 사용되는 것으로 만물을 포용하는 존(尊)의 관념과 비슷한 상징성을 가진다. 그리고 천부경에서 8은 4의 배수이고, 중첩된 하늘을 의미한다.

아홉, '에네아드(Ennead)'는 그 이전의 숫자들 및 옥타드와 데카드 사이의 경계를 이루고 있기 때문에 수평선·지평선으로 불린다. 이런 이유로 에네아드는 대양의 신인 오케아노스(Oceanus)를 나타낸다. 그리고 횡단과 통과를 상징한다. 결실의 숫자이기도 하다. 태아가 온전히 아홉 달 동안 자궁 속에 있다가 밖으로 나오듯이, 많은 원리들이 에네아드 안에서 모여 춤추고 있기 때문에 뮤즈의 여신들의 숫자를 상징한다. 그중에서도 춤과 동작의 여신인 테르프시코레(Terpsichore)를 의미한다. 운동감, 원, 구심을 의미하기도 한다.

천부경에서 9는 천부경에서 무궤가 세 개로 쌓였을 때의 수이다 (3×3). 또한 9×9는 81로 3수의 수리를 가지고 있고 궁상각치우의 '궁'의 수리이므로 음악적 원리의 수이다. 그리고 3의 배수이므로 조화(造化 : 창조)의 수이기도 하다. 그리고 진리를 담는 그릇이다.

마지막, 열에 해당하는 '데카드(Dechada, Decad)'이다. 데카드는 '그릇'이라는 의미를 담고 있기 때문이다. 피타고라스에게 데카드는 우주와 가치를 하나로 묶는, 자연 법칙을 정리하는 신적인 작용들의 종합적인 것이었다. 10은 코스모스와 영원과 만물을 상징한다. **천부경에서 10이 핵심 수는 아니지만, '일적일거무궤화삼'에서 열 개의 무궤는 제일 큼을 의미한다. 따라서 정리의 개념과 종합적인 개념을 가지고 있다. 10은 만물을 상징한다.**

수는 동서고금을 막론한 원형적(原形的) 상징과 개념을 가지고 있다. 그래서 수의 역사는 매우 오래되었지만, 오늘날의 상징적 의미가 크게 다르지 않다. 여기에 오랜 세월 중첩된 비슷한 맥락의 개념들도 더해진다. 각 숫자는 그래서 수의 상징은 합당한 원형적 내용을 담고 있다.

천부경의 해석을 통해서 드러난 숫자의 의미와 피타고라스의 테트라크티스에서 보이는 숫자의 상징적 의미는 다른 점보다 비슷한 점이 많다. 융이 말한 '아르키타입(archetype, 원형)', 즉 원형적 특성 때문인 듯하다. 그러나 서로의 환경과 발생적 요인에 따라서 서로 상이점도 있다. 비교하면 다음과 같다.

<표 1>은 천부경의 수리와 피타고라스의 수리에 대한 배경을 비롯한 전반적인 비교를 해 보았다. 비교에 의하면, 천부경은 통합적이고 종합적인 내용과 형식을 취하고 있고, 피타고라스의 수와 구고법은 분화된 내용을 가지고 있다. 수의 상징적 의미는 모두 천부경과 일치하지만, 발생적 배경이나 시기는 둘 다 정확히 알 수 없으나 천부경의 표현에서 갑골문을 사용한 것으로 봐서 당시의 진리를 담은 통합서로 볼 수 있다. 피타고라스의 수 원리는 그가 살던 시기

로 거슬러 가 본다면, 천부경보다 늦은 시기이다. 그리고 천부경은
내용에 있어서 통합적이고, 피타고라스 수리는 조금 더 분화되어 설
명되고 있다.

〈표 1〉	천부경의 수	피타고라스의 수
공통점	숫자의 원형적 상징의미	
	보이는 것과 보이지 않는 것을 동시에 추구(중의적)	
	숫자 개개의 상징성	
	자연과 인간의 통합적 연결고리를 가짐	
	천부경의 구고법 원리와 피타고라스 정리는 근원적으로 같은 원리	
상이점	수로 사용되다가 구전되고 갑골문자로 옮겨짐	38년 동안 피타고라스가 지중해 동부, 이집트, 바빌론 여행을 통해서 얻고 정리한 것
	내용과 표현에 있어서 통합적 표현	내용과 표현에 있어서 구조화와 분화 – 진화된 표현
	수와 갑골문자를 통한 상징적 표현으로 봐서 피타고라스보다 앞선다고 볼 수 있다.	천부경보다 이후에 나타난 지식으로 더욱 구체적이다.

다음으로 테트라크티스를 구성하는 숫자와 「천부경」 해석을 토대
로 한 숫자의 원형 및 상징적 의미를 나란히 비교하면 <표 2>와
같다. 둘의 원형과 상징은 놀라울 만큼 매우 비슷한 부분이 많다. 그
것은 동서고금을 막론한 숫자가 가진 현상과 본질이 내포된 원형적
특성 때문이다.

〈표 2〉		천부경 수의 원형과 상징	테트라크티스 수의 원형과 상징50)
0/1	하나(一)/모나드	천지인이 나뉘기 전의 무궤를 의미하며, 창조의 바탕과 근본이 되는 하나를 상징한다. 하늘, 태양을 상징한다(카오스모스적인 우주, '0'의 개념을 포함한 '1'을 의미한다).	무엇으로도 나눌 수 없는 궁극적인 실체. 창조의 바탕이 되는 근본적 단일체(一者)를 상징한다. 중심에 있는 태양, 불, 마음을 상징한다(0의 개념은 없다).
2	둘(二)/디아드	첫 번째로 나뉘는 수이다. 그래서 극성과 차이, 분화 등을 상징하며, 하늘과 상대성을 띠는 땅을 상징한다.	모나드와 대립되는 것으로서 극성, 차이, 분열, 상호성을 상징. 극성을 가지면서 동시에 상호성을 갖는 것이 특징이다.
3	셋(三)/트라이드	셋은 창조(조화)를 상징한다. 하늘과 땅의 대립적인 성질의 영향을 받고 만들어진 인간(생명)을 상징한다. 셋이 모여 하나가 되는 것을 의미한다. 균형과 질서를 가진 수이다. 인간과 태양을 상징하기도 한다.	실재성을 띤 첫 번째 숫자. 세 개가 이루어 하나가 되는 것을 의미하기도 한다(삼각형, 3화음). 온전하고 완전한 만물의 원리를 가진 수이다.
4	넷(四)/테트라드	완전성과 안정성을 의미하는 하늘의 수리이다. 하늘의 규칙적인 움직임을 나타내기도 한다. 인간의 수리(3)＋1＝하늘의 수리(4) (자세한 것은 4장에서 설명할 것이다)	완성, 또는 완전성을 의미한다. 자연이든 숫자이든 우주의 만물은 하나에서 넷으로 진행하는 과정에서 완성된다. 4계절, 물, 불, 흙, 공기의 4원소, 4개의 주요 음정(音程), 사각형 등
5	다섯(五)/펜타드	3과 4, 홀수와 짝수를 운용해서 나온 수이다. 땅과 하늘의 화합을 상징한다. 5부족이나 땅의 오 방위를 나타낸다(동, 서, 남, 북, 중앙).	둘과 셋이 함께 있는 것을 의미한다. 짝수와 홀수, 남성과 여성, 결혼과 화해, 조종과 화합 등을 상징한다.
6	여섯(六)/헥사드	3×2＝6. '대삼합육' – 두 개로 쌓인 무궤가 삼화되었을 때 합한 수이다. 큰 것과 균형을 상징한다.	최초의 완벽한 숫자다. 건강과 균형을 의미한다. 서구의 6방향인 북·남·동·서·상·하를 의미한다(동양의 중앙 개념 대신 상·하 개념이 있다). 수직구조
7	일곱(七)/헵타드	천부경에서 7은 하늘(□, 4)과 사람(△, 3)을 담고 있으므로 땅의 수를 의미한다. 땅은 만물의 조화를 이루고 있으므로 여성을 상징한다. 칠선녀가 땅에 내려와 춤춘다. 하늘(4)＋사람(3)＝땅(7). 짝수와 홀수로 조화를 이루고 있지만 나뉘지 않는 수이므로 처녀성을 상징한다.	데카르트(10) 안에 있는 다른 숫자들을 곱하거나 나누어서 만들 수 없는 유일한 수이다. 처녀성을 나타내며, 아테나 신(여신)을 상징한다. 이것은 첫 번째 조화의 숫자이다(삼각형과 사각형 변의 숫자들이 결합해서 만들어졌기 때문). 7은 자연의 질서를 상징한다.

---

50) 피타고라스는 고전과 자신이 얻은 지식을 토대로 테트라크티스를 이루는 숫자에 원형적 상징을 부여했다(유대교의 카발라와도 관계가 있다).

		천부경 수의 원형과 상징	테트라크티스 수의 원형과 상징
8	여덟(八) / 옥타드	4(하늘)+4(하늘)=8. 높은 하늘을 상징한다. 이등변삼각형의 두 변을 의미하므로 균형과 안정성을 상징한다. 불교를 비롯한 종교적인 숫자이며, 현상보다도 안정된 영원 및 정신성을 상징한다. 4(하늘의 수리)+4 =8(하늘 위의 하늘)	안정성과 부동성, 균형과 규칙의 근거가 된다. 우정과 지속을 상징하며, 에로스(Eros)를 상징한다. 우주는 아홉 개의 천구로 구성되어 있는데, 여덟 번째 천구가 모든 것을 싸고 있으므로 만물을 포용하는 존(尊)의 관념을 가진다. 화성(和聲, 도레미파솔라시도) 등
9	아홉(九) / 에네아드	천부경에서 9는 매우 중요한 수이다. 가장 큰 홀수로서 9×9=81을 이루는 수이다. 3, 9, 81은 3수 분화의 수리를 이고 81은 궁상각치우의 음중에 궁의 값이다. 9는 3의 배수 중에 큰 수로 진리나 수리를 담는 그릇이다.	옥타드와 데카드 사이의 경계를 이루고 있기 때문에 수평선·지평선을 상징한다. 대양의 신인 오케아노스(Oceanus)를 상징하며 결실의 숫자, 횡단과 통과, 춤과 동작의 여신인 테르프시코레(Terpsichore)를 상징한다.
10	열(十) / 데카드	천부경에 나오는 수 중 10은 가장 큰 것을 의미한다. '일적십거 무궤화삼'이라는 말에서 그 의미를 찾을 수 있다.	데카드는 우주와 가치를 하나로 묶고 자연 법칙을 정리하는 신적인 작용들의 종합적인 것이었다. 코스모스, 영원, 만물 등을 담는 '그릇'을 상징한다.

2) 천부경과 동양의 우주관 – 주비산경과 역법(曆法)

천부경의 수리와 피타고라스의 테트라크티스의 비교 대상이 수의 원형과 상징이었다면, 천부경 도해(圖解)에서 나타난 태양관측의 원리와 주비산경의 원리를 비교할 수 있겠다. 즉, 천부경, 피타고라스, 주비산경 이 세 가지의 공통점은 '구고법(句股法)'[51]인데, 그것은 우리가 알고 있는 '피타고라스 정리'와 같다. 천부경과 주비산경의 비

---

51) 피타고라스의 정리와 같은 것으로 구(句)·고(股)·현(弦)의 법을 기초한 것이다.
　　'구'－원, '고'－삼각, 사각, '현'－반원.

교는 오늘날 우리가 알고 있는 동서양의 천문과 수학, 그리고 역(歷)이 만난다. 즉, 고대의 천문과 수학은 하나의 원리로 통한다고 볼 수 있다.

『주비산경(周髀算經)』은 동양에서 가장 오래된 수학적 문헌으로서 주 대 이후에 만들어진 고대 '천문수학서'이다. 우선 내용에 앞서서 우리는 이 책 제목에 주목해야 한다. '주비산경'을 글자 그대로 해석하면 '주비의 셈법을 적어 둔 책'이다.

이 책의 첫 부분은 구고법에 대한 대화로 주공(周公)과 상고(商高)의 문답하는 형식을 취하고 있다. 주공이 묻자, "방(方)은 땅에 속하고, 원(圓)은 하늘에 속한다."는 상고의 대답과 함께 천원지방에 대한 이야기로부터 시작된다. 원(圓)은 천부경에서의 무궤와 다르지 않다. 물론 우주를 표현하는 데 있어서 세부적인 쓰임이 다르지만, 무엇을 담을 수 있는 도형의 등장은 천문학과 수학의 기초를 의미한다.

주비는 주나라의 8척(尺) 길이에 해당되는 막대기이다. 『주비산경』은 주비(周髀)를 세워서 해(日) 그림자를 측정하여 밤과 낮의 변화, 계절의 변화 등에 산술법을 적어 놓은 책이다.

'주비'는 매우 중요한 의미를 가진 문자이다. 그래서인지 학자들은 여러 가지로 해석한다. '주(周) 시대의 막대기', '해시계(日時計)' 등으로 해석한다. 나도 또한 천부경을 해독하면서, 천부경이 해시계와 아주 밀접한 구조를 가지고 있음을 발견하고 해시계나 오래된 '청동거울'을 떠올리게 되었다. 오래된 청동거울일수록 '해시계' 또는 계절을 알리는 '달력', 방향을 잡는 나침반의 용도로 쓰였다고 추정하기 때문이다. 그 이유는 천원지방의 청동거울은 오래된 것일수록 정교하다. 이후에는 여러 용도로 쓰였던 청동경이 장식화됨으로써 그 용도를 잃어버리게 되고, 그야말로 거울처럼 장식품이 되었다.

주비산경의 내용은 상·하로 나뉘어 방대하다. 그러나 가장 핵심적인 것은 '주비'에 관한 것이라 생각된다. 주비산경에서 주비는 해시계의 개념을 존재하게 할 뿐만 아니라 구고법의 기초가 된다. 주비의 해석을 중시하는 이유는 천부경과도 그 원리 면에서 매우 비슷한 부분을 가지고 있기 때문이다. 주비는 그림자를 나타내는 막대기로 해석될 수 있지만, 천부경에서는 사람이 이것을 대체한다.

천부경의 측면에서 보면, 주비는 천·지의 중간에서 '각도기' 역할을 만들어 내는 인간 또는 물체이다. 주비는 주 시대의 '비(髀)'인데, 이 '비'는 넓적다리의 뜻을 가진 문자이다. 무릎 위의 다리를 넓적다리라고 한다. 인간의 뼈 중에 가장 긴 뼈를 가진 허벅지 뼈이다. 아마도 주비는 넓적다리 뼈와 같이 가늘고 긴 어떤 물체였음에 틀림이 없다. 또는 허벅지 뼈를 직접 사용했을지도 모른다. 직접 주비(막대기)처럼 그것을 땅에 꽂아 사용했을 수도 있다. 또한 주비가 막대기가 아니라도 '직립의 사람'이 직립의 막대기 역할을 할 수 있을 것이다. 사람은 걸어 다니는 직립막대기 역할을 한다. 천부경에서는 사람이 각도기의 수직역할을 하였다.

땅 위에 수직으로 표를 세워서 해 그림자의 길이를 측정하여 그것으로써 방위를 정하고 낮의 길이와 계절의 변화를 알아내는 것은 고대문명에 일반적으로 사용되었다.57)

주나라 8척의 막대기가 주비인데, '8尺[53])의 막대기'라는 것은 그 당시의 사람의 키 높이 정도라고 볼 수 있다. 지금처럼 정교한 '자'가 없었던 시기에는 사람의 신체 일부의 수치는 편리한 자의 역할을 했을 것이기 때문이다. 1척은 손을 폈을 때의 엄지손가락 끝에서 가운뎃손가락 끝까지 길이이다.

앞선 천부경의 도해에서 천·지·인이 모여 각도기가 만들어지는데, 태양의 위치나 그림자를 재기 위해서 '변하지 않는 위치의 점'이 필요했다. 고정된 자리라고 하면 크고 넓적한 고인돌처럼 쉽게 움직이지 않는 고정된 장소를 정하여 그곳에 올라서야 했을 것이다. 그러한 행태의 태양운행의 측정방법이 단단한 직립 막대기로 변하였을 것이다. '주비산경' 또한 문자의 체계 변화가 일어나기 전부터 구전되어 여러 차례로 변화한 문자로 쓰인 것이라 후한시대에 이것을 책으로 엮었다고 알려졌는데 셈법이나 수의 원리에 대해서는 정확한 시기와 출처가 불분명하다.

주비산경과 천부경은 해시계 외의 많은 공통점과 또한 상이한 점을 가지고 있다. 첫째, 저자나 시대가 미상이라는 것이다. 아직까지는 이를 알 수 있는 직접적인 것은 찾을 수 없다. 그러나 여러 가지

---

52) 고대 중국에서 표(表)를 사용하여 관측하는 것에 대해서 鄭文光이 『중국천문학원류(pp.142~60)』에서 밝힌 바 있다. 이문규, 『고대중국인이 바라본 하늘세계』, 문학과 지성사, 2000, p.301.

53) 자(尺)는 손을 폈을 때의 엄지손가락 끝에서 가운뎃손가락 끝까지 길이에서 비롯되었다. 한 자인 1'尺(척)'은 손을 펼쳐서 물건의 '길이'를 재는 형상에서 온 상형문자(象形文字)이며, 그래서 8~9척은 사람의 키의 길이를 의미한다. 한번 실험해 보기 바란다. 본인의 키를 본인의 손으로 길이를 재어 보길 바란다. 특별한 경우가 아니라면 8척에 가까운 길이가 측정될 것이다. 고대의 1척이 처음에는 18㎝ 이하였던 것으로 추정된다. 이것이 차차 길어져 한(漢)나라 때는 23㎝ 정도, 당(唐)나라 때는 24.5㎝ 정도가 되었다. 이것은 시대에 따라 체격이 변화된 모습을 짐작할 수 있다. 그리고 재는 사람의 체격에 따라 척(尺)의 길이는 달라졌다.

시대적인 연결고리로 찾는다면, 「천부경」은 선사시대부터 시각이미지로 전해졌거나 또는 구전(口傳)되어 사용되어 오던 원리가 청동기시대에 갑골문자가 생겨남에 따라 기원전 1500년경을 전후로 누군가로부터 기록되었던 것으로 추정할 수가 있다. 그리고 주비산경도 그 원형이 천부경과 비슷한 시기에 만들어졌을지는 모르지만 후한시대 이후 한자로 쓰였다. 이후에 후손들에 의해 여러 차례 수정된 것으로 보인다.

그래서 천부경은 주비산경보다 앞서는 원리를 가지고 있다. 은 대혹은 주 대와 비슷한 갑골문으로 쓰인 것으로 보아 주비산경과 쓰인 시기의 차이점을 가지고 있다. '주비의 법'도 주 대보다 앞 시대의 것이라 볼 수 있지만 주 대에 전해졌다고 알려져 있다. 아래의 문헌에서 그것을 말해 준다.

후한(後漢) 시대의 조군경(趙君卿)은 『주비산경서』에서 다음과 같이 남겼다. 그의 말에 의하면, 『주비산경』은 누대에 걸쳐 내려오던 것이 후한(後漢)시대에 편찬되었다는 설이 지배적이다.

> "渾天有靈憲之文 蓋天有周髀之法, 累代存之 官司是掌."
> "혼천(渾天)에는 영헌(靈憲)의 문(文)이 있고 개천(蓋天)에는 주비의 법(法)이 있는데, 그것이 누대(累代)에 존재하였고, 관(官)에서 맡아서 관리했다."[54]

둘째, 천부경과 주비산경의 천문의 원리와 수리에서 유사점과 차이점을 찾아보자. 개천설의 대표적인 학자인 노다 주료(能田忠亮)는

---

54) 趙君卿, 「周髀算經序」, 『全上古三代中華書局.秦漢三國六朝文』, 1958, p.816. 이문규, 『고대중국인이 바라본 하늘세계』, 문학과 지성사, 2000, p.293.

『주비산경』과 한 대(漢代)의 천체이론에 대한 분석을 통하여 개천설을 제1차 개천설과 제2차 개천설로 구분하였다. 노다 주료는 1차 개천설이 진(秦)의 여불위(呂不韋)와 전한(前漢) 말의 양웅(揚雄) 사이에서 나왔다고 보았고, 그 시기에 나온 칠형도(<그림 29-a>)에 기초해서 해의 운행을 동심원을 통해서 설명하고 있다. 노다의 태양운행도(<그림 29-b>)를 간단히 설명하면, 주비의 법에 따라 수평지면에 수직으로 8척의 표를 세워서 동·하지 남중할 때의 해 그림자의 길이를 측정하고, 그것에 구고법과 일촌천리(一寸千里)의 원리를 적용하였다.[55]

주비산경의 특징은 이런 관측법에 구고법과 일촌천리의 원리를 적용하여 관측지점 사이의 거리, 하늘(태양)의 높이 등을 계산한 것이다.[56]

해 그림자를 측정하여 시간과 계절을 관측하는 이미지나 원리가 나의 천부경 해독과 매우 비슷하나 그 세부적 원리와 수치의 구체성에서 차이를 보인다. 평면의 동심원 우주에서 땅에 수직으로 막대를 세워서 해 그림자를 측정하여 방위와 해의 길이, 계절의 변화를 알아내는 것은 여러 고대의 문명에서 일반적으로 사용되었던 방식이다. 천부경 해독에서도 노다의 주비산경 해석과 비슷한 방식을 취하고 있다.

---

55) 能田忠亮, 『漢代論天攷』, pp.223~228, 앞의 책, p.298.

56) Nakayama, *A history of Japanese Astronomy*, Harvard University Press, 1969, pp.26~31. 일촌천리의 원리를 이용하여 천문학적 계산을 하는 방법이 그림을 통해서 설명 되었다. 앞의 책, p.301.

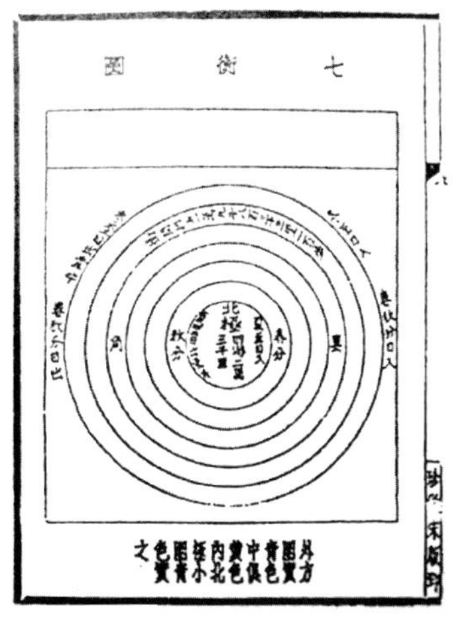

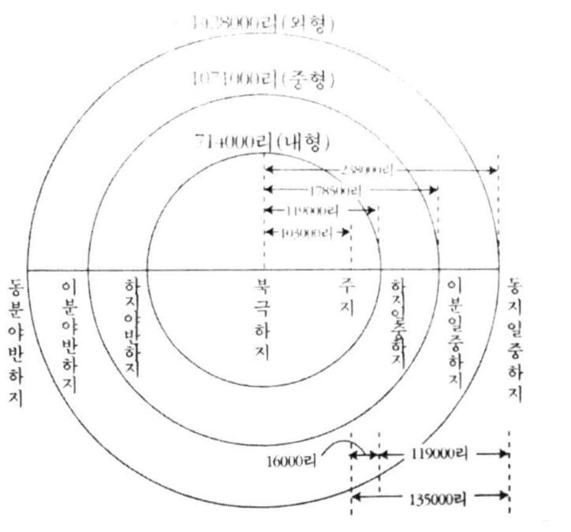

<그림 29> 칠형도(a)와 노다의 태양운행도(b)[57]

그러나 길이를 측성하는 수치적인 면에서 천부경의 것은 아주 간
결하면서 상징적인 내용을 담고 있는 원리라고 한다면, 주비산경은

───────────────

57) 앞의 책, 2000, pp.296~299.

하늘과 태양의 높이 등을 계산하는 등의 보다 구체성을 띠고 있다. 그리고 그림자의 길이를 관측하는 데에 있어서도 조금의 차이가 있다. 그것을 토대로 하여 주나라의 주비법과 천부경의 원리는 비슷한 시기에 나온 태양관찰일 수도 있지만, 같은 원리를 취하고 있더라도 구체성에서 차이가 나므로 시기적 차이가 난다는 것을 구별할 수 있다. 천부경은 주비산경의 전형이 아니었을까 짐작해 본다. 주대의 문명은 '천부경'과 같이 '태양'과 밀접한 관련이 있다. '주역'과 '주비산경'에서 그 연원을 찾을 수 있다. 태양을 숭배했던 유목민인 동이족 치우시대의 문화 일부가 주나라로 유입되었거나 주와 동이족이 같은 맥을 가지고 있었다고 추측을 할 수가 있다. 주(周)는 상(商), 진(秦)과 다른 이민족이 세운 나라이기 때문에 충분히 가능성이 있는 이야기이다. 그리고 한 대의 태초력에 대해 기록된 역서가 그것을 뒷받침해 준다. 이에 대해서는 이어서 서술할 것이다.

셋째, 천부경과 주비산경은 모두 한(漢) 대의 천문수리와 연관을 가지고 있다. 왜냐하면, 이 시대는 역(曆)의 연구가 활발했다. 한 대의 문화정책은 모든 문화와 역사, 역법의 정비에 있다. 역법에서도 그런 모습을 볼 수가 있다.

한(漢)이 성립한 이후에도 역법은 진(秦)의 것을 그대로 사용했다.58) 진의 역법이란 전욱력(顓頊曆)을 말하는데, 구체적인 내용은 알려져 있지 않다. 이러한 상황에서 한 초에는 최소한 세 가지 이상의 역법이 있었다. 즉, 전욱력, 은력(殷曆), 그리고 이것들과 또 다른

---

58) 『사기(史記)』 「역서(曆書)」, pp.1351~1352.

종류의 역들이 병존했다.[59]

한 초에는 고사분력을 사용했지만, 이후에는 태초개력(기원전 104)을 실시하였다. 태초개력은 단순한 세수를 바꾸는 정도의 단순한 개력이 아닌, 역법을 전면적으로 바꾸는 의미에서 중국 최초의 개력이었다. 태초개력은 태초력을 기반으로 하였다. 그리고 그 태초력은 삼통법에서 비롯되었다.[60]

천부경도 한 대에 기록된 삼통력 및 삼통법과 유사점이 있다. 천문원리와 수리, 그리고 사상의 측면에서 관련이 있다. 천부경은 천문원리를 담고 있지만 직접적인 역법은 아니다. 하지만 태양력의 근간이 되었을 것이라고 추측할 수 있다. 나는 천부경을 해독하면서 그것이 해를 관측하는 것인 동시에 천문원리와 수리를 담고 있음을 알게 되었고, 여러 천문 원리에 관심을 갖던 중에 전한의 역법인 태초력을 알게 되었다. 태초개력은 태초력(太初曆)과 삼통력(三統曆)에 의해 계산되었음을 알 수 있었다.

한의 태초력과 후한의 사분력이 다른 점은 천문상수다. 태초력(삼통력)의 천문상수는 일법(日法, 81)이다. 즉, 81분력이다. 81분력은 한 달의 길이가 29와 43 / 81로 계산한 사분력보다 그 값이 조금 크게 정해진 것이다. 그러나 0.000013일 정도의 오차가 있을 뿐이다. 후한의 사분력은 한초의 고사분력에서 조금의 변형을 시킨 것이다. 다음 표에서 태초력과 사분력, 그리고 오늘날의 역법에서의 한 달의

---

59) 이문규, 『고대중국인이 바라본 하늘의 세계』, 문학과 지성사, 2000, pp.212, 239.

60) 중국에서 태초력과 삼통력은 동일한 것으로 쓰이기도 하지만, 유흠이 태초력의 기본상수를 채용하여 삼통력을 만들었다고 『한서』 「율력지」에서 전한다. 앞의 책, pp.208, 215.

날짜를 비교해 놓았다.

〈표 3〉	태초력(삼통력)	한초의 사분력	현대 값
1달(일)	$29\dfrac{43}{81}=29.530864$	$29\dfrac{499}{940}=29.530851$	29.530588
1년(일)	$365\dfrac{385}{1539}=365.25016$	$365\dfrac{1}{4}=365.25000$	365.24220

　사분력은 진화된 후한 대의 태양태음역법이다. 그러나 사분력은 오늘날의 1달의 현대 값보다 0.000263의 오차가 있다. 태초력의 기초가 된 삼통법은 오히려 주역보다 천부경과 비슷한 원리를 가지고 있다. 전한시대의 역법이 수집·연구되기 이전부터 존재했던 역법임을 밝혀 주는 단서가 된다.

　한 대의 천문 연구가 활발했음을 의미한다. 그러나 후한 대는 여러 종류의 역법 중에 사분력을 관(官)에서 채택하여 사용하였다. 후한 대의 사분력보다 더 정확한 값을 가진 건상력이 있었음에도 불구하고 사분력을 사용한 것을 보면, 수치의 정확도보다 나라의 이념과 정치, 문화적 특성과 삶의 방식이 개입된 상징체계를 중시하였음을 추측할 수 있다.

　천부경은 태초력의 천문상수뿐만 아니라, 유흠(유흠)의 삼통력에 기본이 되는 원리를 가지고 있다. 성제 때에 유향이 역대역법을 자세히 고찰하였고, 그의 아들 유흠은 이를 참고하여 태초력의 기본상수를 채용하여 삼통력을 만들었다.[61] 삼통력(태초력)은 삼통사상에 기반을 한 것이다. 삼통이란 천·지·인 관계에서 찾은 실마리를 가리킨다. 『한서』「율력지(p.961)」에는 "三統者 天施地化人事之紀也(삼통자 천시지화인사기야)"라는 말이 있다. 해석하면, 삼통은, "하늘은 시작하고 땅은 변화(조화)하고 사람은 일하는 것의 벼리(그물을 당기는 줄)이다." 다시 말하면 삼통은 하늘과 땅과 인간이 벼리처럼 고리를 이루는 것이라 할 수 있겠다. 그것은 천부경과 같은 천·지·인이 분화되는 우주관이나 수리를 담은 어떤 것에 실마리가 있다. 유흠은 유향이 고찰하였던 고대 역법 중에 삼통법이라는 것에 관심을 갖고 집중한 것 같다. 그는 삼통력의 기본 원리를 『춘추』와 『주역』을 통해서 설명하고 있다.

그러나 삼통력의 가장 중요한 천문상수 중에 일법은 81이다. 이것은 3의 배수이다. 3의 구성은 천·지·인에서 비롯되었다고 볼 수 있다. 그러나 유흠은 삼통이 천·지·인으로 구성되어 있는 것을 알고 있는지 모르는지 『춘추』와 『주역』에 가탁하여 장황하게 설명하고 있다.[62] 그것은 이가 맞지 않는 말이다. 삼통(천지인)을 바탕으로 만든 삼통법이 어찌 음양설을 바탕으로 한 주역을 통해서 설명할 수 있단 말인가. 2수로 분화하는 수리는 삼통법과 맞아떨어지지 않는다. 아래와 같은 삼통력의 상수는 하늘과 땅의 법만으로 만들어진 것이 아니기 때문이다. 아주 오래전의 하늘, 땅, 인간의 상징과 수를 반영하고 있기 때문이다. 따라서 후한 내에 태초력과 사분력의

---

61) 『한서(漢書)』「율력지(律曆誌)」, p.979.
62) 이문규, 『고대중국인이 바라본 하늘의 세계』, 문학과 지성사, 2000, pp.217, 218.

값이 거의 차이 나지 않는데도 불구하고 사분력을 다시 채택하게 된 것은 한 대의 문화와 삶의 형식 체계와 태초력이 맞아떨어지지 않기 때문이라는 결론에 이른다. 더군다나 유흠이 태초력을 만들었다고 하지만, 그는 태초력에 대해서 분명하게 알지 못하고 있는 것으로 보아 이 결론은 더욱 설득력을 얻는다.

따라서 삼통력의 기본상수인 일법 81은 어떻게 만들어졌는지 정확히 풀리지 않고 있다.

일법(日法) 81, 윤법(閏法) 19, 통법(統法) 1539, 원법(元法) 4617, 회수(會數) 47, 장법(章月) 235, 월법(月法) 2392, 통법(通法) 598, 중법(中法) 14530, ……

여러 천문상수가 있지만, 그 기본이 되는 상수는 일법(日法) '81'이다. 유흠은 일법의 근원 역시 주역의 태극을 통해서 설명하고, 또 81은 황종수의 9를 제곱한 값이라고 하였다. 유흠은 아래와 같이 불분명한 말을 남기고 있다. 유흠은 삼통법이 『주역』의 태극에 근간을 이루고 있다고 하는데, 그 상수인 81은 왜 2수의 배수가 되지 않고, 3수의 배수를 따르고 있는지 모를 일이다.

"太極中央元氣 故爲黃鐘 基實一龠 以其長自乘 故八十一爲日 法 所以生權衡度量 禮樂之籙所出也"

"태극의 가운데 원기(元氣)가 있다. 고로 황종(黃鐘)이 된다. 그 부피 1약(龠)은 그 길이를 제곱함으로써 81이고, 일법으로 삼으니 도량형의 기준이 생기는 까닭이고 예약이 나오는 바이다."[63]

위 글에서 태극의 원기는 주역에서 음양으로 나뉜다. 그런데 태극의 원기는 황종이 된다고 말한다. 그 황종은 9이다.

태초력의 근원은 삼통법에 근거한다. 따라서 천문상수의 기본이 되는 '일법'은 주역이 아닌 천부경의 원리를 따르고 있다. 황종의 수 9는 고대 수법으로 쓰였던 아주 상징적이고 관념적인 수리이다. 천부경의 원리에도 유흠이 말한 태극에 부합되는 내용을 가지고 있다. 천부경에서는 무궤에서 3수로 나뉨으로써 배수인 황종의 수 9가 만들어진다. 황종의 수 '9'는 태극의 원기에서 비롯되었다고 유흠은 말하고 있다. 천부경에서 황종으로 나뉘는 것의 바탕은 '무궤'이다. 무궤는 태극과 일맥상통한 맥락이 있기는 하지만, 주역에서의 태극은 무극과 가까운 개념이다. 경계가 없다. 그러나 천부경의 무궤는 '비어 있는 함'과 같은 것이다. 따라서 태극과는 차이가 있다. 유흠은 주역 외에 천부경에 대해서 알지 못하거나, 아니면 알았다고 하더라도 당시 주역의 수리인 2수가 나라에서 채택되어 그것에 따라 사용했는지도 모른다. 따라서 주역식으로 일법을 해석한 건지도 모른다.

『한서』는 한 대에 쓰인 것으로 당시의 삼통력이나 삼통법에 대해 정확한 이해가 없다. 일법(81)의 근원을 단지 황종의 수인 9로서 설명하고 있는데, 그것 또한 태극에서 유래되었다고 알고 있을 뿐이다. 황종의 수는 음악의 원리로 매우 오래전부터 있어 왔기 때문에

---

63) 이문규, 『고대중국인이 바라본 하늘의 세계』, 문학과 지성사, 2000, p.218. 『한서』「율력지」, p.981.

무엇에서 유래하는지 알지 못하는 듯하다. 또한 황종의 개념이 오래된 원리이거나 타민족의 것이었다면 정확히 그 유래를 알지 못했을 수도 있겠다.

일법 81은 그 명칭에서 알 수 있듯이, 또한 3수의 수리에서도 알 수 있듯이 태양과 밀접한 관련이 있음을 필자는 확신한다. 천부경은 총 81자의 문자로 천·지·인의 원리를 담고 있다. 또 천부경의 내용은 태양 운행에 대한 관찰법과 수리를 담고 있다. 3, 9, 81은 일법 또는 '해의 운행'과 태양의 상징적인 수와 밀접한 관련을 가진다. 일법인 81은 『태현경』에 의하면, 한 대의 상수학(象數學)에서 특별한 의미를 지닌 것으로 알려져 있다.[64]

81은 태양수(양수) 3의 배수인 9와 9의 배수인 81이다. 따라서 이것은 같은 맥락인 태양의 상징수라고 볼 수 있겠다.

따라서 민족의 특성이나 삶의 형식(유목 혹은 농경)에 따라서 역법을 다르게 채택하거나 발전시킨 것으로 보인다. 천부경과 삼통력, 그리고 전한의 사분력을 서로 비교해 보면 다음과 같이 서로 비슷한 점과 다른 점을 발견하게 된다.

<표 4>를 보면, 한 대의 역과 천부경은 수리와 천문상수, 삶의 형식에 따라 서로 차이점을 보인다. 수리도 삼통력과 천부경은 천·지·인 3수리를 따른다. 반면 사분력은 천·지 2수의 수리를 따르므로 수리가 서로 다르다. 그리고 서로가 추구하는 사상도 삼통법과

---

64) 앞의 책, p.218. 揚雄 『太玄經』. 81은 상징수라는 것을 짐작할 수 있으나 자세한 내용에 대한 내용을 알 수 없다. 태현경에서도 한서와 같이 노자와 주역이 바탕이 된 것이라는 것을 미루어 짐작하고 있을 뿐이다. 그것은 주역식의 해석에 불과하다.

주역으로 다름을 알 수 있다.

따라서 삼통력은 한 대에 채택된 역법이지만 전후로 채택되었던 고사분력 및 사분력과는 이질적인 수리를 가진 역법이라고 볼 수 있다. 그러므로 이것은 동이족의 태양 숭배에서 나온 3수와 관련된 역법이 아닐까 생각된다. 삼통력(태초력)은 천부경과 같이 선사시대 태양의 관측에서 나온 태양력에서 비롯된 원리라면, 사분력은 이후 농경문화의 영향을 받아 좀 더 진화된 태양태음력의 역법이라고 할 수 있다.

〈표 4〉 천부경 · 태초력 · 사분력의 천문원리 비교

〈표 4〉	천부경	전한 이전의 삼통력(태초력)	한초의 사분력
관찰	해	해	해와 달
상수	3	81(일법)	4
수리	천지인 - 3수	천지인 - 3수	천지 - 2, 4수
역	천지인 - 삼화	천지인 - 삼통	하늘, 땅 - 사분
기본사상	천지인 삼화	삼통법	주역
삶의 형식	유목	유목 또는 농경	농경
관계	태초력과 관계	천부경과의 관계	주비산경과의 관계

천부경은 고대의 수리와 역법에 매우 밀접한 관련을 가지고 있으며, 또 그 근간이 된다는 것을 알 수 있다. 일법 81은 태양의 상수를 의미하며, 천부경의 핵심 코드인 태양과 일맥상통하다. 이러한 천부경의 수와 원리는 우리 문화를 형성하는 배경이 된다. 또한 상징수와 이미지는 우리 문화 속 깊이 정신이 되어 숨 쉬고 있다. 그에 대해서는 다음 장에서 논할 것이다.

III

'천부경'의 수와 상징은 민족정신으로 이어진다
: 안의 이미지

1. 보이는 세계와 보이지 않는 세계

1) 보이는 것과 보이지 않는 것 / 변하는 것과 변하지
않는 것

'보이는 것과 보이지 않는 것', 혹은 '변하는 것과 변하지 않는 것'에 대한 생각은 아주 오래전으로 거슬러 올라간다. 만물이 만들어지기 이전의 어둠(카오스)의 세계와 밝음(코스모스)의 세계에 대한 담론에서 시작해서 지금까지도 이원론적인 주제들로 등장한다. 또한 열띤 학설을 이끌어 내는 근원적 주제이기도 하다. 주역의 음양설과 앞서 말한 피타고라스의 실재(實在)와 현상(現象), 그리스 신화에 등장하는 박카스와 아폴론, 플라톤의 이원론, 니체의 정신과 육체, 하이데거의 존재와 시간으로 이어져 왔다. 그리고 동양 사상의 이(理)·기(氣)에 관한 견해들이 그것이다.

시대마다 바라보는 관점의 차이를 제외하고는 결국 본질과 현상에 대한 이야기를 하고 있다. 보이는 것과 보이지 않는 것, 변화하는 것과 변화하지 않는 것은 한 몸처럼 붙어 있다. 그러나 구조화된 문화를 거치면서 이 둘은 극명하게 구분되기도 한다. 천부경 밖의 이미지와 안의 이미지는 동전의 양면처럼 한 몸으로 붙어 있지만, 그 해석에 있어서는 양면이 각각의 방향으로 나아갔다.

그동안 우리가 해 왔던 입시공부는 나누는 것을 좋아하는 서구의 구조화된 형식을 갖추고 있었다. 지나온 방식대로 조심스럽게 점선을 이용하여 보이는 세계와 보이지 않는 세계에 대해 <표 5>와 같이 구분해 본다.

〈표 5〉 구분 짓기 어려운 범주의 이분법적 나누기[65]

보이는 세계	보이지 않는 세계
밝음	어둠
현상(변하는 물질)	실재(본질)
질서(코스모스)	혼돈(카오스)
변하는 것	변하지 않는 것
방식, 방법, 상징체계	원형
만물의 형태 및 형식	만물(종교)의 근원

이렇게 표를 만들어 놓고 보면 무언가가 어색하다. 무엇일까? 변하는 것과 변하지 않는 것에 대해 생각해 보자. 변하지 않는 것이

---

65) 이러한 구분은 생각하기에 편리한 대로 구분 짓는 방식이다. 교육에서 다수 활용되지만 바르지 못한 방법이다.

존재할까? 그것이 있다면 어디에 존재할까? 그것이 만약 있다면, 우리 생각이나 기억 속에 존재할 수 있다고 믿고 있는 경우가 많다. 그러나 그것마저 변하지 않는 것은 없다.

우리는 각자의 사고와 기억의 성을 쌓는다. 그 성은 개개의 '가상의 공간'이다. 심지어 어느 학자는 과거, 현재, 미래도 모두 존재하지 않는 가상의 포인트라고 말한다.[66] 그렇다면 진상(眞想)은 무엇인가? 보이는 것이 진상이 아닐뿐더러 가상도 물론 아니다. 그럼 무엇이 플라톤이 말한 변하지 않는 이데아란 말인가?

과거, 현재, 미래도 개개인의 기억으로 설정되어 있는 가상의 공간이다. 따라서 기억하는 지점은 실재(實在)[67]하는 존재가 아니다. 실재라는 것은 순간, 혹은 찰나에 지나지 않는다. 실재라는 것은 우리가 알아차리기도 전에 사라져 버린다. 시간은 그것을 알아차리는 것을 허락하지 않는다. 우리는 시간이라는 것에 지배를 받고 있기 때문이다. 시간은 변화하는 현상이다. 고대부터 오늘날까지 인간은 시간이라는 틀에서 탈출하고자 많은 노력들을 해 왔다. 고대의 미라(mirra)에서 미래의 타임머신까지 그러한 노력의 일환들이다. 인간이 시간의 문제를 해결할 수 있을 때 실재라는 것과 우주의 모든 신비는 풀리지 않을까?

'보이는 세계'와 '보이지 않는 세계', 이 둘의 세계는 그 선이 뚜렷

---

66) 존 브록만 엮음, 『위험한 생각들 - 당대 최고의 석학 110명에게 물었다』, 갤리온, 2007.
67) 실재(實在)는 실제로 존재함을 뜻하는데, 가상과 반대되는 말로 우리의 인식이나 경험과는 상관없이 독립하여 존재하는 것을 뜻한다.

해 보이지만 직접 나누려 들면 마구 섞여 있음을 알게 된다. 모든 것이 관계되어 있기 때문이다. 그동안 인류는 나눌 수 없는 것에 대한 고민들로 시간을 보낸 것은 아닐까 하는 생각이 들 정도이다. 그리고 오늘날의 우리는 마치 뭔가를 쪼개기 위해 나타난 존재들 같다.

순간 비트겐슈타인의 "말할 수 없는 것에 대해서는 침묵하여야 한다."[68]는 「논리철학논고」의 유명한 결론이 뇌리에 스친다. 관점은 다르지만, 이 말은 진리를 담는 데 있어서 동양적인 사고와 비슷하다. 동양에서 말은 진리를 표현하는 데 그다지 중요하지 않은 도구이다. 왜냐하면, 진리(사고)라는 것은 고정적이고 불변하는 보편적인 것이라고 하더라도 현상적인 말로 표현한다면 상황에 따라 변하거나 달라진다. 즉, 재정립되고 재구성된다. 그래서 문자와 말은 한계를 가지고 있다. 동양에서는 '말할 수 있는 것'조차도 기록하지 않았다. 인도의 '우파니샤드'[69]로 예를 들어 보자. 그 뜻은 산스크리트어로 사제 간에 '가까이 앉음'이란 의미이다. 진리는 말로 전해지면 금방 사라진다.

그래서 진리는 한 사람이 일정한 형식으로 서술한 것이 아니라, 긴 세월을 거쳐 말로 듣고 전해져서 남아 있는 사상이나 지식을 말한다. 또한 그사이에 전수되는 '비밀스런 가르침'을 의미하기도 한

---

68) 비트겐슈타인의 「논고」에서 언어는 명제들의 총체이며, 명제는 더 이상 분석될 수 없는 요소명제로 이루어진다. 이들 명제는 세계의 그림이며, 세계는 원자적 사실로 이루어져 있다. 그렇지 않은 명제는 무의미한 명제이며, 따라서 세계의 한계를 넘어서 있는 것에 대해서는 침묵해야 한다고 말한다.

69) 바라문교 성전 베다의 끄트머리라고 알려진 우파니샤드는 B.C.600~A.D.300년경에 성립된, 대우주의 본체인 브라흐만(Brahman, 梵)과 개인의 본질인 아트만(Atman, 我)은 일체인 범아일여(梵我一如)의 사상으로 일원철학이다.

다. 그래서 입에서 입으로 전해지기도 하고 비밀스럽게 암호로 기록되기도 하였다.

즉, 명상을 거쳐 나오는 진리는 간단히 말이나 글로 전달되는 것이 아님을 의미한다. 진리는 머물러 있는 것이 아니라 항상 그 모습이 변한다. 그래서 말로 표현하고 곧 사라진다. 말은 지속적이지 못하다. 말하고 나면 흩어진다. 문자는 기록이라는 장점을 가졌지만, 퇴색되기는 마찬가지이다. 보편적인 진리라고 해도 인간의 삶의 형식에 따라 변화된 모습으로 나타나기 마련이다.

그렇다고 진리가 지속적이지 않고 정확하지 않은 것이라고 우리는 침묵해야 할까? 그것은 아니다. 비트겐스타인도 후기『철학적 탐구』에서는 다양성과 행위와 관계 등에 주목하면서 언어놀이(language game)라는 개념을 도입하여 언어를 실재의 그림이라고 하는 단 하나의 목적을 가지는 것이 아니라, 인간의 삶 속에서 극히 다양한 목적을 수행하기 위한 도구로 파악한다. 그리고 나아가 언어가 이러한 도구로서의 구실을 할 수 있는 것은 그것이 삶의 형식(form of life)에 근거하고 있기 때문이라고 주장한다. 비트겐슈타인은 "말할 수 없는 것에 대해서는 침묵해야 한다."고 말했지만, 후기에 그는 언어를 현상에 입각해서 다양한 방법론을 제시하였다.

문자 이전에 진리는 말을 통해 표현되고 곧 사라졌지만, 문자 이후에 그것은 시대에 따라 나른 삶의 형식에 따른 문자로 기록되었고, 또 그것은 여러 가지 방향을 가진 해석을 낳게 하였다. 비트겐슈타인을 물러오지 않아도 이제 왜 우리가 지금 침묵하지 않아도 되는

지 그리고 지금 우리는 얼마나 자유로이 사색하고 말할 수 있는지 알아야 한다. 지금, 여기, 바로, 이때 우리는 어떤 놀이를 하고 있는가? 그리고 진리를 어떻게 바라보고 있는가?

나는 침묵을 좋아하지만, 지금은 토론을 더 좋아한다. 인간은 문자가 생겨난 이후로 원래 하나의 현상을 두고 제각각의 의견을 내놓는다. 왜냐하면 문자는 생각을 모으고 담는 역할을 하기 때문이다. 개개의 삶이 반영된 이야기들이 기록되고 여러 갈래의 문화를 형성한다. 그래서 변화하는 현상을 담은 말과 문자는 정답이란 없고, 있다 하더라도 시시때때 바뀌기가 쉽다. 그러나 모든 현상들과 진리는 모두 관계를 이루고 있다.

동양에서는 오래전부터 관계를 매우 중시해 왔다. 동양적 사고는 존재하는 모든 것은 연결고리를 가지고 있어서 관계를 맺고 있다고 생각해 왔다. 모든 것을 하나로 관계 지어 사색하고 즐기는 것을 좋아했다. 오늘날에 구조화와 다양성 속에서 통합적인(관계 중심적인) 사고로 돌아서는 이유는 무엇일까? 세분화된 모든 것은 관계를 이루고 있다는 것을 알게 되었던 것이다. 비트겐스타인의 후기철학도 마찬가지다. 이것은 그의 다양한 언어 방법론이 삶의 형식이라는 관계를 인정하는 이유가 되었다.

세상 모든 것은 그물코 같은 관계를 이루고 있다. 이것은 천부경 해석에서 나타나는 통합적 사고와 일맥상통하다. 천부경은 천지인이 분화되지만 그물코 같은 관계를 이루고 있다. 뿐만 아니라 현상과 실재가 서로 고리를 이루고 있다. 그것은 그 당시 사람들의 삶의 형식과 사고체계가 관계를 가지고 있기 때문이다. 그러나 이 책에서 천부경 밖의 이미지와 안의 이미지를 2·3장으로 구분한 것은 이 둘은 원래 하나이지만, 오랜 시간이 흐르면서 각각의 방향으로 흘러 왔기 때문에 둘로 나누어서 서술하는 것이 더 용이하다고 생각하기 때문이다. 2장에서 천부경의 '밖의 이미지'를 현상적·시각적 이미지로 풀이하였고, 반면 3장에서는 '안의 이미지'를 사상·종교의 측면에서 해석하였다.

현상보다 정신적인 측면이 더 우세한 시기에는 문자 안의 이미지를 정신보다 현상이 더 부각될 때에는 문자 밖의 이미지를 더욱 잘 감지하였을 것이다.

위에서 살펴본 대로 보이는 세계는 변화하는 세계이고 가상의 세계이다. 그렇다고 보이지 않는 세계가 변화하지 않는 것은 아니다. 변화하는 세계는 본질이 아니라고 말하지만, 변화하지 않는 것이 존재하긴 할까? 우리는 현상 위에서 존재한다. 어쩌면, 본질이란 것은 없는지도 모른다. 끊임없는 현상만이 있을 뿐이다. 이 시점에서 본질과 현상의 차이는 거시와 미시의 차이가 아닐까 생각되기도 한다. 또 본질은 현상의 원리나 인간의 정신에서 나온 결과물일지도 모른다. 따라서 인간은 변화하는 현상 속에서 변하지 않는 본질을 좇아 왔는지도 모른다.

그렇다면 인간은 변화하는 현상의 경계선상에서 삶의 형식에 맞는 본질을 찾고 추구해 온 것이라고 생각할 수 있다. 마찬가지로 인간은 선을 긋고 구분하기를 좋아하지만, 그런 행위를 하는 것 자체가 오히려 모든 것이 연결된 하나를 분리하려는 심리에서 비롯됐음을 증명한다.

경계는 끝이나 한계를 의미하기보다는 관계 또는 연결의 의미이다. 심지어 우리가 매일같이 두드리는 전자계산기에 표기된 숫자들도 정확한 값이라 하기 어렵다. 단지 경계의 값을 수렴해서 일상적인 숫자(1, 2, 3……)로 사용하고 있을 뿐이다. 모든 값과 그 정의는 고리와 같은 관계의 경계선상에 놓여 있다. 그 경계는 정확히 유의 개념이 아니다. 그래서 있는 것은 없는 것이고 없는 것은 있는 것이다. 모든 것은 받아들이는 정신과 마음에 있다. 그러나 그 마음과 정신에 너무 의존해서는 안 된다. 밖의 이미지인 현상을 떠난 것은 유명무실하기 때문이다.

따라서 우리가 범주를 만들고 구분 짓는 것은 인간이 만들어 낸 놀이에 불과하다. 우주의 만물은 고리를 이루고 있고 관계 속에 있다. 그러므로 이 글을 쓰는 나도 어쩌면 분류하고 구분하는 놀이를 하고 있는지도 모른다. 지금, 여기, 바로 나의 생각의 한 방향을 담는 것에 지나지 않는다. 이 순간에도 나는 변한다. 변하지 않으면 사라진다. 시간에 따라 변해도 돌아간다. '사라지다'와 '돌아가다'의 의미는 다르다. '돌아가다'는 순환의 개념이다. '사라지다'는 '없어지다'(소멸)는 의미이다. 우리는 죽는다는 표현을 돌아간다고 말한다. 태어나는 것도, 사는 것도, 죽는 것도 순환의 과정이라 생각한다.

삶과 죽음의 문제 때문에 눈에 보이는 세계와 눈에 보이지 않는 정신적인 세계는 각기 다른 방향으로의 역사의 두 줄기를 만들어 왔다. 이것은 역법과 신화, 그리고 의식(儀式) 및 종교에서 더욱 뚜렷하게 나타난다. 그런데 이 두 줄기에 모두 반영되어 있는 것은 동양의 순환적 시간 개념이다.

불교의 윤회뿐만 아니라 동양의 우주관도 자연의 순환적인 모습을 담고 있다. 이러한 종교적인 순환적 개념도 자연의 변화에서 비롯되었다. 그래서 본질도 현상과 양극이 아니라 서로 하나로 붙어 있다.

2장에서 천부경 해독에 중요한 단서가 되었던 천부경의 처음 구절과 마지막 구절인 '일시무시일', '일종무종일'은 반면 종교의 무한한 정신적인 세계로 이끈다. 종교적 문화가 만연했던 시대가 신라 말인데, 이 시대는 천부경을 무한한 사상적·종교적인 측면의 해석을 유도하기에 충분한 배경이 된다. 고려 말의 <농은 유집본>과 <최고운 사적본>의 변화된 몇몇의 글자들이 그것을 반영한다.

2) 최치원의 발견과 숭고 그리고 사상

앞서 언급했듯이 천부경에 대해서 지금까지 알려진 바에 의하면, 우리나라에서 가장 먼저 이것에 대해 언급한 사람은 신라시대 최치원이다.

시기적으로 최치원에게 발견된 석벽본의 천부경은 소름 끼치는 희열과 숭고를 안겨 주었을 것이다. 옛 문자라는 점에서 그랬을 것이고, 알 수 없는 내용을 가진 문자라 또한 그러했을 것이다. 최치원은 발견의 숭고와 당시 만연한 사상에 영향을 받아서 문자 안의 이미지로 천부경을 해석한 것으로 보인다. 그래서 천부경이 지닌 정신적인 부분을 바라보게 된 것이다. 그는 그 경이(驚異)와 숭고를 그대로 당시의 3가지 사상 및 종교로 연관 지었고, 이들을 통합한 사상인 풍류도로 그 신비함을 논하였다.

천부경의 현상적인 밖의 이미지를 상상하기보다는 시대적 사상과 종교를 반영한 현묘한 도로 풀어냈던 것이다. 당시에 쓰이지 않았던 갑골문자를 한자로 옮겨 놓은 것만으로도 대학자로서 면모를 볼 수 있다. 그러나 좀 더 해독에 집중했더라면 지금 우리가 천부경에 대한 자존감과 더 넓은 시각을 갖는 데 영향을 미치지 않았을까 생각해 본다. 물론 그런 최치원의 사상을 폄하하는 것은 아니다. 최치원이 말한 풍류도는 현상과 본질을 모두 함축하고 있는 것이고, 그것은 매우 중요하고 대단한 우리 문화의 맥락이다. 천부경의 '밖의 이미지'를 보지 못한 것은 그 당시에 중히 여겼던 정신적 세계관(世界觀)을 말해 준다.

그 당시는 신라 말기, 가장 혼란기로서 사상과 종교가 만연했던 시기이다. 그는 30대에 당나라에 유학을 갔다가 돌아와 보니 나라는 혼란하고 다양한 사상과 종교의 범람과 함께 새로운 정신적 가치를 요하는 시대였다.

당시 당나라는 노·장자의 이론을 갖춘 불교와 대등한 관계를 이룰 만큼의 도교가 성행하고 있었고, 당나라 유학 중인 학자들은 본

국으로 돌아오면서 도교의 영향을 가지고 돌아왔다. 최치원은 유학 중에 불교에 대해 연구하였고, 동시에 자연스레 유행하는 도교의 수련에 관심을 가졌던 것이다.

최치원은 그러한 문화의 영향으로 도·불·선을 모두 포함하고 있는 적합한 사상이 이미 우리나라에 있었음을 <난랑비서문>에서 언급하였다. 신라 말기 최치원은 벼슬길을 버리고 산천을 유랑하며 우리나라 고유사상을 찾아 헤매다가 난랑비서(鸞郎碑序)를 발견하였다. 이것은 유불선 이전의 우리 고유사상이라 여기고, 해석하여 다시 난랑비서문으로 남겼다. 「삼국사기」에 의하면 최치원은 <난랑비서문>에서 다음과 같이 말하고 있다.

國有玄妙之道 曰風流
국유현묘지도 왈풍유
設敎之源 備詳神史 實內包含三敎 接化群生
설교지원 비상신사 실내포함삼교 접화군생
(생략)

우리나라에 현묘한 도가 있으니 이를 풍류라 한다.
그 연원은 신사에 상세히 실려 있으며,
원래의 교리(敎)는 삼교(유·불·선)를 이미 포함하고 있으니, 서로
접하여 무리를 이루어 산다.

즉, 유·불·선 이전에 우리 고유의 사상이 있었고, 이것을 다 포함한 우리의 교(敎, 가르침)가 있었으니 그것을 풍류라고 밝히고 있나. '풍류'는 이후 우리의 사상과 문화예술의 명맥을 이끌어 가는 데 초석

이 된다.

풍류(風流)는 살아 있는 생명이나 자연 그 자체를 의미한다. 즉, 살아 있는 생명의 꿈틀거림, 즉 자연 그 자체를 말한다. 살아 있는 모든 생명은 풍류를 느끼며 산다. 풍류도는 화랑도가 그랬듯이 육체적 수련과 정신적 수련에 집중하는 실천적 삶을 일컫는다. 생명에 일어나는 기운이나 보이지 않는 작용은 최치원이 말한 '현묘한 도'에 해당된다. 풍류는 자연, 생명 등과 같이 규정짓지 못하는 원리와 같아서 생명사상, 춤과 같은 예술의 원리가 상통한다. 풍류는 샤머니즘 이후의 우리나라의 숨은 정신으로 이어진다. 그러나 인간이 만들어 내는 인위적인 창조물들은 현묘하다기보다 일정한 방향과 질서를 가지고 있다. 그래서 천부경은 사람이 만든 것이라서 일정한 질서를 지향한다.

최치원은 천부경이 <난랑비서문>에 있듯이 '현묘한 도' 즉, 삼교(유불선) 이전에 이것을 모두 취하는 그런 풍류가 있었다고 했다. 이것의 연원이 이미 신사(神史)에 상세히 기록되어 있다고 했다. 최치원이 말하는 신사는 우리 민족의 근원이 되는 오랜 역사를 말한다. 그것이 천부경과 같은 도를 담은 풍류라고 해석하였다. 풍류는 자연적인 것을 의미하지만, 최치원에게는 '안의 이미지'로서 알 수 없는 현묘한 도로 풀어 가는 실마리를 형성하였다. 현상과 본질이 풍류와 같이 하나에서 출발한다면, 지식과 종교라는 패턴으로 역사가 변모해 온 것처럼, 때때로 안의 이미지 혹은 밖의 이미지에 머물러 있었던 것 같다. 또 그러한 반복으로 인해서 더 뚜렷한 현상과 본질로 분화되어 간다. 고대와 중세를 비교해 보면, 고대는 지식의 시대였다면, 중세는 종교의 시대였다.

3) '일시무시일, 일종무종일'의 세계

보이는 세계와 보이지 않는 세계는 비슷한 특성을 가진다. 극과 극은 통한다는 말이 그런 맥락일 것이다. 그래서 어떤 하나의 의미가 극과 극처럼 전혀 다른 둘의 의미를 나타내기도 한다. 즉, 하나의 문장이 갖는 의미도 극과 극으로 나뉘기도 한다. '일시무시일(一始無始一), 일종무종일(一終無終一)'의 구절이 그러하다. 하나에서 전혀 다른 해석이 나오기 때문이다. 상징적 암호와 같은 갑골문은 후손들에게 여러 해석의 방향을 이끌었다.

천부경이 만들어진 시기에는 보이는 세계(자연의 모습)와 보이지 않는 세계가 하나의 모습을 띠었다면, 이후 해석에 있어서는 보이는 세계(현상적 내용)와 보이지 않는 세계(사상적, 혹은 정신적 내용)의 해석으로 나뉘게 된다. 나는 2장에서 일시무시일과 일종무종일을 태양이 뜨고 지는 것으로 해석했다. 천부경을 만든 당시에는 태양이 뜨고 지는 것의 인식도 인간에게 섭리(攝理)와도 같은 깨달음(의미)을 주었을 것이다. 그러나 후대 사람들은 그것을 선조들의 오묘한 도와 관련된 진리로 해석하게 되었다.

'일시무시일'과 '일종무종일'의 대목은 시간이 지나면서 후세 사람들에게 더 깊은 정신적인 세계로 인도한다. '하나가 시작되지만 시작되는 하나가 없고, 하나가 끝나지만 끝나는 하나는 없다'의 의미는 마치 모호하면서도 진리와도 같이 암시적인 어떤 신비로운 순환적 모드의 인상을 심어 준다. 사실 천부경 해석을 가장 어렵게 만들었던 것은 이 두 구절의 심오함 때문이었을 것이다. 이 문장은 오늘날의 물리학의 측면에서 봐도 그럴 듯한 의미의 글처럼 보인다. 동시에 인간의 상상력을 촉진시키는 문장이기도 하다. 또는 깊숙한 근원적 종교의 세계로 이끄는 것과 같은 느낌도 준다. 이러한 심오한 순환적 개념은 천부경의 현상적 직관과 이분법적으로 대립되는 정신적·종교적 세계로 이끈다.

천부경과 관련된 맥락을 가진 고대 신화와 역법에서는 현상적인 내용과 상징적·관념적 내용을 동시에 담고 있다. 그리고 의식의 변화와 문화의 흐름에 따라 사상과 종교의 맥락으로 넘어가면서 상징적·관념적인 세계로 들어가게 된다.

천부경은 인간의 창작물이다. 그러나 당시의 자연 현상의 원리와 진리를 담고 있다. 그러므로 현상과 관념을 동시에 가지고 있다고 보아야 할 것이다. 그동안 천부경을 해석하는 데 있어서 그 정신성의 맥을 좇아온 것 같다. 이 하나의 문장은 밖의 이미지(현상)를 담기에도, 안의 이미지(관념)를 담기에도 충분한 것이었다. 처음부터 안과 밖이라는 개념은 존재하지 않았지만, 인간의 생각이 만들어 낸 과학과 사상·종교적 관념은 그것을 둘로 만들어 놓았다. 그래서 천부경은 여러 가지 의미로 시대의 거울처럼 해석되었다.

4) 비슷하지만 서로 다른 천부경(세 가지 천부경 비교)

지금까지 알려진 천부경은 <묘향산 석벽본>과 동일한 <태백일
사본>, 그리고 <최고운 사적본>, 마지막으로 <농은 유집본> 등
에서 볼 수 있는 세 가지가 있다. 이 세 가지의 천부경은 비슷하지만
몇 개의 다른 글자들로 구성되어 각각 81자를 이루고 있다.

첫 번째, <묘향산 석벽본>은 계연수가 1916년에 묘향산 석벽에
서 발견하여 1917년에 대종교 측에 전했던 것이고, 동일한 <태백일
사본>은 단군세기의 저자인 이암(고려 말 학자)의 자손인 이맥이 지
은 「태백일사」에 수록된 것으로 전자와 전체적인 글자가 동일하다.

두 번째, <최고운 사적본>은 최치원의 후손인 최국술이 1925년
에 편찬한 『최문창후전집』[70]에 수록된 것으로, <석벽본>과 음은
같으나 글자가 서로 다른 차이가 있다.

세 번째, 최근에 발견된 <농은 유집본>은 고려 말 학자 농은(農
隱) 민안부(閔安富)의 유집에 수록된 것으로, <최고운 사적본>보다
<묘향산 석벽본>과 더 비슷하지만 몇몇 글자와 음이 서로 다르다.
이 책 2장에서, <묘향산 석벽본>을 중심으로 천부경을 해독하였
다. 다른 것보다 더 오래되었고, 원본과 가장 비슷하다고 생각하기 때
문이다. 다른 천부경과 비교해 봤을 때, 가장 신뢰할 수 있는 것이었

---

70) 『최문창후전집(崔文昌候全集)』, 성균관대학교 소상.

다. 그래서 <석벽본>이 가장 많이 알려져 있는 천부경의 원문이다.

　세 가지의 천부경을 비교해 놓은 <표 6>을 보면, 이 셋은 하나의 천부경을 서로 조금씩 다르게 구성하고 있어서 같은 부분이 많지만, 몇 개의 글자의 차이로 서로 조금씩 다른 분위기를 풍긴다.

<표 6> 비슷하지만 다른 천부경 비교표

묘향산석벽본, 태백일사본	최고운 사적본71)	농은 유집본
一始無始一	一始無始一	一始無始一
析三極無盡本	碩三極無盡本	新三極無盡本
天一一地一二人一三	天一一地一二人一三	天一一地一二人一三
一積十鉅無匱化三	一積十鉅無愧化三	一積十鉅無匱從三
天二三地二三人二三	天二三地二三人二三	天二三地二三人二三
大三合六生七八九	大三合六生七八九	大氣合六生七八九
運三四成環五七	運三四成環五七	衷三四成環五七
一妙衍萬往萬來	一杳演萬往萬來	一妙衍萬往萬來
用變不動本	用變不同本	用變不動本
本心本太陽昻明	本心本太陽仰明	本心本太陽昻明
人中天地一	人 中天中一	人中天地一
一終無終一	一終無終一	一終無終一
일시무시일	일시무시일	일시무시일
석삼극무진본	**석**삼극무진본	**신**삼극무진본
천일일지일이인일삼	천일일지일이인일삼	천일일지일이인일삼
일적십거무궤화삼	일적십거무**괴**화삼	일적십거무궤**종**삼
천이삼지이삼인이삼	천이삼지이삼인이삼	천이삼지이삼인이삼
대삼합육생칠팔구	대삼합육생칠팔구	대**기**합육생칠팔구
운삼사성환오칠	운삼사성환오칠	**충**삼사성환오칠
일묘연만왕만래	일**묘연**만왕만래	일묘연만왕만래
용변부동본	용변부**동**본	용변부동본
본심본태양앙명	본심본태양**앙**명	본심본태양앙명
인중천지일	인중천**중**일	인중천지일
일종무종일	일종무종일	일종무종일

<hr>

71) 송호수, 『한민족의 뿌리사상』, 가나출판사, 1987, p.46.

이 셋의 천부경을 비교해 보자. 겉으로 봐서 처음 발견할 수 있는 것은, <묘향산 석벽본>과 <최고운 사적본>의 차이는 전체 81자에서 7자가 서로 다르다. 아래의 문자들인데, 그중에 5자는 신기하게도 음이 같으나 문자가 모두 다르다. 즉, 뜻이 달라진다. 그리고 마지막 2자는 문자와 음이 모두 다르다.

析 匱 妙 衍 動 昴 地　　→　　碩 愧 杳 演 同 仰 中
석 궤 **묘 연 동 앙** 지　　→　　**석** 괴 **묘 연 동 앙** 중

두 번째로 <묘향산 석벽본>과 <농은 유집본>을 비교해 보자. 위의 비교 내용보다 차이가 적게 나지만, 4개의 문자가 음과 뜻이 서로 다른 완전히 다른 문자로 구성되어 있다. 다음의 4자의 음과 글자가 서로 다른 것 외엔 모든 글자가 동일하다.

析 化 三 運　　→　　新 從 氣 衷
석 화 삼 운　　→　　신 종 기 충

마지막으로, <최고운 사적본>과 <농은 유집본>을 비교해 보면, 가장 차이가 많이 나는데, 글자는 총 10자가 서로 다르고, 10자 중에 4자가 음이 같고 문자는 다르다. 나머지 6지는 음과 문자 모두 다르다. 이 둘을 <석벽본>과 각각 비교했을 때보다 훨씬 많은 차이가 있음을 알 수 있다.

碩 愧 化 三 運 杳 演 同 仰 中　　→　　新 匱 從 氣 衷 妙 衍 動 昴 地
석 괴 회 삼 운 **묘 연 동 앙** 중　　→　　신 궤 종 기 충 **묘 여 동 앙** 지

위의 비교를 통해서 분석하면, <석벽본>이 천부경의 기록물 중에 가장 신뢰성이 있음을 알 수 있는데, 다음과 같은 결과를 이끌어낼 수 있다.

세 가지의 천부경이 전체적으로 비슷한 틀을 가지고 있지만, 몇 글자의 음과 문자가 서로 다른 것은 천부경이 주문(경)이나 노래처럼 구전되면서 조금씩 변형되었거나 아니면 옛문자로 기록된 것을 잘못 번역한 것이라고 볼 수 있다.

두 번째, <농은 유집본>과 <최고운 사적본>을 각각 <석벽본>과 비교했을 때의 서로 다른 문자의 개수가 <농은 유집본>과 <최고운 사적본>을 비교했을 때 서로 다른 문자보다 더 많은 것으로 보아 <석벽본>이 셋 중에 가장 신뢰할 수 있는 천부경의 모태임을 증명한다. 더욱이 첫 번째 <석벽본>과 <최고운 사적본>의 비교에서는 몇몇 문자는 다르지만, 거의 비슷한 음을 가진 것으로 봐서 더욱이 그런 결론을 추론할 수 있겠다.

셋째, 두 번째 비교에서 <최고운 사적본>과 <농은 유집본>은 서로 영향을 주고받았을 것으로 보이지는 않는다. 그렇다면 이 두 개의 천부경은 모두 <묘향산석벽본>과 더 비슷하므로 <석벽본>에서 둘이 파생되었을 가능성이 높다. 따라서 나는 셋 중에 <묘향산석벽본>을 가장 신뢰하게 되었다. 그리고 그것이 본래의 천부경과 가장 가깝다는 것도 확신하게 되는 계기가 되었다.

마지막으로, <석벽본>을 중심으로 <최고운 사적본>과 <농은 유집본>의 내용을 비교해 보면, <석벽본>과 <최고운 사적본>은 음은 거의 같으나 몇 개의 문자가 서로 다르다. 그리고 <농은 유집본>은 그보다 적은 개수의 문자가 서로 다르다. 따라서 <최고운 서적본>은 음으로 전해져 오다 변형된 것으로 보인다. 그리고 <농은 유집본>은 비교적 정확히 내려오다가 그들의 사상에 가까운 글들로 교체한 것으로 추측할 수 있다.

<최고운 사적본>은 고운문집 뒷부분에 첨부되어 있는 것으로 고운의 친필본이 아니고, 후대 1925년에 후손인 최국술이 편찬한 것이라 그 진위에 대해서는 정확히 알 수가 없다. 다만 음은 거의 비슷하다는 점에서 후대에 변형된 것으로 볼 수 있다. 최치원 때부터 그렇게 기록되었거나 아니면 오랫동안 전해져 오다가 후손들이 지향하는 의미에 따라 조금씩 수정되지 않았을까 추측할 수 있다. 또한 <농은 유집본>도 그런 이유로 4자의 문자가 바뀌었을 수도 있다.

이러한 세 천부경의 서로 다른 문자의 뜻과 그 느낌을 <표 7>을 보면서, 비교하며 살펴보자.

문자의 뜻을 해석해 보면, 원본에 가까운 <석벽본>은 천부경이 만들어진 시기의 자연 현상적인 내용을 중심으로 표현했다면, <최고운 사적본>은 인간이 주체가 되는 문자들로 교체된 것을 알 수 있다. 마지막으로 <농은 유집본>은 사상적인 혹은 종교적인 뜻으로 변형이 된 것으로 후세 시대의 사상적인 내용이 반영되었다고 볼 수 있겠다.

〈표 7〉 세 가지 천부경의 서로 다른 문자의 내용 비교

<묘향산석벽본>	<최고운 사적본>	<농은 유집본>
析 (가르다, 석)	碩 (클, 석)	新 (새로울, 신)
匱 (함, 궤)	愧 (부끄러워하다, 괴)	
化 (되다, 화)		從 (좇을, 종)
三 (셋, 삼)		氣 (기운, 기)
運 (회전하다, 운)		衷 (정성스런 마음, 충)
妙 (묘하다, 묘)	杳 (어둡다, 깊다, 묘)	
衍 (흐르다, 연)	演 (설명할, 연)	
動 (움직이다, 동)	同 (같을, 동)	
류 (높다, 밝다, 앙)	仰 (우러러 볼, 앙)	
地 (땅, 지)	中 (가운데, 중)	
자연 현상적	인간이 주체가 되는 문자 (인간 중심적)	정신적 · 사상적

시간이 흐르고 세상이 바뀌면서 몇 글자가 수정되거나 바뀌는 경우는 당연히 일어날 수 있는 것이다. 그러므로 재밌는 변화들이 일어난다. 천부경은 거의 수로 구성되어 있는데, 이 세 가지 천부경에서 숫자는 한 글자 빼고 거의 똑같이 구성되어 있는 반면, 알 수 없거나 해석이 애매모호한 글자들은 다른 문자로 교체되었다.

서로 다른 문자들의 뜻과 그 느낌을 서로 비교해 보면, <석벽본>은 마치 자연의 움직임을 보는 듯하다. 순환적이고 동적인 뜻이 많은데, 자연현상이 주체인 것 같은 느낌을 주고 있다. <최고운 사적본>은 일관성이 다소 떨어진 내용의 글자들로 교체되었지만, 주로 인간이 주체인 느낌을 주는 글자들로 교체되었다. 마지막으로 <농은 유집본>은 '충' 자에서 효를 중시한 유교적인 느낌과 나머지 '신', '종', '기'라는 문자에서 같은 정신적 · 사상적인 내용을 담고 있다.

　　최치원은 신라 말의 사람이고, 농은 민안부는 고려 말의 사람이다. 천부경이 신라시대에서 고려 말까지도 전해져 왔음을 알 수 있다. 그러나 전체적인 문장을 담는 틀은 변하지 않았지만 바뀐 문자들의 의미는 천부경이 옮겨진 그때의 시대상을 반영하고 있다.

　　만약에 위의 두 천부경이 잘못 표기되었다고 하더라도 우리는 사상 및 종교의 방향으로 뻗어 온 역사를 결코 무시할 수 없다. 왜냐하면, 시대상과 정신을 반영하고 있기 때문이다. 정신적인 맥락도 하나의 역사이기 때문이다. 한때는 민족의 어려움을 이겨 내는 힘이 되어 주었고, 그리고 현실을 극복하는 신이 되어 주었기 때문이다. 그러나 정신이 밖의 이미지를 떠나 그 생명력이 얼마나 갈지는 모르는 일이다. 정신은 세상의 모습을 담아야 진실로 진리가 된다. 그러나 그 진리마저 변화한다는 걸 우리는 잊어서는 안 된다. 그래서 무조건 믿고 따르기보다는 적절한 의심(疑心)이 필요하다. 그 속에는 또 다른 학문의 깃털이 생겨나기 때문이다.

　　천부경은 마치 거울과도 같은 것일까? 보는 사람, 읽는 사람, 느끼는 사람에 따라 다르게 해석되기 때문이다. 그리고 굳이 해석이 아니라도 81자 속에 자신이 의미를 두고 있는 것을 담으면 그것은 빛을 내었던 것 같다. 그리고 <최고운 사적본>과 <농은 유집본>도 시대상과 정신이 반영되어 다른 문자로 삽입된 것이 아닌가 생각한다. 그것은 간직하는 이의 믿음에 따라 원본과 진배가 없었을 것이다.

천부경 해독에 있어서 정신적인 의미에 대한 직접적인 해석은 굳이 하지 않겠다. 천부경을 해석한 여러 다른 책에서도 다수 볼 수 있고 해석하는 사람에 따라서 견해가 다양하기 때문이다. 그래서 이 책에서는 직접적으로 천부경의 사상적·정신적인 측면의 해독은 하지 않는다. 다만 3장에서 정신적·상징적인 맥락과 연결고리를 찾으려고 노력하였다.

2. 상징과 신화 그리고 사상과 종교

1) 태양 숭배와 3수, 그리고 삼태극

종교의 종(宗)은 산스크리트어로 '연결하다'라는 뜻을 가지고 있고, 교(敎)란 글자는 '가르치다'는 의미 이외에, '힘'의 뜻도 가지고 있다. 요컨대 종교는 '연결하는 가르침(힘)'을 뜻한다. 선사시대에는 종교와도 같은 강력한 태양신이 있어, 왕도 머리 숙여 절하는 모습을 고대 유물에서 볼 수 있다. 태양은 최고의 파워를 가진 신이자 종교였다. 즉, 절대자이다. 우리나라의 제천사상도 같은 맥락이다. 하늘은 인간의 힘으로 조절되지 않는다. 하늘은 미지의 세계이고 두려움의 대상이면서 숭배의 대상이다. 종교 또한 알 수 없고 두려운 것에서 인간을 구원해 주는 숭배의 대상임에 틀림없다. 고대의 숭배 대상인 태양은 생명이자 힘이고 자연이자 종교이다. 우리나라는 태양과 관련된 것으로 고대의 삼족오를 찾아볼 수 있다.

삼족오(三足烏)는 세 발 달린 까마귀를 말한다. '태양에 까마귀가 산다는 신앙'은 『초사(楚辭)』, 『산해경(山海經)』에서 볼 수 있다. 그리고 '세 발 달린 까마귀 설화'는 고유(高誘)가 쓴 『사기(史記)』나 『회남자(淮南子)』의 주석이 그것을 말해 주는데, 전한(前漢) 시대부터 시작된 것으로 알려져 있다. 그런데 그보다 더 오래된 동이신화에서도 찾을 수 있다.

우리 문화는 앞서 말한 중국의 한(漢)나라와 밀접한 관련이 있다. 심지어 한족(漢族)과 한족(韓族)이 하나에서 나왔다고 주장하는 학자도 있다. 그 이유는 한 대의 문화가 활발하여 여러 문화 전반의 내용이 새롭게 정비되었다. 당시에 한은 한자가 새롭게 정비되어 그로 말미암아 산재해 있던 정보를 모아서 역서와 여러 책들을 편찬하였으므로 그동안 구전되거나 원리로만 알고 있었던 것들이 기록되었을 것이다. 그래서 서로 비슷한 것이 많아 보인다. 중국의 문화는 한나라 때 급성장하였다. 한 대 내에서 이룰 수 없는 문명들이 많이 포함되어 있었다. 오늘날 중국의 동북아정책과 같이 문화를 통합하여 그들의 것처럼 활용하지 않았을까. 한나라가 세워지면서 문명의 통합과정에서 동이족이나 한민족의 문명이 흘러 들어갔을 수도 있다는 가능성을 배세할 수가 있다.

전한시대부터 삼족오가 등장했다고 하지만, 태양이 하늘을 건너가기 때문에 조류와 관련시킨 이야기는 그보다 더 오래된 동이신화와 소호신화,[72] 그리고 이집트 신화에서도 찾아볼 수 있다. 한국의 신화엔 유난히 태양과 새, 그리고 알에 대한 내용이 많이 있다. 그것은 모두 태양 숭배 문화에서 비롯되었다고 추측할 수 있다. 마야문명에서도 빛과 새는 같이 분류되고 있다. 고구려 벽화에서도 그 예를 찾을 수 있다. 이들에게서 유추할 수 있는 것은 새는 태양과 생명을 의미한다는 것이다.

<그림 30>의 왼쪽 고구려 벽화에서 등장하는 태양의 신은 뱀과 같은 몸을 가지고 있으며 날개를 가져서 새처럼 하늘을 날아다니는 신으로 묘사되어 있다. 그리고 그 태양신이 머리 위로 삼족어가 들어 있는 태양을 들고 있다.

오른쪽은 이집트 헬리오폴리스(태양의 도시)의 태양신으로 제 5왕조 시대 주신이다. 전설에 의하면 라(Ra)는 인류를 창조한 신이다. 매의 얼굴을 하고 머리에는 태양 원반을 쓴 사람 모양으로 자주 표현되었다. 그리고 그 태양의 외각은 뱀으로 둘러져 있다.

한국과 이집트의 태양신은 매우 비슷한 상징조형물들을 가지고 있다. 그리고 마야 문자의 새와 빛(태양)은 같이 분류된다. 한국의 태양 원형을 가진 신화에는 새와 알이 등장한다. 이것은 고대 태양 숭배 문명의 특성을 보여 준다.

---

72) 소호(少昊)는 동이족의 새 토템과 긴밀한 관련을 맺고 있다. 새 토템 신화는 동이족적인 신화의 대표적인 것이다. 동이족의 태양조 신화와 사상은 두드러져 있다.

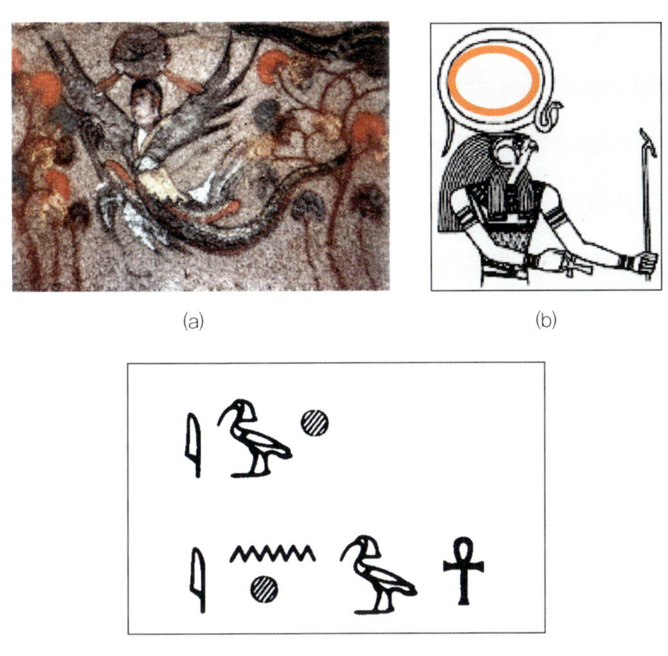

(a)　　　　　　　　(b)

(c)

〈그림 30〉 집안 고구려 벽화의 태양신(a), 이집트 태양신 라(Ra)(b),
　　　　같이 분류되는 마야문자 새와 빛(c)

삼족오의 다리는 3개이다. 삼족오는 태양에서 비롯된 생명을 상징하기 때문에 삼족오 다리의 수인 3도 태양과 관련이 있다. 태양과 3수는 어떻게 연관을 가지고 있을까.

한(漢) 대의 책인 「춘추원명포(春秋元命包)」에서는 태양이 양(陽)이고, 3이 양수(陽數)이므로 태양에 사는 까마귀의 발이 세 개라고 풀이하고 있다. 2는 음수, 3은 양수로 본 것이다.

태양은 양이다. 그래서 양은 음과 더불어 생명을 만들어 낸다. 천부경에서 하늘, 땅이 생겨나고 마지막 세 번째 사람이 생겨난다. 그래서 3은 사람, 즉 생명을 일컫기도 한다. 우리나라에서 고대로부터 중히 여겨 왔던 수인 '3'은 태양에서 비롯된 생명을 의미하는 조화의 수이다.

또 3수는 비단 태양만을 일컫는 것은 아니다. 많은 뜻을 함축하고 있는 숫자이다. 종교와도 매우 깊은 관련이 있다. 세계적으로 거의 모든 종교, 신화에는 대표적인 중요한 의미로서 3신이 등장한다. 그것은 3이라는 숫자가 조화와 생명을 의미하기 때문이라고 생각한다.

3자는 '조화의 수'이다. 그리고 생명의 수이기도 하다. 그리고 태양의 수이기도 하다. 태양은 밝은 빛으로 조화로운 생명을 주기 때문이다.

<그림 31 - a>는 고구려 금동장식이다. 중앙에 삼족오(三足烏)를 중심으로 좌우에 용, 위에는 봉황을 새겨 놓았다. 중앙의 삼족어의 형태는 오늘날의 나선형 삼태극과 유사하며, 이글거리는 태양의 모양 같기도 하다. 오늘날 삼족오와 삼태극은 조화(造化, 창조)와 생명을 상징하는 듯하다.

주역에서 무극(태극)은 만물이 만들어지기 전의 혼돈을 일컫는다. 음양은 우주만물의 생성원리라 하지만, 극성을 이루는 음과 양만으로서는 생명이 만들어지지 않는다. 1이 보태어져서 3을 이루어야 생명이 생겨난다. 그래서 삼태극이 생명의 원리라고 주장하는 것이다. 천부경은 주역과 다르게 3수의 수리 체계를 가지고 있다. 주역과 천부경의 수리 체계가 다른데, 주역이 우주의 생성원리를 설명하고 있

다면 천부경은 생명이 만들어지는 질서를 설명하는 듯하다. 주역과 천부경은 비슷한 원리로서 민족의 삶의 형식에 따라 만들어지고 채택되어 수리체계로 사용되었을 것이다.

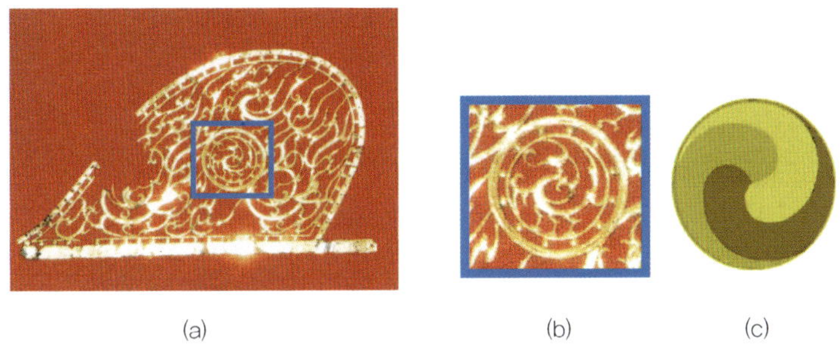

(a)   (b)   (c)

〈그림 31〉 고구려 금동장식 '해 은 무늬'(a), 삼족오(b), 삼태극(c)
－태양의 상징인 삼족오와 삼태극

중국은 2수를 좋아하므로 음양으로 나누었고, 한국은 3수를 좋아해서 천지인을 나타내는 3수로 표현하였던 것이다. 고구려 금동장식의 나선형 삼족어 모양이 오히려 이후 송 대의 주돈이(周敦頤, 1017～1073)가 그린 태극도(동심원)보다도 오늘날 태극의 모양과 더 비슷해 보인다. 이 금동장식은 고구려 당시에 유행하였던 도교에 힘입어 나온 구부러진 인동무늬, 불덩이 같은 모습을 연상케 한다. 반드시 고구려 금동장식이 삼태극을 의미한다고 볼 수는 없지만, 그 속의 삼족어의 모습이 이글거리는 태양의 모습을 닮아 있다.

우리 선조의 역대기에서 태양 숭배에 대해 언급한 내용을 『태백일사』≪한국본기 제2편≫의 <조대기(朝代記)>에서 찾을 수 있다. 내용은 다음과 같다.

> 옛 풍속은 광명을 숭상하였으니, 해로써 신을 삼고 하늘로써 조상을 삼았나니, 만방의 백성은 이를 믿고 서로 의심치 않으며 아침저녁에 경배하며 이를 가지고 일과로 삼았다. 태양은 광명이 만나는 곳으로서 옛날부터 삼신이 계시는 곳이라, 사람은 빛을 얻음으로써 농사를 짓고, 하는 바가 없는 듯이 하면서도 스스로 교화되나니, 아침엔 함께 동쪽 산에 올라 해가 처음 뜨는 것을 경배하고 저녁엔 곧 함께 서쪽 강가로 나아가서 달이 처음 뜨는 것에 경배한다. 이에 앞서 환인께서 태어나시어, 절로 다섯 가지 사물을 만들고 기름을 아시고, 다섯 가지 가르침을 가르치시고, 다섯 가지 일들을 다스리셨다. 오가의 무리는 모두 어려움을 참고 부지런하여 잘 배워 지닌 끝에 마음의 빛을 얻어 상서로운 일을 만들고 세상의 즐거움을 얻었더라. 환인께선 높고 높은 하늘에 올라 홀로 생각하시며 차분히 온갖 일을 다스리시니 모두 절로 화평하였다. 때에 천제로서 몸을 나타내시니 감히 따르지 않는 자 없어 구한(九桓)의 백성이 모두 하나로 돌아오게 되었다.73)

위의 <조대기>의 내용을 보면 우리는 밝음을 숭상하는 민족이었다. 아침에는 동쪽에서 해를 경배하고 저녁에는 서쪽에서 달을 경배하였다. 태양 숭배는 수리적 발견을 가져다주었고, 더불어 신(하늘) 중심적 권력에서 인간 중심의 권력으로의 전환을 촉발시켜 주었

---

73) 임승국 역, 『한단고기』, 정신세계사, 1991, p.165~166. 임승국은 "광명을 숭상하였으니 해로써 신을 삼고"라는 말에 대한 주해를 달기를, 이 기록을 신임해서는 안 된다고 말하면서 우리는 광명족이 아니라 하느님(환인)의 후예라고 말했다. 그러나 나는 태양과 하늘을 둘로 보지 않는다. 하늘의 주인은 태양이다. 그것은 하나다. 다만 하늘은 태양보다 큰 개념임에는 동의한다. 그래서 태양을 숭배하는 광명족과 하늘을 숭상한 민족이 다르지 않다고 본다. 임승국도 일본에 대한 반감으로 광명족이라는 말을 쓴 것 같은데, 우리의 오랜 문화를 단지 일본을 피하기 위해서 왜곡해서는 안 된다. 광명족은 아닐지 모르지만 우리 민족은 일본보다도 유구한 태양(밝음)을 숭상하는 문화를 가진 민족이었다.

다. 태양은 하늘 중에서도 구체성을 가진 대상이었다. 태양을 중심으로 펼치던 사고는 하늘과 땅, 그리고 인간이라는 분화적인 사고를 가져다주었고(태양은 광명이 만나는 곳으로서 옛날부터 삼신이 계시는 곳), 그것은 천부경에서처럼 수리적 발전으로 이어졌다. 태양 숭배와 관찰은 3수의 수리적 발견으로, 그리고 삼통력과 같은 역법을 만들어 내게 했다. 하늘에 대한 인식의 변화에 따라 인간의 의식은 분화 또는 구조화되기 시작하였다. 직관과 관념은 과학과 사상으로 서로 다른 방향으로 나아갔다.

태양과 밝은 빛에 관련된 이야기는 역대기에서뿐만 아니라 건국 신화에서도 다수 찾을 수 있다. 시간이 갈수록, 태양을 숭상하던 사람들은 태양의 권력을 갖기를 바란다. 태양은 하늘에서 유일하고 가장 큰 파워를 지녔다. 땅에서도 태양의 권력을 가진 왕이 등장하게 되면서 태양은 권력자를 상징하기도 하였다.

2) 신화 속의 하늘과 태양, 그리고 알

신화는 더 이상 우리가 생각하는 신화 속에 존재하는 허구의 이야기가 아니다. 민족의 상상 속에 오랫동안 이어 온 문화의 정체성으로 존재한다. 신화는 명쾌한 실제의 상징성을 바탕으로 비유하여 만들어 낸 이야기다. 신화는 소설이 아니다. 그래서 허구 같지만 허구가 아니다. 신화는 역사이자 과학이고, 문화이다. 신화를 통해서 우리의 하늘과 태양에 대한 인식을 알아보자.

세계의 오래된 신화 중에 선인들이 하늘에서 내려왔다는 내용은 비단 우리나라에만 있는 것이 아니다. 그래서 일부 학자들은 기원전 3, 4천 사이에 인류가 갑작스럽게 생겨난 것에 대해 외계인설을 내놓기도 하였다. 그 시기에 갑자기 일어나는 일들이었기 때문에 그런 설이 생겨난 것 같다. 하지만 그 설은 설득력이 부족하다. 지구인은 지구의 수리에 맞게 생물체가 만들어졌기 때문이다. 우리의 신체는 태양계와 지구에 맞는 수리로 만들어져 있다. '선인이 하늘에서 내려왔다'는 것은 태양과 하늘에 대한 인식과 숭배사상의 시작을 알리는 것이라 볼 수 있다.

우리나라에서는 하늘과 태양에 관련된 탄강신화(誕降神話)를 다수 찾아볼 수 있다. 대부분의 탄강신화에서 왕권을 가진 자가 하늘에서 내려오는 이야기가 주를 이루고 있다. 왕권을 가진 자에 대한 당위성을 하늘에서 구한다. 환인과 환웅의 경우, 하늘에 있는 존재가 직접 내려오거나 그의 아들이 정권을 잡는 경우이다.

아래의 인용된 신화들은 김화경의 『한국 신화의 원류』에서 번역된 것을 주로 인용하였다. <고기(古記)>에는 다음과 같은 신화가 있다.

> 옛날에 환인의 아들 환웅이란 자가 있었는데, 자주 천하에 뜻을 두고 사람 세상을 탐내어 구하였다. 그 아버지가 아들의 뜻을 알아차리고 아래로 삼위태백을 내려다보니 사람들을 널리 이롭게 할 만했다. 이에 (환인은 환웅에게) 천부인 세 개를 주고 보내어서 이곳을 다스리게 했다.

환웅은 무리 3천 명을 거느리고 태백산 꼭대기의 신단수 아래로 내려왔는데 이곳을 신시라고 이르고, 그를 환웅이라고 하였다. 그는 바람을 맡은 어른과 비를 맡은 어른, 구름을 맡은 어른들에게 저마다 농사와 생명, 형벌, 선악을 맡게 하고 사람의 360가지 일들을 주관하면서 세상에 살며 정치와 교화를 베풀었다.[74]

위의 내용을 보면, 하늘과 관련이 깊은 신화라는 것을 어렴풋이 짐작할 수 있다. '천부인'과 '바람', '비', '구름', 그리고 '360가지의 일들'이라는 것이 그것을 증명한다. 우리는 위의 신화를 하늘에서 내려온 '천손'이라는 것에 초점을 맞추며, 신비해하고 우리 민족의 근간으로 받아들여 왔다.

그러나 이 신화는 선사시대의 천문에 대한 지대한 관심이 묻어나는 단서가 된다. 천부인 세 개라는 것은 '하늘에 대한 정보가 담긴 부적'을 의미한다. 그리고 바람, 비, 구름은 선사시대 사람들의 큰 고충이었던 기상변화이다. 환웅은 이것을 조절하는 날씨와 1년을 기록한 360일의 기록이나 초기 역을 가지고 있었던 것으로 보인다. 360일은 오늘날의 365일과 근접한 일수다. 소수민족 중에는 아직도 360일을 1년으로, 10개월로 나눈 역(달력)을 사용하고 있다. 그리고 실제로 아주 오래전에는 공전일이 360일이었을지도 모르는 일이다. 조선 말기 김항의 『정역(正易)』에 의하면, 지구 지축의 변화로 공전일이 360~365일로 변화가 일어난다고 한다. 그러한 내용은 오늘날과 같이 기후변화에 민감한 시대에 다시 회자되고 있다. 이런 여러

---

74) 김화경, 『한국 신화의 원류』, 지식산업사, 2005, p.158. 최남선 편, 『삼국유사』, 삼중당, 1946, p.33.

내용을 보았을 때 신화는 단순한 신화에 불과한 것이 아니라 추측 가능한 정보가 담겨 있다. 위의 신화는 특히 당시 하늘에 대한 지대한 관심과 천문에 대한 정보가 있다고 볼 수 있다.

환인(桓因), 환웅(桓雄), 단군(檀君)이라는 명칭에 있어서도 단서가 있다. 환인과 환웅은 환국의 시조가 다스리는 시대나 그 시대의 왕을 의미하는 말이다. 나는 환인과 환웅은 태양 숭배시대를 의미한다고 감히 말할 수 있다. 그것은 '환(桓)'이라는 문자에서 그 실마리를 찾을 수 있다. '桓'은 '木' 자와 '亘'으로 이루어져 있다. 나무(木)는 수직으로 하늘을 향해 자라는 것이라 '사람'을 지칭한다고 볼 수 있고, '亘(환)'의 모양은 마치 하늘과 땅 사이의 태양을 의미하는 듯하다. '亘'과 비슷한 '旦(단)' 자는 '아침'을 뜻한다. 따라서 '亘' 자가 의미하는 바를 알 수 있다. 가운데 있는 '해 일(日)' 자가 그것을 말해 준다. 단군(檀君)은 '단(壇)'을 세우고 태양과 하늘을 숭배하였던 민족이다. 단군의 '단(檀, 박달나무)' 자는 '쌓을 단(壇)' 자와 흡사하다. 당시 이 두 자는 같이 쓰였을 것으로 보인다. 목과 토의 차이이다. 이것은 시대에 따라 달라지는 매체라고 보면 될 것이다. 단군은 마치 무덤이나 제단을 계단처럼 쌓았던 문화의 시기를 반영한다. 단군시대에 와서 태양과 하늘을 숭배하는 단을 만드는 것이 유행이었던 것 같다. 지금도 중국의 땅에 중국 묘법과 전혀 다른 동양의 피라미드군으로 알려진 홍산 문명의 '석묘계(石墓系) 돌무덤'이 있다. 이것은 한반도에 있는 돌무덤의 형식과 흡사하다.

하늘에 관련한 또 다른 신화를 예로 든다면, 『위서(魏書)』에 실린 고차족의 시조 신화를 들 수 있다.

> 흉노의 선우가 두 딸을 낳았는데, 그 자태와 용모가 대단히 아름다
> 워서 나라의 사람들이 모두 신으로 여겼다. 선우가 말하기를, "내 딸
> 들을 어찌 사람의 배필로 삼겠는가? 장차 하느님께 줄 것이다."고
> 하였다. 이에 그 나라의 북쪽에 사람들이 살지 않는 땅에 높은 누대
> 를 만들어 두 딸을 그 위에 두고 이르기를, "청컨대 하느님 스스로
> 맞아들이소서."라고 했다. 3년이 지나서, 그 어머니가 딸을 끌어내
> 려고 하였다. 하지만 선우는 "안 된다. 누대를 걷어치울 때가 아니
> 다."라고 말했다. 다시 1년이 지나자, 한 늙은 이리가 와서 주야로
> 누대를 지키면서 울부짖었다. 이 때문에 누대 아래를 파서 빈 움을
> 만들었지만, 때가 지나도 가지 않았다. 그러자 동생이 언니의 반대
> 에도 불구하고 "우리 아버지가 우리들을 이곳에 둔 것은 하느님께
> 드리기를 바라서였는데, 지금 이리가 온 것은 어쩌면 하느님이 신령
> 스러운 것으로 하여금 그렇게 하도록 시킨 것일 게다."라고 하면서
> 곧 내려가 이리의 아내가 되었다. 자손이 번성하여 나라를 이루었
> 다.[75]

고차족의 신화를 보면, 천손 신화와 북방 토템의 신화가 결부된 특징이 나타난다.

우리나라의 건국신화에는 천강신화 또는 탄강신화가 주를 이루고 있다. 탄강신화에서 주로 배경이 되는 것은 산(山)이다. 그리고 이 신화에서 하늘과 직접적 매개가 되는 '이리'와 같이 말, 햇빛, 알 등이 있다. 하늘에서 짐승이 내려왔다는 내용의 신화는 산이 많은 북방문화에서 비롯되었고, 그리고 하늘에서 내려오지만 햇빛과 알을 통해서 내려오는 신화는 북방문화와 남방문화가 비슷하게 혼합되어

---

75) 앞의 책, pp.175~176. 위수, 『위서』, 1976, p.593.

있다.

북방에서 하늘과 땅의 매개가 산이나 짐승, 태양이었다면 바닷가 주변의 남방에서 하늘과 땅의 매개는 빛과 알이다. 북방과 남방 신화의 공통점은 태양과 새 토템이다. 우리나라 탄강신화에서 북방과 남방의 특성을 모두 포함하는 내용이 주를 이루고 있다. 다시 말하면, 북방유목민의 특성을 가진 하늘과 태양, 새 토템에 대한 문화가 남쪽으로 이동하면서 토착 토템 신화와 접목되었다고 볼 수도 있다.

특히 북방 동이족의 태양과 새 토템에 관한 문명의 특성이 나타나는 것으로 보아 동이족의 맥을 잇고 있었음을 더욱 시사하고 있다. 그것을 나타내는 뉘앙스는 말, 햇빛, 알 등인데, 말은 두말할 것도 없이 북방의 하늘 숭배의 소산이고, 특히 알은 태양 숭배에서 비롯된 새 토템에서 나온 매개물이다. 이것은 북방문화로서 한반도의 바다 가까이에 있는 생태와 잘 맞아떨어져서 형성된 신화라고 볼 수 있다. 우리나라에는 이 둘이 다 섞여 있는 신화가 여럿있다. 우리는 3면이 바다로 대륙의 동방에 위치해 있다. 한반도에도 북방 동이족 신화와 비슷한 새 토템 신화와 태양, 빛에 관련된 신화가 있다. 태양을 쫓아온 동이족의 후예답게 우리 신화에는 태양을 나타내거나 암시하는 신화들이 많다. 구체적으로 '해'와 관련된 신화를 찾아보면 다음과 같다.

첫 번째로 태양과 관련된 신화로, 『삼국사기』 13권에 실린 고구려 건국시조인 고주몽(高朱蒙)의 탄생을 예로 들 수 있다.

금와가 태백산의 남쪽 우발수에서 한 여자를 만났을 때 그 사정을 물었다. 그녀가 "나는 하백의 딸로 유화라고 합니다. 여러 동생들과 더불어 물가에 나와 놀고 있을 때, 한 남자가 있어 자칭 천제의 아들 해모수라면서 나를 웅심산 밑의 압록강 가에 있는 집 안으로 끌어들여 동침을 하고 곧 가서는 돌아오지 않았습니다. 부모는 내게 중매도 없이 남자와 상관한 것을 꾸짖었고, 마침내 우발수에 귀양살이를 하게 했습니다."라고 대답하였다.

금와가 이상하여 그녀를 방 안에 가두었더니, 그녀에게 햇빛이 비치었다. 그녀가 몸을 피하면 햇빛이 또 따라와 비치었다. 이로 말미암아 태기가 있어 알 한 개를 낳았는데, 크기가 닷 되만 하였다.

왕이 그 알을 버리려고 개와 돼지에게 주었으나 모두 먹지 않았다. 다시 길 가운데 버렸더니 새가 날개로 덮어 주었다. 왕이 그것을 쪼개려고 하였지만, 깨뜨릴 수가 없었기 때문에 마침내 그 어머니에게 돌려주었다. 그 어머니가 물건으로 싸서 따뜻한 곳에 두었더니 한 사내아이가 껍질을 깨고 나왔다.

그의 골격과 풍채가 영특하고 기이하였으며, 나아가 겨우 일곱 살인데도 보통 사람들과는 월등하게 달랐다. 스스로 활과 화살을 만들어 쏘았는데 백발백중이었다. 부여의 속담에 활을 잘 쏘는 것을 주몽이라고 하였으므로 이렇게 이름을 지었다고 한다.[76]

이 신화에서는 '하늘의 아들 해모수'와 '활과 화살'에서 북방 유목민을 상징하고 있다. 그리고 '햇빛'에서 왕권의 당위성을 가지고 있고, '알'도 마찬가지로 사람이 낳았지만, 알로서 태어나 사람의 아들이 아니라 태양(하늘의 새)이 낳은 알임을 상징하고 있다. 알은 하늘과 땅을 이어 주는 새가 낳은 것이므로 하늘을 매개한다. 그래서 우리 민족의 특성인 태양 숭배와 새 토템 사상을 가지고 있었음을 말해 준다.

---

76) 앞의 책, pp.184~185. 김부식, 『삼국사기』, 1982, pp.145~146.

두 번째로『삼국사기』1권 <신라본기시조 박혁거세 거서간조>와
<신라시조 혁거세왕조>에 실린 박혁거세 신화를 예로 들 수 있다.

3월 초하룻날에 육부(六部)의 조상들이 저마다 자제들을 거느리고
알천의 언덕 위에 모여서 의논하기를, "우리들이 위로 백성들을 다스
릴 만한 임금을 가지지 못하여서 백성들이 모두 방자해져서 제 마음
대로 하니, 어찌 덕이 있는 사람을 찾아내어 그를 임금으로 삼아 나
라를 세우고 도읍을 정하지 아니하겠는가?"라고 하였다.
이에 높은 곳에 올라가 남쪽을 바라보니 양산 밑의 나정(우물) 옆에
이상한 기운이 마치 전광처럼 드리워져 있고, 거기에 백마 한 마리
가 꿇어앉아 절하는 형상을 하고 있었다. 그곳을 찾아가 보니 붉은
알(또는 푸르고 큰 알이라고도 한다.)이 하나 있는데, 말은 사람들을
보고 길게 울다가 하늘로 올라가 버렸다. 그 알을 쪼개니 형용이 단
정하고 아름다운 사내아이가 있었다.
그들은 놀랍고 이상스러워 그 아이를 동천에서 목욕시켰다. 그랬더
니 몸에서 광채가 나고 새와 짐승이 따라와 춤추며, 천지가 진동하
고 해와 달이 청명해졌다. 그 일로 말미암아 그를 혁거세왕(불구내
왕이라고도 하니 밝게 세상을 다스린다는 뜻이다. 위호를 거슬한 또
는 거서간이라고도 한다. 이것은 그 자신이 처음 말을 할 때 알지
거서간이 한 번 일어났다고 부르게 된 것인데, 이로부터 임금의 존
칭이 되었다.)이라고 하였다.[77]

위 신라의 신화에서도 '전광처럼' 빛이 드리워지고, '백마' 형상
아래에 '붉은 알'이 나타났다는 내용에서 백마는 북방에서 전해짐을
의미하고, 빛과 붉은 알은 태양의 후예임을 의미한다. 이것은 왕의
정통성과 당위성을 의미한다.

---

77) 앞의 책, pp.166~167. 최남선 편,『삼국유사』, 삼중당, 1946, pp.44~45.

하늘에서 내려온 알과 관련된 난생신화는 이뿐만이 아니다. 세 번째로 『삼국유사』 2권 <가락국기>에 나오는 수로(首露)신화를 예로 들 수 있다.

개벽한 뒤로 이곳에는 아직도 나라의 이름이 없었고, 또한 군신의 칭호 따위도 없었다. 아홉 간이 있었을 뿐이다. 이들이 추장이 되어 백성들을 통솔했는데, 1백 호에 7만 5천 명이었다. 많은 사람들은 산야에 살면서 우물을 파서 물을 마시고 밭을 갈아 양식을 하였다. (마침 후한 세조 광무제 건무 18년 임인 3월의 계욕일(禊浴日)에 사는 곳 북쪽 구지(봉우리 이름으로 십붕이 엎드린 형상과 같았으므로 붙인 이름이다)에서 수상한 소리와 기척이 있더니 부르는 소리가 났다.

2, 3백 사람이 이곳에 모이니 사람 소리 같으면서 그 형상을 숨기고 그 소리 내기를, "여기에 사람이 있는가?"라고 하였다. 아홉 간이 "우리들이 있습니다."라고 하자 또 말하되 "내가 있는 곳이 어디인가?"라고 물었다. "구지입니다."라고 대답하니, 또 말하되 "황천께서 내게 명하시기를 이곳에 임해서 나라를 새롭게 하여 임금이 되라고 하시기에 이곳에 내려왔으니, 너희들은 봉우리를 파서 흙을 집으며 노래하기를 "구하구하 수기현야 약불현야 번작이끽야(龜河龜河 首基現也 若不現也 燔灼而喫也)"라면서 뛰고 춤을 추면 곧 대왕을 맞아 즐거워 날뛸 것이다."라고 하였다. 아홉 간들은 말한 대로 모두 즐거워하며 노래를 부르고 춤추었다.

얼마 되지 않아 우러러 바라보니, 하늘에서 자색 줄이 내려와 땅에 닿았다. 줄 끝을 찾아보니 홍색의 보자기 속에 금합이 있었다. 그것을 열어 보았더니 해와 같이 둥근 황금알이 여섯 개가 있어 많은 사람들이 모두 놀라 기뻐하면서 함께 백배하였다.

잠시 후, 알들을 보자기에 싸들고 아도간의 집으로 가서 탑상에 놓아두고 사람들은 저마다 흩어졌다. 하루가 지나고 이튿날 아침에 여럿이 다시 모여 합을 여니, 여섯 개의 알이 동자가 되어 있었는데, 용모기 매우 빼어났다.(이후 생략)78)

위의 수로 신화는 6가야의 신화로서, 하늘에서 자색 줄로 내려온 금합에 6개의 알이 들어 있었다. 하늘에서 내려왔고, 자색 줄과 금합, 그리고 해와 같은 황금알이 하늘의 정통성을 담은 태양과 같은 권력을 상징한다.

앞서 살펴본 여러 신화의 특성을 정리해 보면, 첫 번째, 주몽신화에서 유화가 해모수와 동침을 하고 나서 유화의 몸에 햇빛이 따라가며 비치더니 한 개의 알을 낳았다. 햇빛이 비쳐 알을 낳았으니, 그알은 알이 아니고 태양을 상징한다. 알은 새토템과 결부되면서 태양의 후예를 상징한다. 그리고 그 태양을 깨고 나온 아이가 주몽이고 나중에 고구려의 왕이 되었다. 태양은 왕권의 당위성을 주는 권위를 갖는다.

두 번째, 신라시조 혁거세왕 시조신화는 전광처럼 비치는 기운이 있더니 말이 꿇어앉은 형상에서 알이 생겨났다는 신화이다. 번쩍 알이 생긴 것이다. 백마와 빛이 전해 주고 간 것으로 보아서 북방에서 전해 준 문화와 남방의 토속 문화가 섞여 있음을 짐작할 수 있다.

세 번째, 수로왕 신화에서도 해와 같은 둥근 황금알이 여섯 개가 등장한다. 가야의 토속 토템인 거북과 관련이 있다. 구지봉에서 이상한 소리가 들려 가 보니 소리가 들렸다. "구하구하 수기현야 약불현야 번작이끽야(龜河龜河 首基現也 若不現也 燔灼而喫也)" 노래를 부르고 춤을 추면서 왕을 맞이하라는 말이었다. 여기서 거북의 머리(首)는 우두머리를 상징한다. 노래를 부르고 난 후 하늘에서 자색 줄이

---

78) 앞의 책, pp.170~171. 최남선 편, 『삼국유사』, 삼중당, 1946, pp.108~109.

내려와 땅에 닿았다. 줄 끝을 찾아보니 홍색의 보자기 속에 금합이 있었다. 그것을 열어 보았더니 해와 같이 둥근 황금알이 여섯 개가 들어 있었다. 여기 '알'이 가진 상징적 의미는 거북이는 알을 낳으므로 거북과 관련이 있지만, 그 알이 하늘에서 내려온 태양 같은 둥근 황금알이라서 태생은 거북이 알이라도 하늘의 권력을 가진 태양(새 알)에 근간을 두고 있다. 그래서 거북이의 알과 닮았지만, 그 알은 하늘 또는 태양의 후손이라는 당위성을 갖게 된다. 그리고 북방의 새 토템과 관련된 맥을 가지고 있다.

세 가지 건국신화를 보면, 모두 '알'이라는 점과 태양과 같은 '빛', 그리고 그 근거를 '하늘'에 두고 있다. 그래서 태양 숭배 사상에 비롯되었다고 볼 수 있다.

위와 같은 탄강신화·건국신화를 토대로 우리나라는 고대부터 밝음의 자손으로서 하늘과 태양, 그리고 알과 같은 자연 현상에 집중했었고, 태양 숭배적 상징체계를 이어 왔다. 그것은 오랜 시간이 지나 신화와 같은 우리 문화 정신을 잇는 상징이미지의 근간으로서 우리 문화의 정체성을 이루고 있다.

3) 강화도의 밝음과 종교

우리나라는 예부터 밝음을 숭상하는 민족이었다. 우리나라에서 밝은 지역을 들자면, 영호남의 강과 바다를 끼고 있는 남쪽 지역,

그리고 강화도 등이 떠오른다. 큰 강과 바다 근처 지역은 밝고 환하다. 그래서 문명이 꽃피는 곳이 많다. 유럽에서도 문화가 크게 꽃피었던 도시는 큰 강을 끼고 있다. 그들에게는 이것이 하나의 아이러니로 꼽힌다.

그중에 밝은 강화도를 예로 들어 보자. 김포에서 강화도로 가는 길에 강화대교를 건너는데, 그곳에서 강화를 바라보면 '참 밝다'는 생각이 제일 먼저 떠오른다. 또 강화도를 한 바퀴 돌면 그곳은 정말 밝음의 땅이구나 하는 생각이 더 뚜렷해진다. 강화도의 큰 밝음은 그 크기만큼이나 해가 진 후에 더 큰 어둠이 내려앉는다. 밝음과 어둠이 둘이 아니라 하나이기 때문이다. 그래서인지 그곳에 사는 사람들은 강화도를 기가 참 센 곳이라고 말하기도 한다. 강화도에는 가톨릭, 기독교, 불교 등의 각종 종교와 민간신앙, 무속까지 종교와 정신문화에 밀접한 관계를 맺고 있는 곳이기도 하다. 우리나라의 고유사상에 근간이 되는 '밝음'이라는 말은 이러한 종교와 신앙과 정신문화에서 자주 회자된다. 그리고 강화도에는 이러한 정신문화가 자리 잡은 곳이기도 하다. 앞에서 살펴본 대로 우리는 밝음의 지손이기 때문이다. 그런 만큼 우리 문화에서 정신과 밝음이 갖는 연결고리는 커 보인다. 강화에는 민간신앙이 아니었던 서구에서 들어온 기독교도 뿌리를 내려, 백 년 이상이 된 오래된 교회의 모습을 하고 있다.

강화도는 한반도 남북의 중간 지점에 있는 서해 쪽에 위치한 섬이다. 섬이지만 우리 문화에서 빠질 수 없는 역사적인 사건들이 많이 거쳐 갔다. 뿐만 아니라 선사시대부터의 고인돌과 같은 많은 흔적을 남긴 곳이기도 하다. 그리고 삼국시대부터 중요한 군사적 요충지였으며, 고구려의 시대에는 혈구(穴口)·갑비고차(甲比古次)라고 명하였고, 고려시대 몽골항쟁의 근거지였으며, 조선시대에 병인양요(丙寅洋擾)·신미양요(辛未洋擾) 등의 싸움의 격전지이기도 하다.

강화도에서 가장 높은 산인 마니산(摩尼山, 468m)에는 유구한 역사를 가진 참성단(塹星壇)이 버티고 서 있다. 상고시대 단군이 쌓았다고 세대를 거듭해서 전해져 오고 있다. 참성단 면적은 5,593㎡이며, 상단 방형(方形) 1변의 길이는 1.98m, 하단 원형의 지름은 4.5m이다. 자연의 산석(山石)을 다듬어 반듯하고 납작하게 만들어 쌓았

〈그림 32〉 강화도 마니산의 참성단

고, 돌과 돌 사이에 아무 접착제도 바르지 않았다. 자연석들에 의지하여 둥글게 쌓은 하원단(下圓壇)과 네모반듯하게 쌓은 상방단(上方壇)의 이중 구조로 구성되어 있고, 상방단 동쪽 면에는 21계단의 돌 층계가 설치되어 있다.

참성단은 단군이 쌓았다고 전해지는 것을 보아 환웅과 웅녀의 얽힌 사연이 떠오른다. 만약 환웅이 북방의 문명을 의미한다면, 웅녀는 남방의 농경 문명 중의 하나인 곰을 상징하는 부족이었을 것이다. 단군은 북방문화와 남방문화가 결합된 문명으로 보인다.

〈그림 33〉 좌 - 천부경 도해에서 나온 동심원, 우 - 홍산의 돌무덤[79]

　　참성단이 그 해석의 단서를 제공하는데, 참성단은 단순한 하늘 숭배의 결과물이 아닌 듯하다. 북방의 하늘숭배문명과 남방의 농경문명의 결합에서 비롯된 것으로 보인다. 유목과 농경 문명에서 하늘의 기후는 매우 중요하게 작용하였다. 그 예로 참성단에서 지내는 기우제와 별굿 등을 들 수 있겠다.

　　옛사람들은 참성단처럼 쌓아 올리는 것을 좋아했다. 특히 돌을 이용해서 쌓는 경우가 많은데, 돌무덤이나 참성단 같은 제단이 그 예가 된다. 이것은 대체로 하늘이나 태양을 숭배하는 문화에서 나타나는 현상이다. 이 책 2장의 천부경 해독에서 <그림 14>처럼 겹겹이 싸인 동심원은 홍산 문화의 돌무덤과도 비슷한 모습을 하고 있다. 참성단과 홍산의 돌무덤은 용도는 다르지만 근본은 하나다. 참성단과 돌무덤은 천부경의 원리를 담고 있다. 돌무덤의 세 겹으로 쌓인 단은 천부경에서 무궤가 세 개가 쌓인 동심원의 모습과 같다. 또한 참성단에는 천부경의 천·지·인 수리가 담겨 있다.

〈그림 34〉 참성단의 제단을 오르는 계단의 수

---

79) 우실하, 『요하문명론』, 소나무, 2007, p.174.

참성단의 천지인 수리는 천부경의 도해에서 나온 각도기의 원리에서 유추되는 수리이다. 이것은 아직까지도 우리 민족의 생활 속 수리로 나타난다(4장 내용 참고). 2장 천부경 해독에서 유추해 낸 천지인 수리는 다음과 같다. 3은 사람의 수리, 4는 하늘의 수리, 7은 땅의 수리이다. 참성단의 상방단 동쪽 면에는 21층계의 돌계단이 설치되어 있는데, 이것은 인간(3)과 땅(7)의 수리를 담고 있는 것으로 짐작한다. 위 제단은 방형으로 만들어져 있고 이 방형의 네 방향은 하늘의 수리(4)를 담고 있다.

4) 사상 및 종교의 세계로(풍류 / 유불선 / 동학 / 정역)

사상과 종교는 대체로 밝음을 지향하는 정신문화의 양식이다. 어둠보다 밝음을, 악보다 선을 더 지향하는 것이 사상과 종교이다. 이것은 이분법적인 한 방향을 지향한다. 이러한 종교는 인간의 여러 가지 문제 중에서도 가장 기본적인 것에 관하여 경험을 초월한 존재나 원리와 연결 지어 의미를 부여하고, 또 그 힘을 빌려 해결이 불가능한 인간의 불안·죽음의 문제·심각한 고민 등을 해결하려는 것이다. 종교(宗敎)와 신앙(信仰)은 조금의 차이가 있는데, 신앙은 종교가 아니다. 종교는 대상·교리·행사 등의 조건을 갖추고 어느 정도의 규모와 권력을 가진 단체를 의미한다면 신앙은 개인성이 강한 것이다.

우리나라 사람들은 힘든 시대를 살면서 삶의 지침 같은 사상과 신앙 그리고 종교를 받아들이거나 따르며 살아왔다. 밝음을 좋아하는 만큼 종교적 정신세계를 지향하는 민족이다. 우리나라에는 다양한 사상과 종교들이 존재한다. 하지만 그 맥은 하나의 민족성으로 이어 가고 있다. 세계 각국에서 들어온 타 종교와 우리의 토속 종교가 있다. 세계적인 권력을 가진 몇몇의 종교는 대부분 사람들이 잘 알고 있다. 그러나 우리 토속 종교와 신앙에 대해서는 잘 모르는 경우가 많다. 우리의 토속 종교와 신앙은 고유의 전통사상과 유불선을 기본으로 형성되었다. 그리고 여기에 들어온 종교가 접목되는 경우가 있다.

앞서 말한 최치원의 <난랑비서문>에서 언급한 유불선을 이미 포함하고 있는 '풍류도'가 우리의 신앙과 사상을 대변한다. '풍류'는 이분법적인 종교의 성격을 띠고 있지 않다. 풍류는 우리 삶의 모든 현상과 본질을 모두 함축하고 있다. '풍류'라는 말의 유래를 찾아보면, 『삼국사기』 <진흥왕조>에서 화랑도의 기원으로 처음으로 등장한다. 그래서 화랑과 풍류는 긴밀한 상관관계를 가지고 있다. 신채호는 『조선상고사』를 통해서 "조선이 조선 되게 하는 것은 화랑이다. 그러므로 화랑을 모르고 조선사를 말하려고 하면, 골을 빼고 사람의 정신을 찾음과 한가지인 우책이다."고 했다.[80] 또한 신채호는 화랑을 무속과 결부시킨다. 화랑은 본래 '소도(蘇塗) 제단의 무사', 즉 그때에 선비라 칭하던 사인데, 고구려에시는 조의를 입어 '조의선인(皀衣仙人)'이라 하고 신라에서는 미모를 취하여 '화랑'이다."라고

---

80) 신채호, 『조선상고사』, 이만열 주석, 형설출판사, 1983, 하편 세상 p.321.

말하였다. 여기서 소도는 무속제례 지역을 의미한다. 그러므로 풍류
는 민중의 시름을 달래 주며 함께하였던 무속이자, 제례의식을 포함
하고 있다.

무속은 우리 신앙을 대변해 주는 선사시대부터 이어 온 소통방식
이다. 풍류는 이러한 무속을 기반으로 하고 있다. 이러한 신라시대
풍류를 이은 토속 사상이자 종교가 조선 말기의 동학이다.

조선 말기의 당시는 어린 헌종의 즉위로 외척의 세도정치가 계속
되면서 정권다툼으로 지배층의 권력이 극도에 달하였고, 양반과 토
호(土豪)들은 백성들에 대한 횡포와 착취를 휘둘렀다. 이에 혼란에
빠진 백성들이 각지에서 농민봉기를 일으키는 등 사회는 매우 불안
한 상황이었다. 또한 외세(外勢)의 간섭이 날로 심해져 국운이 위기
에 처하는 한편, 국민의 정신적 지주라고 할 수 있는 유교와 불교가
극도로 부패하여 조정은 민중을 제도(濟度)할 능력을 상실하였다. 게
다가 새로 들어온 서학(西學: 천주교)의 세력이 날로 팽창하여 이질
적인 사고(思考)와 행동이 우리의 전통적인 것과 서로 충돌하게 되
었다. 이 시점에서 동학이 등장하게 된다. 동학은 서학에 대응할 만
한 동토(東土)의 종교라는 뜻으로, 그 사상의 기본은 토속신앙인 무
속 및 풍수사상과 유불선을 포함하고 있다. 여기에 서학을 일부 받
아들여 수용하였다.

특히 최제우(崔濟愚, 1824~1864)의 동학에 대한 계시나 체험에
서 무속적인 성향을 띠고 있다. 동학의 교리는 3단계의 발전과정을

겪었다. 교조(教祖)인 최제우 대에서는 '시천주(侍天主)' 사상, 2대 교주인 최시형 대에서는 '사인여천(事人如天)' 사상, 그리고 3대 교주인 손병희에 의해 개창된 천도교 단계에서는 '인내천(人乃天)' 사상으로 변화되었다. 이 3단계의 교리발전 과정이 단절적인 것은 아니었다. 그 안에는 동학의 시천주 사상이 기본적으로 깔려 있다.

'시천주'라는 말은 <동경대전>의 21자 주문에서 처음으로 등장하는 문구다. 즉 최제우가 '한울님'으로부터 받았다는 계시는 '동학'이란 교명(教名)과 영부(靈符)와 주문(呪文)이라고 한다. 영부란 백지(白紙)에 한울님의 계시에 따라 그린 일종의 부적(符籍)으로 궁을형(弓乙形)을 말한다. 주문은 13자로 된 '시천주조화정 영세불망만사지(侍天主造化定 永世不忘萬事知)'의 본주(本呪)와 8자로 된 '지기금지원위대강(至氣今至願爲大降)'이라는 강령주(降靈呪) 등이 있다.

본주 13자의 중에 시천주, 조화정, 만사지는 모심, 살림, 깨침을 뜻한다.[81] '시천주'는 하늘의 주인을 모신다는 뜻이다. '조화정'은 조화(창조, 진화)를 이룬다는 의미로 '살림'을 뜻한다. '만사지'는 만 가지의 일을 깨닫는다는 뜻으로 '깨침'을 의미한다.

'시천주'의 뜻을 간접적으로 살펴보면, "초월적이면서도 내재적인 천주를 정성껏 내 마음에 모신다."는 의미이다. 영부와 주문은 동학을 포교하는 데 중요한 방법으로 사용되었는데, 예컨대 주문을 외면서 칼춤을 추고 영부를 불에 태워, 그 재를 물에 다서 마시면 빈곤에서 해방되고, 병자는 병이 나아 장수하며 영세무궁(永世無窮)한다는

---

81) 김지하, 『흰그늘의 미학을 찾아서』, 실천문학사, 2005.

것이었다. 이러한 방법은 무속제례에서 흔히 볼 수 있다. 이러한 점들을 미루어 보았을 때 동학은 우리 고유의 제천사상과 무속제례, 그리고 유불선, 그리고 천주 등이 포함된 근대의 우리 신앙이자 종교라고 볼 수 있다.

그리고 주문의 '시천주'라는 말에서 우리 민족의 풍류와 무속에서 오랫동안 정신으로 존재해 왔던 모심사상을 유추해 낼 수 있다.

한편, 동학은 신분 적서(嫡庶)제도 등에도 반기를 들어 이를 비판하였으므로, 그 대중적이고 현실적인 교리는 당시 사회적 불안과 질병이 크게 유행하던 삼남지방에서 신속히 전파되었다. 포교를 시작한 지 불과 3·4년 사이에 교세는 전국적으로 확산되었다. 지켜보던 조정에서는 동학도 서학과 마찬가지로 불온한 사상적 집단이며 민심을 현혹시키는 사교(邪敎)라고 단정하고 탄압하기 시작하였고, 1863년에는 최제우를 비롯한 20여 명이 사형을 받고 순교하였다.

그 뒤를 이은 것이 증산도 등의 여러 종교이다. 1894년 동학농민운동이 실패로 끝난 뒤 강일순(증산)은 구세제민(救世濟民)에 뜻을 두고 전국을 떠돌던 중, 1901년 김제 모악산(母岳山) 대원사(大院寺)에서 깨달음을 얻고 후천개벽(後天開闢)과 후천선경(後天仙境)의 도래를 선포하였다.

동학은 권력을 가진 종교라기보다 마치 민중운동이자 개벽(開闢) 사상이라는 생각이 든다. 우리나라는 믿음을 어디 하나에 국한시키지 않고 풍류와 같이 흐르는 물처럼 자연 전반을 사랑했던 민족이었

다. 붉은 악마와 같은 우리의 민족성의 저력을 보면, 세계적인 규모
를 가진 종교가 생길 만도 한데 그런 종교가 없다. 그 이유는 종교를
권력화하지 않고, 사람과 자연을 중히 여겼기 때문이다. 또한 종교
보다도 신앙에 더 중점을 두기 때문은 아닐까 생각한다.

비슷한 시기에 동학의 후천개벽과 비슷한 사상이 등장하는데 그
것이 정역사상이다. 『정역』은 과학적인 사상이라고 보아야 하지 않
을까 생각한다. 앞서 언급한 김항(金恒, 1826~1898)은 역(易)의 대
가로서 성리학에 심취하였고 예문(禮文)에 조예가 깊었던 학자이다.
최제우(崔濟愚)·김광화(金光華)와 함께 이운규(李雲圭) 선생 밑에서
공부하였다. 김일부는 『주역』을 풀이하고 체계화하여 한국 역학을
정립하였다. 스승은 그에게 공자(孔子)의 도를 이어받아 장차 천시
(天時)를 받들 것이라고 말하였다.

스승 이운규가 던진 물음 '영동천심월(影動天心月)'을 19년 만에
스스로 깨우치고, 『정역(正易)』을 완성한 것은 1885년, 그의 나이
60세였다. 중국에 주역이 있다면 한국에는 정역이 있다. 정역은 새
로운 역으로 후천 개벽을 뒷받침한다. 정역의 내용은 지구의 중심축
이 23.5도가 기울어져 있는데, 그 지축이 바로 섰다가 다시 반대편
으로 기운다는 것이 핵심이다. 그래서 그는 이 이론에 따라 선천의
묵은 하늘을 고쳐 후천의 새 하늘을 연다는 정역설계도를 만들었다
고 전해진다.

이것은 오늘날 지구 온난화로 인한 기후변화의 심각성이 더해지
는 이때에 다시 회자되고 있다. 그리고 2012년 태양 자기장 폭풍으

로 인하여 지구 지축이 변화할 것이라고 전세계의 몇몇 학자들은 예견하고 있다. 그러나 인간의 예상을 뛰어넘는 거시적인 변화라 지금으로서는 확신할 수 없는 일이다.

3. 복합적이고 연계적인 조화의 문화

1) 조화의 문화 - 천·지·인 분화와 조화

2장에서 천부경을 해독하면서 도출해 낸 그림은 <그림 35>와 같이 '삼화(3으로 분화)'의 도형이다. 무궤가 반으로 나뉘고, 그 반이 다시 반으로 나뉜 모양이다. 이것은 천·지·인이 순서대로 분화되는 것을 말한다. 이 도형은 우리 민족의 삶의 형식과 철학이 담겨 있다.

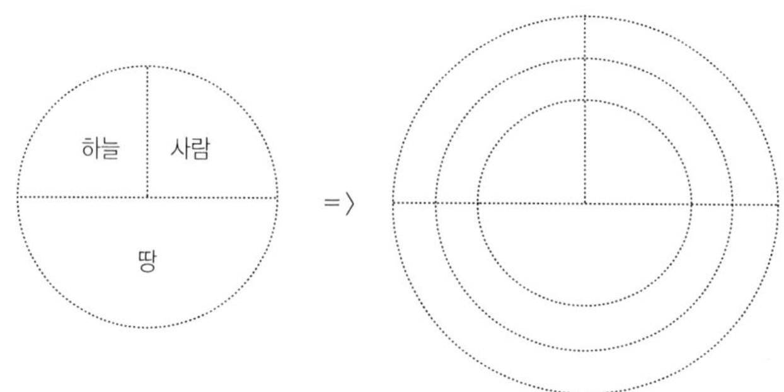

〈그림 35〉 천부경에서 도출한 삼화 도형

그럼 이제 천부경의 '삼화의 도형'과 '그 의미'를 철학적 관점에서 해석해 본다. <그림 36>을 통해서 살펴보자. 당시 우주관은 평면적 관념을 가지고 있었다. 삼화에서 땅의 비중은 하늘과 인간의 두 배이다. 이것은 여성의 생산성과 우연하게 맞아떨어진다. 여성은 하나이되 하나가 아니다. 그것은 생산의 의미인 자궁을 가졌기 때문이다. 그래서 땅의 공간적 비중은 하늘보다 크다. 땅 밑에는 땅만 있지만, 땅 위에는 하늘도 있고, 사람도 있고, 산도 있고, 만물이 위에서 존재한다. 그런 의미에서 천·지·인의 삼화 형태는 자연 그대로를 평면 위에서 반영하고 있다.

땅 위에 만물이 존재하지만 그 만물을 버티고 서 있는 것은 땅이고 그 땅은 비어 있다. 그래서 땅은 여러 신을 모신다. 그리고 포용한다. 안아 준다. 이것이 '모심'이다. 그래서 '삼태극의 모심'이 아니고, '유목적 모심'이다. 하늘과 인간을 싣고 떠도는 배와 같은 역할을 하는 땅은 모심을 의미한다. 모심은 수용의 문화를 반영하고 있다. 이동하면서 정보를 수집하는 '모심'이다. 진정한 북방계 유목민의 삶의 형식에서 나온 특성이다. 따라서 삼화는 천지인의 분화와 조화의 핵심 원리이다.

그런데 여기서 2장과 같이 천부경의 삼화가 관측을 위한 각도기 같은 역할만 했다면 위의 내용은 설득력을 잃는다. 그러나 나는 그 당시 전문관측이 주술성, 생활의 가치관, 생활의 형식을 함께 운용했기 때문에 천부경과 같은 통합적 원리가 나왔다고 생각함으로써 위와 같은 해석을 할 수 있다. 만민 년의 긴 시간 속에서 생성된 시

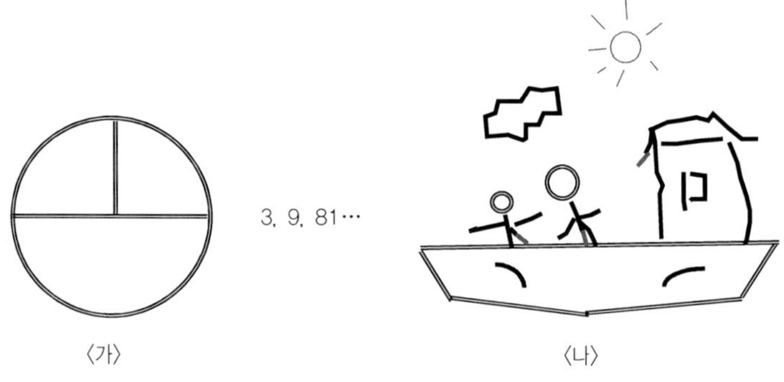

〈그림 36〉 삼화와 천지인 각도기 모형

러한 우주관은 우리 문화의 사상적 기조를 형성하였다.

우리의 가족문화는 동양의 나라들 중에서도 가장 애착을 많이 가지고 있다. 특히 <그림 36>과 같은 시스템의 가족문화를 가지고 있다. 이것은 유목민의 삶을 반영한다. 그들은 계절에 따라 같이 움직인다.

삼화의 무궤는 하나가 움직이면 모든 것이 동반해서 움직인다. 모든 것이 하나로 조화를 이루고 있고, 연계적·통합적 형태를 취하고 있다. 그것은 유교 이전부터 이어 온 천부경의 현상과 본질이 하나의 원리로 이루어진 고대문명의 통합적 특성이라 볼 수 있다.

선조들이 천부경과 같은 통합적 사고체계를 가지고 있었던 것은 만물과 소통하는 '샤머니즘의 영감적인 상징코드' 때문이다. 조화의 통합체계로 소통하는 샤머니즘의 영감적인 상징코드는 현대에 풀리지 않는 관계를 풀어내고 소통하는 방법을 제시해 줄 수 있다. 오늘날 우리들은 이런 사고체계를 가지고 있지 않기 때문에 이에 근접하

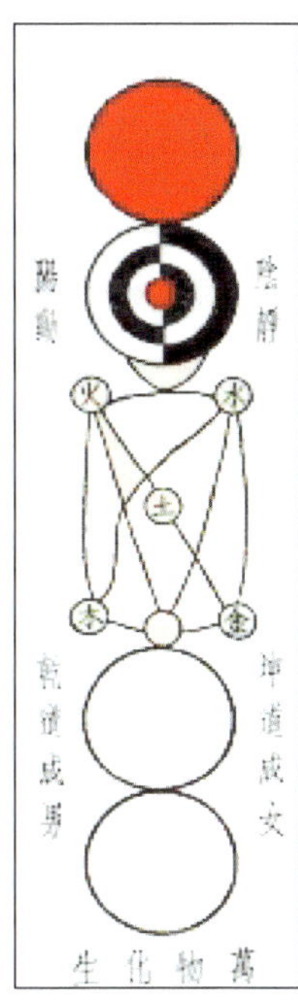

〈그림 37〉 태극도설

기 어렵다. 다만 감성 훈련을 한다면 가까이 가지 않을까 생각해 본다. 그 정신의 훈련이라 함은 '객체에 열려 있는 자아훈련'이다. 예를 들면, 무서움, 어둠 등이 사고체계를 깨뜨리고 들어오는 감응이다. 그 객체는 때때로 사람이고, 자연이다.

"나와 객체가 영감적 상징코드로 소통한다." 이 말은 샤머니즘적 숭고를 대변하는 말이다. 이보다 더 좋을 순 없다. 여기서 나는 주체가 아닌 객체와 동등한 입장에 있는 물자체이다. 내 사고가 깊이 개입되고 내가 주체로 서 있다면, 순간 객체와의 관계는 끊어진다. 리오타르는 '내 사고체계를 깨뜨리고 들어오는 물자체'를 숭고 개념으로 보고 있다. '주체의 유동과 내적 분열, 그리고 그로 인해 야기되는 일종의 불협화음,' 이것이 바로 숭고이다. 그것은 해체의 원리이자 조화의 원리이다.

2) 삼화의 철학 – 삼태극이 아닌 유목적 모심

우리의 민간신앙 중에는 조화신(造化神)이 있다. 그리고 생활 속에 납득하기 어려운 일이 생기면 할머니들께서 "이게 무슨 조홧속이야."라고 말씀하시는 것을 한 번쯤 들어 봤을 것이다.

조화(造化)와 조화(調和)는 다르다. '造化'는 창조되거나 변화되는 것, 즉 천지만물이 창조되고 변화되는 것을 말한다. 그리고 '調和'는 어긋남이 없이 서로 잘 어울리는 것, 균형을 잘 맞추는 것, 서구에서의 하모니를 뜻한다. 그래서 造化는 우리 맘대로 만들거나 변화시킬 수 없는 그 무엇이고, 調和는 우리의 노력으로 어느 정도는 가능한 것이다.

造化는 우주의 모습과 같이 혼돈과 질서의 모습을 가지고 있다. 혼돈(태극)과 질서(주역의 8괘와 천부경의 삼화 등)를 담고 있고, 調和는 임의로 순서를 바꿀 수 있는 질서를 주로 담고 있다고 볼 수 있다.

따라서 천부경의 '무궤에서 삼극으로 나뉘는 변화(석삼극무진본 析三極無盡本)'는 造化이다. 그러나 나누어진 삼극이 하나같이 합쳐져서 유목적인 삶을 사는 것은 '調和'다. 그래서 천부경의 삼화의 철학은 造化와 調和를 모두 포함한다. 주역도 마찬가지이다.

주역에서 태극(太極)은 하늘과 땅이 생기기 전을 말한다. 태극은 무극을 말한다. 무극(無極)은 뚜렷한 것이 없는 '혼돈'을 말한다. 주로 혼돈은 모든 것을 포함하고 있다고 보지만 그렇지가 않다. 혼돈이 혼자서는 조화(造化)를 부릴 수가 없다. 그렇다면 무엇이 더 필요할까. 그 실마리는 바로 '질서'이다. 혼돈을 음양으로 나뉘게 하는 것은 질서(코스모스)이다. 그래서 무극에는 혼돈이 있고, 그 혼돈을 음양으로 나누는 것은 질서다. 태극에서 양의로 변화되는 과정의 상태는 '카오스모스'라는 표현을 써야 한다. 엄밀히 말하면, 무극은 혼돈이고, 무극에서 질서로 나아가는 순간이 카오스모스라고 볼 수 있겠다. 이것이 생명의 원리이다. 따라서 음양으로 나뉜 것은 질서(코스모스)이다. 그래서 8괘와 같은 수리가 나오는 것이다.

그런 의미에서 본다면 중국의 주돈이가 그린 태극도[82]는 코스모스를 나타내고 있다. 반면에 오늘날에 사용되는 나선형의 태극 모양이 카오스모스를 더욱 잘 표현하고 있다. 태극도설에서 음양은 동심원의 중간을 중심으로 반씩 번갈아 가면서 생겨난다.

중국 고대 사상에서 주역은 음양으로 나뉘면서 만물을 생성시키는 우주의 근원으로서 중시되었는데, 『주역』 계사상전(繫辭上傳)에서는 태극에서 양의(兩儀)로, 양의에서 사상(四象)으로, 사상에서 팔괘(八卦)로의 생성론을 담고 있다. 여기서 2, 4, 8로 분화되는 2수 체계는 오늘날까지 중국문화의 특성을 나타내고 있다.

태극은 무극으로서 음양이 나뉘기 전의 모습이다. 태극에서 8괘로 생성되는 과정도 혼돈에서 질서로 나오는 모습을 담고 있다. 그러므로 주역도 인간의 사고를 거쳐서 질서를 지향하고 있는 것이다.

---

82) 우리는 흔히 태극이라고 하면, 태극기에 그려진 태극 모양을 상기한다. 그러나 태극의 진짜의 모습은 알 수가 없다. 우리가 알고 있는 태극 모양의 이전의 모습은 송 대에 이르러, 성리학자 주돈이(周敦頤: 1017‧1073)가 그린 태극도설(太極圖說)이 있다. 「태극도설」을 발표한 뒤 정수학이 우리나라로 유입되면서 태극도형을 쓰기 시작했던 것으로 보인다. 태극도설은 '태극도'의 설명으로서, 그 5위(五位)의 순서에 따라 무극이태극(無極而人極)‧음정양동(陰靜陽動)‧5행(五行)‧건곤남녀(乾坤男女)‧만물화생(萬物化生)으로 나타내었다. 태극의 모양은 시간이 지나면서 오늘날의 태극 모양으로 변화하였다. 한‧중‧일에서 사용되는 태극도의 모양은 조금씩 다르다. 색이나 방향 등에서 차이가 나지만 음양의 원리 면에서는 다르지 않다.

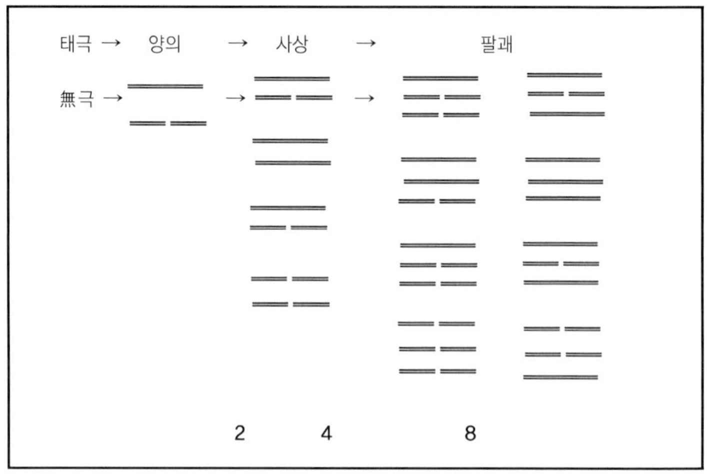

〈그림 38〉 태극에서 8괘로 생성되는 과정

주역에 태극도(太極圖)가 있다면, 천부경은 천지인 '삼화(三化)'가 있다. 정확히 알 수 없으나 주역이 나온 비슷한 시점, 혹은 주역보다 앞선 시기에 천부경의 원리가 있었던 것으로 짐작한다. 주역에서 태극이 2수로 분화 되었다면, 천부경의 삼화는 3수 체계의 분화 원리를 담고 있다. 2가 상대적인 수라고 한다면 3은 조화(造化)의 수이다.

태극도설의 태극도도 나선형의 형태가 아니다. 나선형 태극은 주역의 태극을 잘 묘사하고 있지만 이후에 나타난 조형이다. 나선형 태극도가 오늘날에는 기의 흐름이나 은하 회전운동과 일치하는 우주의 원리임에는 분명하다. 그러나 초기의 움직임 혹은 변화에 대한 형태이미지는 태극도설과 천부경의 이미지처럼 나선형이 아닌 동심원 형태를 띠고 있다. 오늘날 나선형 태극도는 시각적 사고체계의 변화에서 나타난 모양인 것 같다.

주역의 태극 원리는 우주의 원리로서 그 의미가 크다. 태초의 혼돈에서 음양으로 분화되는 원리를 담고 있기 때문이다. 태극이 안의 이미지라면 천부경은 밖의 이미지다. 태극이 우주의 생성원리를 담고 있다면, 천부경은 그것을 둘러싸고 있는 현상의 모습과 형식을 담고 있다. 그래서 오히려 천부경이 더 오래된 원리라는 생각을 하게 된다. 인간이 아무리 지능이 높은 영장류라 할지라도 처음부터 안으로 들어가지 못한다. 명상이나 생각은 밖의 이미지를 거쳐서 안으로 들어가기 마련이기 때문이다.

주역이 음양으로 나뉜다면, 천부경은 하늘, 땅, 인간으로 나뉜다. 주역은 태양이 있고 없음을 나타낸다면, 천부경은 태양수인 3으로 통합적 원리인 천지인 삼화를 담고 있다.

주역의 혼돈에서 양의로 변화하는 모양을 지금은 나선형 형태인 태극도로 사용되고 있다. 삼태극도 마찬가지다. 그러나 이것은 이후에 나타난 개념이다. 주돈이의 태극도만해도 동심원 형태의 태극도이다. 천부경은 삼태극과 다르게 무괘에서 3수로 규칙적으로 분화한다. 그리고 천부경의 삼화는 일정한 질서를 가지고 점이 이동을 한다. 마치 하늘 위의 북두칠성이나 태양과 같이 순환(循環)한다. 주역의 태극과 천부경의 삼화는 중국과 한국의 민족적 특성을 나타내기도 한다.

중국은 한 나라의 통치기간이 길지 않았다. 그래서 중국의 학사 장파도 말했듯이, 중국의 중원은 안으로 작아졌다 밖으로 커졌다 하면서 갈마든다. 마치 태극은 상 안에서 살마든나번,83) 그에 비해서 천부경 이동은 '장 자체의 이동'이다. 우리 민족은 앞서 말했듯이 유목민의 삶의 형식처럼 일정한 시스템을 가지고 계절에 따라 장 자체의 이동을 한다. 따라서 천부경을 삼태극의 원리로 이해한다면, 주역의 원리인 음양사상에 꿰맞추는 식이 된다.

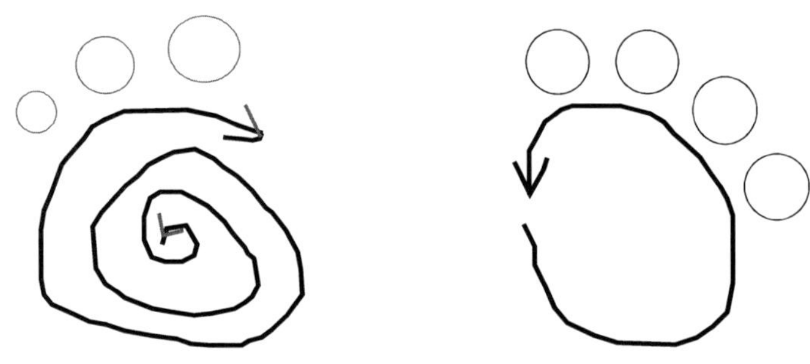

〈그림 39〉 태극의 나선형 모형과 원형 순환 모형

천지인 삼화는 일정한 3수의 질서를 가지고 있고 천·지·인은 각자의 자리에서 하나로 움직인다. 천지인 각각의 수리는 달라도 일정한 질서를 가지고 점이이동(漸移移動)을 한다. 전체가 하나로 조화롭게 움직인다. 하늘의 태양의 궤도와도 같은 규칙적인 코스모스에 가깝다. 그러나 중국은 앞서 말한 태극의 형태와 같이 '중심'에서 '장'의 안과 밖으로, 축소 또는 확장의 변화를 고집한다. '장' 안에서 중심을 두고 나왔다 들어갔다, 갈마든다. 예를 들자면, 역사적으로 우리나라는 이동이 잦았지만, 굉장히 안정된 시스템을 가지고 있었다. 그러나 중국은 정체된 듯이 보이지만 내부적 갈등이 매우 심한

---

83) 장파, 유중하 역, 『동양과 서양, 그리고 미학』, 푸른 숲, 1999.

나라이다. 이와 같이 주역의 태극과 천부경과 삼화는 각 민족의 특성을 담고 있다.

인류가 처음으로 인식하는 것은 혼돈이 아니고 질서를 찾는 일이었다. 인간은 처음으로 카오스를 먼저 지각하지는 못한다. 우주가 카오스에서 출발했다고 하더라도 세상은 카오스모스 위에서 발생, 변화발전, 소실의 과정을 겪는 것이 자연의 근원이자 원리이다. 혼돈보다 눈에 보이는 질서에 집중하게 된다.

주역의 음양설은 태양이 있으므로 밝고, 태양이 없으므로 어둡다는 현상을 통해서 질서를 찾아 만들어진 것이다. 태극의 애매모함은 후세에 의해 덧붙여진 사상일 가능성이 높다. 오히려 초기의 인류는 셀 수 있는 '수'나 생활 속의 '수치'를 찾는 것을 더욱 필요로 했을 것이다. 마찬가지로 천부경에서 찾은 수리와 질서는 삶과 직결된 현상과 방법을 지향하는 데서 비롯되었다.

주역에서의 태극(무극)과 천부경에서의 무궤는 비슷하다. 태극은 음양의 2수로 나뉘고, 천부경은 천지인 3수로 분화된다는 점이 서로 다르다. 이 점도 매우 비슷한 맥락이다. 그러나 오늘날 주역의 음양은 갈마듦으로 태극 모양으로 표현되고 있다. 반면, 나는 천부경을 기하학적으로 표현하였다. 음양의 갈마듦을 표현한 태극은 보이지 않는 원리를 지향한다면, 천지인의 삼화는 현상의 모습으로 드러나는 밖의 모습을 지향한다.

5
4
4√2
3
4

IV

'천부경'의 원형은 문화예술의 근간을 이룬다

1. 천부경의 천·지·인 조형과 기하학적 조형

1) 천문과 문화예술 – "천부경은 통합적 원리이다"

오래된 것들은 말과 글보다 오히려 우리 삶에 녹아 있는 행동이나 형식에서 더 많이 찾을 수 있다. 그래서 문화예술에서 많은 실마리를 찾곤 한다. 문화예술은 민족 혹은 나라마다 서로 비슷하거나 전혀 다른 형식을 가지고 있다. 우리는 그것을 문화의 동질성과 특수성이라고 말한다. 동양 문화의 특수성은 서양과 달리, 자연과 내가 다르지 않은 물아일체의 자연관에서 비롯되어 특정한 대상을 지향하기보다는 관계를 더욱 중시한다. 모든 것은 관계되는데 문화예술도 마찬가지다. 문화예술 및 생활 속에서도 하나의 일을 처리하기 위해서 여러 가지로 조화를 맞춘다. 방위, 색, 형태, 위치, 의미를 맞춘다. 이사를 갈 때, 제사를 지낼 때, 혼례를 치를 때 등 소중한 일을 치를 때 무엇 하나 놓치는 법이 없다. 세심하게 모든 것을 조화롭게 맞춘다. 그것이 정성이기도 하다. 그러나 젊은이들은 이것을 복잡한 허례허식이라 여기는 경우도 많다. 나이가 들면서 그들도 김치가 좋아지듯이 정성스런 전통행사를 치를 때면 자연스레 다시 찾게 된다. 마치 아프리카 터부와 비슷하다. 한 집단이 오래도록 믿어 왔던 관념은 거대한 힘을 발휘한다. 그래서 저마다 민족의 특수성과 기질이 존재하는 것이다.

그래서 우리 문화를 연구할 때에는 문화인류학, 수학, 천문학, 민속학, 철학, 예술 등 다양한 여러 분야의 사람들이 만나서 논의해야 한다. 세대를 거듭하면서 문화는 쪼개어져 세분화되었으므로 다시 모아야 고대문화를 바라보는 통합적 고리와 올바른 판단을 이끌어 낼 수 있을 것이다. 더욱이 천부경은 한 분야의 연구만으로 올바로 해석하고 이해하기란 매우 어려운 초기 통합적 상징체계를 갖추고 있기 때문에 여러 분야에서 접근해야만 좋은 결과가 나올 수 있다. 천부경은 신비한 능력을 내는 부적 같기도 하고, 선사시대부터 고대에 걸쳐서 이어온 천문, 수학, 역법, 상징 등의 통합 원리를 담고 있기도 하다. 그 상징적 원형은 문화예술에까지 영향을 미치기도 하였다.

해와 달, 그리고 별 등의 하늘에 대한 관심과 정보는 땅과 땅 위에 사는 사람에게 숭배, 상징, 질서와 규범 등으로 연결된다. 즉 하늘, 땅, 사람에 대한 인식과 연구는 곧 문명의 시작이었다. 모든 것은 고리를 이루고 있다. 2장은 그에 따른 수학과 천문에 바탕을 둔 원리에 관한 내용이었고, 3장은 상징과 신화 그리고 사상과 종교에 관한 내용이었다.

다음 4장에서는 천부경의 수와 기하학적 조형, 상징이미지를 통한 우리 문화예술의 원리를 논할 것이다. 이렇게 구분하였지만 이 세 영역은 하나의 원리로 고리를 이루고 있다. 4장은 문화예술에 있어서 천부경의 원리에 대해 논하지만, 이 또한 그 원리에는 천문, 역법, 수학, 상징 등의 원형이 그 바탕에 있다. 이 장을 통해서 "천부경은 통합적 원리이다."라는 것을 느낄 수 있을 것이다.

2) 한국의 기하학적 사고

기하학(幾何學, geometry)은 고대부터 있어 왔다. 고대 이집트에서 시작된 이래 현재에 이르기까지 그 연구의 대상 및 방법은 다양하다. 어원을 보면, 한자의 기하(幾何)는 서광계가 만든 용어로서, 마테오리치와 함께 유클리드의 책을 번역하면서 제목을 『幾何原本

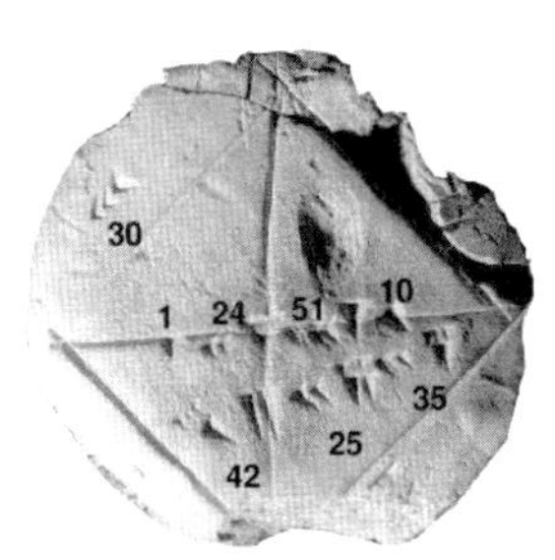

〈그림 40〉 YBC 7289

(기하원본)』으로 선정하는데, 여기서 '기하'라는 말이 사용되었다.

고대 기하학의 그리스 어원은 '땅(γεω)'과 '측량(μετρία)'을 합친 것으로 기하학의 출발이 토지의 측량이었음을 보여 준다. 이 단어는 나중에 라틴어 geometria가 되어 유럽으로 퍼져 나가 지금의 영어

geometry가 되었다.

현존하는 가장 오래된 기하학이라고 알려진 기원전 2000년경의 고대 이집트 문명과 바빌로니아 문명의 것으로 이미 상당한 수준의 기하학적 지식이 축적되어 있었음을 볼 수 있다. 'YBC 7289'로 불리는, 기원전 1800년에서 1600년 사이의 점토판은 당시 바빌로니아인들이 정사각형 대각선의 길이를 상당한 정밀도로 셈하였음을 보여 준다.

기하학의 geo는 토지, metry는 측량을 뜻한다. 즉, 공간의 수리를 의미한다. 기하학은 매우 오래전부터 인류의 유용한 용도로 사용되어 왔다. 그리고 2장 천부경의 도해를 통해서 피타고라스 정리와 같은 오래된 기하학적 원리를 살펴본 것을 상기하기 바란다. 고대 동양의 기하학적 기원으로 천부경은 매우 가치가 있는 것임에 분명하다. 오래된 문명일수록 초기 고대기하학이 발달하였다. 기하학은 땅을 측량하는 데에서 하늘의 수리를 담는 데까지 사용되었다. 지금까지 남아 있는 고대 기하학적 형태는 천부경에서 유추된 기하학이 아니라도 이집트와 메소포타미아에서 유사한 형태가 존재했다.

뿐만 아니라 아직까지 현존하는 수많은 윷판 암각화는 고대 기하학적 세계로 우리를 인도한다. <그림 41>의 윷판 암각화를 보면서 우리 민족은 기하학적인 조형을 좋아하는 민족이 아니었을까 생각하게 되었다. 윷판 암각화의 조형은 천부경의 도해에서 등장한 조형과 매우 비슷하다. 천부경의 천문원리는 기하학 조형을 내포하고 있다. 이러한 것을 유추해 낸 민족이기 때문에 기하학적 조형이 우리

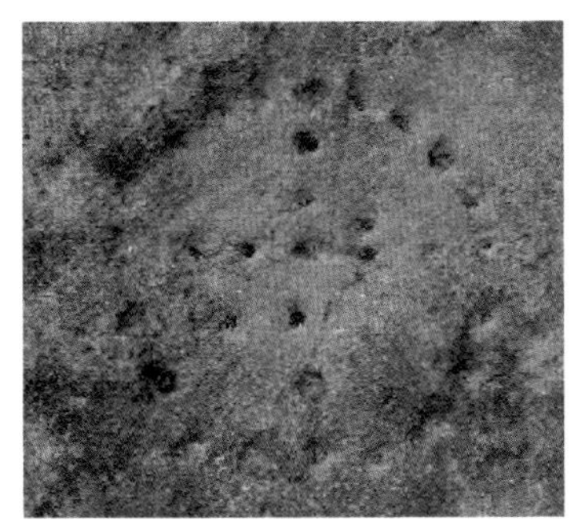

〈그림 41〉 윷판 암각화(경북 칠포리)

민족의 형태 심리로 작용하지 않았을까 생각한다.

윷판 그림은 여러 용도가 있었겠지만, 수치를 알 수 있는 척도로 사용되거나 우주의 원리나 상징을 담고 있을 가능성이 매우 높다. 윷판에 대한 자세한 내용은 뒤에서 서술할 것이다.

먼저 천부경이 왜 기하학적인지 상상해 보자. 해독한 삼화도형 뿐만 아니라, 천부경 전문(全文)81자에서도 기하학적 내용을 엿볼 수 있다.

무엇보다 천부경에 등장하는 무궤의 궤 개념은 공간에 대한 인식을 의미한다. 궤는 무엇을 담는 그릇으로서 원형이나 방형을 가진 공간적인 의미를 함축하고 있다. 그래서 천부경의 81자는 궤(함)와 같이 천부경의 전문을 담고 있다.

천부경은 가로와 세로가 똑같은 아홉 개의 글자로 구성되어 있다. 그래서 그 개수가 9×9＝81이다. 이런 배열은 다분히 수학적인 면을 가지고 있다. 이것은 아마도 고대의 셈법이었을 것이다. 또한 81자의 공간을 활용하면 기하학이 된다. 다음의 천부경 글자배열 표를 보고 생각해 보자.

<천부경>   <천부경 글자배열>

일 시 무 시 일 석 삼 극 무
진 본 천 일 일 지 일 이 인
일 삼 일 적 십 거 무 궤 화
삼 천 이 삼 지 이 삼 인 이
삼 대 삼 합 육 생 칠 팔 구
운 삼 사 성 환 오 칠 일 묘
연 만 왕 만 래 용 변 부 동
본 본 심 본 태 양 앙 명 인
중 천 지 일 일 종 무 종 일

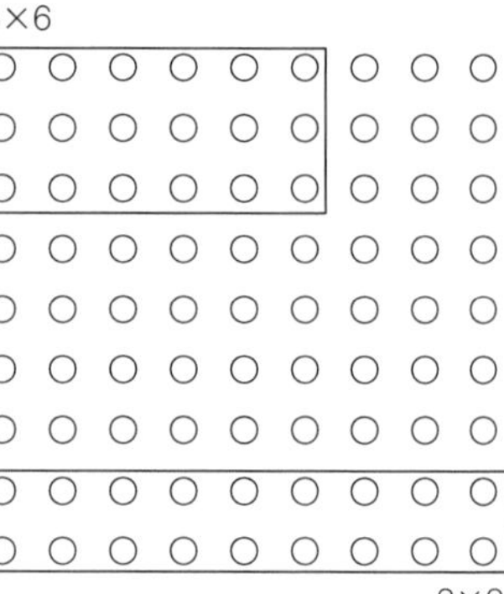

초등학교에서 열심히 외우던 구구단과 매우 비슷한 점을 가지고 있다. 이것은 오히려 구구단보다 더 우수한 계산법(구구법)이다. 면적 공부도 같이할 수 있는 표이기 때문이다. 초등학교 수업을 이렇게 하면 얼마나 재밌을까. 이것을 면적을 계산하는 계산기라고 가정해 보자. 아니면 단순한 곱셈계산법이라고 해도 좋다. 위의 직사각형의 값은 18(3×6)이라는 값이 바로 계산된다. 그리고 아래 직사각형은 18(2×9)이다. 외우는 것보다는 원시적이지만 학습효과는 매우 높았을 것으로 보인다. 천부경은 도해하지 않아도 문자의 배열만 보아도 얼마나 수학적인 내용을 담고 있는지 누구나 알 수 있다. 또한 2장의 천부경 해독에서 비롯된 <그림 16>은 더욱 천부경의 기하학적인 면을 잘 보여 준다. 이러한 기하학적 사고는 오늘날 우리 문화에도 지대한 영향을 미쳤다.

어쩌면 천부경의 고대 기하학적 사고 체계는 머나먼 미래 한글의 전형이 되었을지도 모른다. 우리나라 사람들은 유난히 기학학적 형태를 좋아한다. 한글의 기하학적 원형은 오랜 세월 축적된 관념적 형태심리의 발동으로 보인다. 한글과 기하학은 아무런 관련이 없어 보이지만 사실은 그렇지 않다. 세종 대에는 천문학과 수학이 세계적인 수준으로 발달했던 시기이다. 예로서 천문관측기 혼천의를 보면 기하학의 진수를 볼 수 있다. 분명 한글이 만들어졌던 그 시대는 그 이전의 시대보다 기하학적이고 과학적인 사고가 팽배했으므로 조형적 측면에 영향을 미쳤을 가능성이 매우 높다. 따라서 한글은 천문 및 수학적 사고체계에서 비롯된 기하학적인 형태의 문자이다.

3) 철학과 과학이 만나다 – '훈민정음 제자원리'

한글은 다른 문자보다 기하학적인 조형성을 띠고 있다. 그것은 다른 글자들보다 이후에 나온 모던한 문자이기에 더 체계적이고 과학적이라 할 수도 있는 반면, 또 다른 이유는 오래전부터 내려온 한국인의 기학학적 사고가 근세에 들어서면서 과학적 사고와 만난 것에서 기인한다고 볼 수 있다.

1446년(세종 28)에 훈민정음이 창제될 시기에는 과학적 관심과 발전이 눈부셨다. 그리고 무엇보다 천문에 대한 관심이 높았던 시기였다. 그리고 한국적인 것을 찾으려고 노력했던 시기이다. 독창적인 우리 것을 찾으려다 안팎으로 우리 것을 돌아보는 계기가 되었을 것이다.

한글은 매우 현대적인 기하학적 조형과 원리로 만들어졌지만, 그 연원은 오히려 고대의 관념적·상징적 우주관에서 비롯된 기학적 조형에서 찾아야 할 것이다. 또한 한글이 만들어진 당시에는 천문과학 원리에 지대한 관심을 가지고 있었다. 그래서 한글은 근세의 천문과학을 기반으로 한 기하학적 사고체계가 동양 고대우주관과 만나서 과학적으로 창제되었다.

처음에 한글이 기하학적이라는 나의 의견에 대해 피력하려고 할 때, 훈민정음을 만든 원리를 적어 놓은 해례본의 내용 중에 음양·오행·삼재라는 철학적 내용이 걸림돌이 되었다.

<표 8>처럼, 제자 원리는 음양·오행·삼재의 동양철학적 원리를 담고 있다고 기록하고 있다. 그러나 이러한 동양원리도 기하학적 모델 위에 있는 것이라서 이것 또한 기하학적 원리를 뒷받침해 준다.

겉으로 드러나는 한글의 자음 모양은 소리 나는 기관에 의해 만들어진 기하학적인 형태를 띠고 있다. 그리고 모음 중에 삼재는 동양 우주관인 천지인을 담고 있다. 그런데 왜 이것을 음양오행 원리에 맞춰서 설명을 해야만 하는지 모르겠다. <표 8>을 보면, 자음 ㄱ, ㄴ, ㅁ, ㅅ, ㅇ과 모음 ·ㅡㅣ를 음양오행에 맞추어 놓은 것을 볼 수 있다. 그럴 듯 하지만 대부분 억지로 꿰맞춘 것처럼 보인다. 당시의 모든 원리는 이러한 형식을 갖추어야 했는지도 모른다. 그러나 오히려 주역이나 음양오행보다도 천부경의 원리와 더 부합하는 것 같다.

훈민정음 제자원리는 모두 발음기관을 상형한 것이다. 초성(자음)

은 소리 나는 모양에서 나온 것으로 누가 봐도 기하학적인 조형성을 띠고 있다. 중성(모음)의 경우에도 아, 으, 이와 같이 입의 모양과 동일하다. 한자의 경우도 상형이지만 기하학적 성격을 띠고 있다는 느낌이 전혀 들지는 않는다. 그것은 지시하는 사물의 모습과 소리 나는 공간(기관)의 모습 차이이다.

소리는 일정한 공간을 지닌 발음기관에서 나온다. 그리고 공간의 마찰에 의해서 소리로 나온다. 그러므로 소리가 나오는 기관은 공간성을 가진다. 이러한 이론을 바탕으로, 한글 형태의 기하학적 특수성에 대해서 살펴보자. 먼저 초성 제자원리를 살펴보자.

초성(자음)은 먼저 오행의 틀에 맞추어 다섯 가지(ㄱ, ㄴ, ㅁ, ㅅ, ㅇ)를 상형하였다. 나머지 제자는 이것에서 파생되었다.

〈표 8〉

字形	音名	五行	五時	五音	五位	五色
ㄱ	牙	木	春	角	東	靑
ㄴ	舌	火	夏	徵	南	赤
ㅁ	脣	土	季夏	宮	中央	黃
ㅅ	齒	金	秋	商	西	白
ㅇ	喉	水	冬	羽	北	黑

〈초성을 오행으로 구분한 것〉

字形	周易	狀態	位置	音感	性質
·	天	舌縮	後舌	深	陽性
ㅡ	地	舌小縮	中舌	不深不淺	陰性
ㅣ	人	舌不縮	前舌	淺	中性

〈중성과 음양으로 구분한 것〉

혀뿌리가 목구멍을 닫는 모양 　　　　ㄱ
혀가 윗잇몸에 붙는 모양 　　　　　　ㄴ
입의 모양 　　　　　　　　　　　　ㅁ
이의 모양 　　　　　　　　　　　　ㅅ
목구멍의 모양 　　　　　　　　　　ㅇ

　한글의 전자(前字)가 없는 상황에서 이러한 원리로 기호를 만들었다는 것은 매우 놀라지 아니할 수 없다. 한글은 매우 과학적이고 체계적이다. 한편으로는 보이지 않은 입안의 구조를 어떻게 기호로 만들 수 있었을까라는 의문도 생긴다. 그러나 이것은 공간에 대한 이해를 기초로 한 천문과 수학의 발달에서 기인한다. 또 문자가 그렇게 빠른 시일 내에 만들어질 수 있는 것일까라는 생각을 해 본다. 혹시 전형이 있었던 것은 아닐까. 가림토라는 문자가 환국(桓國)시대에 있었다고 하는 설도 있지만 학계에서는 그 설에 대해 부정적이다.

　아마도 그 시기에 아무런 문자의 전형이 없었다면, 문자를 만들기 위해서 기호그림에 대해 관심을 갖고 수집을 했을 가능성이 높다. 초성의 모양은 기초 도형인 ○□△과 비슷한 모양을 갖추고 있다. 이 도형은 가장 기초적인 도형으로서 상징성과 추상성을 표현할 수 있는 도형이다. 실험을 해 보자. 집이라는 것을 알고 있는 어른에게, 아무런 정보 없이 집을 그려 보라고 하면, 아래와 같은 <그림 41>이 나올 것이다. 집에 대한 기억으로 그린 것이 아니라 가장 기초적인 기하학적 형태로 추상적으로 그린 것이다. 그것을 더 반듯한 도형으로 고치면 <그림 41>과 같이 삼각형과 사각형이 두 개가 붙어 있는 모양이 나온다. 이것은 집에 대한 상징이미지 및 상징기호가 된다.

<그림 42> 집 모양 그림과 기호

　마찬가지로 초성을 기호로 만들려고 할 때, 발음기관의 안을 직접 들여다보지 못한다. 그래서 입안의 형태를 그린다 하더라도 생각이 들어간 추상적인 형태를 떠올리게 되는데, 그것을 표현하면 ○□△ 도형과 같은 공간의 틀에서 벗어나지 못한다. 그러므로 초성은 소리 날 때 입안의 공간 안에 모양들을 간소화시킨 모양이지만 ○□△과 같은 기하학적인 공간성을 갖는다.

　따라서 초성은 입안 공간을 통과하는 소리로서 소리 날 때 공간의 모습을 본뜬 것으로 근본적으로 공간성을 갖는다. 즉, 꿰와 같은 공간적 도형 안에 들어가는 기하학적인 형태를 가지고 있다. 초성이 기하학적 공간성을 갖는 것은 공간을 통과해서 나오는 소리를 형상화했기 때문에 당연한 것이다.

　○□△은 고대부터 있어 왔던 도형인데, 하늘·땅·사람을 닮은 원형적 형태이다. 오래전부터 이러한 관념적이고 상징적인 기호를 사용함으로써 근세에 이르러서까지 기하학적 사고체계를 가지게 된 것은 아닐까 생각힌다. 힌글은 표면적으로 음양과 오행의 천하에서

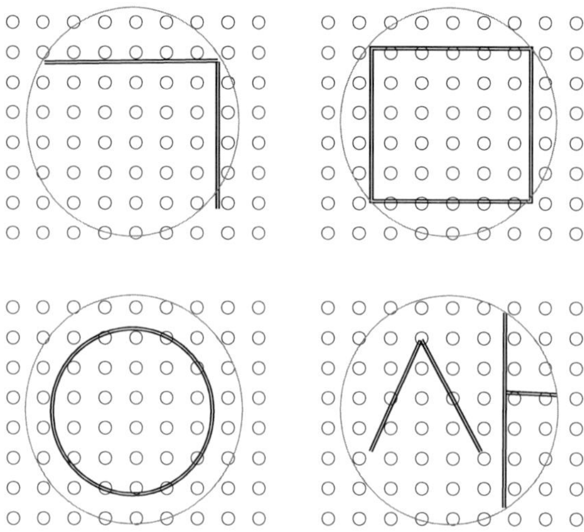

<그림 43〉 천부경 81자의 전문 형태 속의 한글

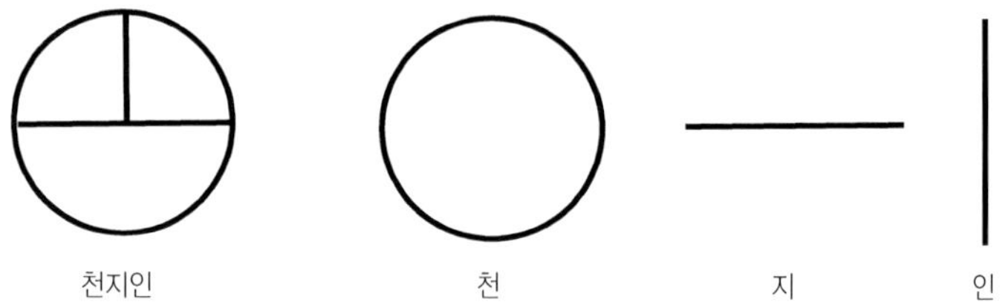

〈그림 44〉 천부경 도해에서 비롯된 삼화도형과 중성의 원리

기인하지만, 그 기하학적 원형은 오랜 시간 동안 쌓인 공간에 대한
인식체계에서 비롯된 것이다.

훈민정음 제자원리 중 모음을 만들어 내는 중성제자(· ― ㅣ)는
천 · 지 · 인의 현상에서 비롯된 관념적인 기하학적 조형에서 비롯되

었다. 그 대표적인 것은 천원지방설과 같은 하늘은 둥글다는 동양 우주관의 상징적 개념에서 비롯된 것이다. 중성의 · ― ㅣ 는 하늘과 땅과 인간의 모습을 형상화한 것으로 <그림 44>과 같이 천부경의 도해에서 비롯된 천지인 삼화의 모양과 거의 일치하는 형태이다. 오히려 해례본에서의 훈민정음 제자원리의 내용보다 훨씬 더 와닿는 형태의 설명임에 분명하다.

중성의 제자원리는 소리 날 때의 혀의 모양을 본뜨고 있지만 모양의 특성을 하늘·땅·인간의 모습(· ― ㅣ)을 본떠 만든 것이라고 기록하고 있다. 해례본에서는 중성이 소리의 특성에 따른 모양이라고 하지만 중성은 혀의 모양 이전에 이와 비슷한 형상을 알고 있었기 때문에 유추해 낼 수 있었던 것이다. 다음의 해례본 제자원리에서 그것을 증명해 준다.

> ‘·’는 혀가 오그라져 소리가 깊으니 하늘이 자시(子時)에 열린 것과 같이 맨 먼저 만들어졌다. 둥근 ‘하늘’을 본떴다.
> ‘―’는 혀가 조금 오그라져 소리가 깊지도 얕지 않으니, 땅이 축시(丑時)에 열린 것처럼 2번째로 만들진 평평한 모양은 ‘땅’을 본떴다.
> ‘ㅣ’는 혀가 오그라지지 않아 소리가 얕으니 사람이 인시(寅時)에 생긴 것처럼 3번째로 생겼다. 일어선 모양을 한 것은 사람을 본떴다.[84]

중성은 절묘하게도 혀의 모양과 천·지·인 형성을 둘 다 부합하는 · ― ㅣ 모양으로 만들어졌다. 천·지·인의 관념적인 생각만으로

---

84) 전정례, 『훈민정음과 문자론』, 역락, 2002, pp.101~103.

이런 형상이 나올 수 있었을까? 기하학적 기호에 대한 의식이 없었다면, 결코 나오기 힘든 조형이다.

따라서 한글은 소리 나는 기관의 모습과 천·지·인의 모습을 본뜬 철학적이고, 과학적이고, 체계적인 문자이다. 동시에 오랜 세월 동안 우리 민족의 잠재의식 속에 내재된 추상적·기하학적 조형성을 가지고 있었기 때문에 가능한 일이다. 아울러 필자는 우리 민족은 유구한 천부경의 문명을 가진 만큼이나 기하학적 사고와 문화를 가지고 있음을 피력하고자 한다.

2. 민족예술 속의 수와 상징이미지

1) 3수 분화(황종수 9)와 전통음악

문헌보다 더욱더 오래된 정보를 가진 것은 예술 혹은 놀이와 같은 문화예술이다. 그중에서도 춤과 음악, 그리고 회화가 더욱 그러하다. 그래서 문자보다 앞선 수의 원리는 음악의 원리에 이미 내재되어 있다. 앞서 천부경 전문에서 보았듯이 천부경 전문(全文)은 81자로 이루어져 있다. 그것은 81이라는 수가 함(궤)과 같이 진리를 담는 그릇 역할을 할 뿐만 아니라 중요한 수리임을 나타내는 것이다.

그리고 전문의 내용도 거의 수(數)로 구성되어 있다. 천부경 원전을 통해서 우리는 몇 가지 중요한 수리에 주목해야 한다. 1부터 10

까지 수가 들어 있는데, 그중에서 '3'이 가장 많이 등장한다. 그리고 전문의 81자는 앞서 말한 황종수(黃鐘數) 9의 배수이다. 고대 동양 음악의 기본적 척도는 황종수(黃鐘數)에 입각한 황종율에 있다. 황종 율은 동양의 음악의 기본이 되는 5음 12율을 산출하는 원리의 모태 가 되는 수리이다.

『한서』「율력지」에서는 "왕이 통치할 때, 수를 먼저 세운다."고 전한다.

> '수'라는 것은 일, 십, 백, 천, 만 등인데, 사물의 수를 계산한다는 것은 성이 명하는 이치(性命之理)를 따르는 것이다. 『서경(書經)』 에 이르길 (왕이 통치할 때는) "먼저 수를 계산하는 법을 세운 후에 다른 모든 일에 대한 명령을 내린다."고 했다. 그 근본은 황종의 수 에서 비롯하는데, 1에서 시작되어 3이 되고, 3이 3으로 쌓여서 역 (曆) 12지간의 수를 거치면 177,147이 되는데, 그러면 오행의 수 가 모두 갖추어지는 것이다.[85]

고대부터 수와 역법은 그 민족성이 담긴 수리와도 같은 것이다. 그래서 위의 인용문과 같이, 나라를 통치할 때 오늘날의 법처럼 수 를 세운다. 그 근본이 되는 수가 황종수(黃鐘數)이다. 황종수는 수법 뿐만 아니라 악(樂)에도 기본이 된다. 그 수리는 음악의 역사가 긴 만큼, 음악이 시작되었을 때의 수리를 따르고 있다. 그래서 황종의 수는 한 대의 것이 아니라 더욱 오래된 원리이다. 다만 한 대의 음악 원리로 채택하여 쓰였을 뿐이다.

---

85) "數者, 日十百千萬也, 所以算數事物, 順性命之理也. 書曰, '先其算命.' 本起於黃鐘之數, 始於一而三之, 三三積之, 曆十二辰之數, 十有七萬七千一百四十七, 而五數備矣." 『漢書』「律 曆志」, p.956. 우실하, 『전통음악의 구조와 원리』, 소나무, 2004, p.153.

그래서 고대의 음악은 천지의 소리라 해서 그 값이 정교하고 수학에 가까운 형식을 취하고 있다. 그러므로 고대동양음악은 천문과 수학, 삶의 형식을 그대로 내포하고 있다.

진양의 『악서(樂書)』에 의하면, "악이라는 것은 천지의 화(和, 조화)함이고, 율(律)이라는 것은 도(道)의 화(和)함을 담는 그릇이다. 옛 왕(先王)이 악(樂)을 만드는 근본은 황종율에 있고, 그 소리(聲)의 기본은 '기장을 쌓는 방법(參黍之法)'에 있다."고 했다.86) 이를 다시 풀어 보면, 악(樂)은 천지의 조화에서 나오고, 율은 이치의 조화를 담는 그릇이다.

악을 만드는 근본은 황종율에 기반을 두고 있고, 그 소리의 기본 척도는 기장87)을 쌓는 방법에 있음을 말한다. 즉 기장을 쌓는 방법이 당시의 황종수에 따른 소리의 척도가 됨을 의미한다. 다시 생각하면, 역으로 황종의 수가 기장에서 비롯된 것은 아니다.

한 대의 문헌에서 황종수에 대한 내용은 있어도 그 근원에 대해서는 거의 언급하지 않고 있다. 그것만으로도 황종수의 근원은 대단히 오래되었을 뿐만 아니라 그 근원을 알 수 없을 정도의 이유가 있을 것이다. 한 대의 문헌으로 기록되기 이전에 삶의 한 형식으로 만들어진 것일 수도 있고, 다른 민족의 원리였을 가능성도 있다. 한 대

---

86) "樂者天地之和 律者道和之器 先王作樂本於黃鐘之律 其聲本於參黍之法." 陳陽, 『樂書』卷 97, 34.

87) 재배식물로서 열매는 조와 비슷하나 조보다는 굵다. 옛날에 무엇을 재는 척도로 사용되었다. 그 유래는 동북아시아 및 중앙아시아 지역까지 포함한 대륙성 기후의 온대지역에서 유목민에 의하여 재배되었을 것이라는 견해가 유력하다. 기장(黍, 서)은 갑골문에 등장함으로써 상(商) 대에 주로 재배되었다. 고대 이집트에서도 기장이 존재하였다는 증거가 남아 있다. 한국에서도 기장은 선사시대부터의 작물로 재배되었다.

의 유흠은 황종이 태극에서 비롯되었다고 한다. 그러나 황종의 근본이 되는 수리인 삼통(천・지・인)을 주역의 2수로 풀이하고 있다. 따라서 그 연원은 한 대 사람들도 정확히 알지 못한다는 것을 의미한다.

그러나 음은 황종율에 근거하고 그 소리의 기본은 기장을 쌓는 방법에 있다는 말에서 기장이 황종율을 나타내는 방법이었다는 것을 알수 있다. 기장에 대한 유래를 찾는다면, 기장은 유목민에 의해서 재배되었다는 견해가 유력하다. 또 기장(黍, 서)은 갑골문에 등장함으로써 상(商) 대에 주로 재배되었다. 따라서 황종율은 기장과 매우 관련을 가지고 있으므로, 상(商) 대와 같은 시기로 올라갈 수 있고 또한 유목민과도 관련이 있을 것이라는 추측을 할 수 있다. 미루어 짐작하건대, 황종의 수의 근원은 유목민의 태양 상징에서 나온 수리가 아닌가 생각한다.

황종율은 소리를 만드는 근본이 되었다. 언제 어디서 비롯되었는지는 그 근원을 정확히 알 수 없지만 이 황종수는 동양의 악(樂)의 기본이 된다.

황종척은 황종수에 기반을 두고 있으며, 1, 3, 9, 81이 기본으로 이루어진 척도이다. 1에서 3이 되고, 3이 3개가 쌓이면 9가 되고, 9가 9개 쌓이면 81이 된다. 이러한 황종척은 천부경의 3수 분화와도 같은 원리이다. 이것은 5음 12율의 기반이 된다.

81에서 3으로 나눈 값을 더하고 빼는 삼분손익법(三分損益法)을
통해서 5음과 12율은 만들어진다. 81에 삼분손익법을 적용하여 산
출된 값이 정수로 떨어지는 처음의 5음이 우리가 알고 있는 궁(宮)·
상(商)·각(角)·치(徵)·우(羽)이다. 이 다섯 음 외에 계속 삼분손익
법을 적용하여 산출된 값은 정수로 떨어지지 않는다. 이것은 12음
중에 5음을 제외한 나머지 7음에 해당한다.

『관자』「지원」의 오음 산출과 『사기』「율서」의 오음 산출은
<표 9>과 같다.88) 오늘날 『사기』의 5음 산출방식이 정설로 굳어
져 있다. 그래서 전자의 값처럼 '치우궁상각'이라 하지 않고, 낮은
음부터 '궁상각치우'로 불리는 것이다.

⟨표 9⟩

『관자』「지원」			『사기』「율서」		
치	108	$81+(81×1/3)=108$	궁	81	황종수 81
우	96	$72+(72×1/3)=96$	상	72	$54+(54×1/3)=72$
궁	81	황종수 81	각	64	$48+(48×1/3)=64$
상	72	$108-(108×1/3)=72$	치	54	$81-(81×1/3)=54$
각	64	$96-(96×1/3)=64$	우	48	$54-(54×1/3)=48$

우실하는 여러 가지 이유로 사기보다 관자에 실린 내용을 더 신
뢰하고 있다. 이 배열이 더 원형에 가깝다고 보았다. 그리고 동시에
우리의 선조들과 더 깊은 관련이 있을 것으로 보고 있다. '궁'·'상'
을 앞에 둘 것인지 중간에 둘 것인지, 또는 '치'·'우'를 앞에 둘 것

---

88) 우실하, 『전통음악의 구조와 원리』, 소나무, 2004, pp.159~162.

인지 마지막에 둘 것인지에 따라서 음의 높낮이가 달라진다. 어떤 것을 채택하느냐는 민족의 원형과 가치관, 그리고 삶의 형식에 따라서 달랐던 것으로 보인다.

〈표 10〉

5음 배당	12율 명칭	낮은 음 순서 (황종척)	순환 순서
궁 (宮)	황종 (黃鐘)	81	1
	대려 (大呂)	75 2/3	8
상 (商)	태주 (太簇)	72	3
	협종 (夾鐘)	67 1/3	10
각 (角)	고선 (姑洗)	64	5
	중려 (仲呂)	59 2/3	12
	유빈 (蕤賓)	56 2/3	7
치 (徵)	임종 (林鐘)	54	2
	이측 (夷則)	50 2/3	9
우 (羽)	남려 (南呂)	48	4
	무역 (無射)	44 2/3	11
	응종 (應鐘)	42 2/3	6

황종수에 의해 12율이 산출되는 값과 12율의 명칭은 다음과 같다. 궁상각치우 5음은 12율에 포함되면서 율명(律名)이 달라진다. 12율 중에 양의 6음을 6율(六律)이라고 하고, 음의 6음은 6려(六呂)라고 한다. 이를 합한 것을 12율이라 부른다. 황종·태주·고선·유빈·이측·무역은 양성이고, 대려·응종·남려·임종·소려·협종은 음성이다. 그것을 다시 12월에 분배하였다. 이 분배는 주역의 음양설에 입각한 것이다.

내개 해와 달이 하늘의 12차(十二次)에서 만나는데, 그것이 오른

쪽으로 도는 것을 본받아 6려를 만들었고, 북두칠성의 자루가 12진
(十二辰)으로 운행(운행)하는데, 왼쪽으로 선회하는 것을 본받아서 6
율을 만들었다. 그러므로 양의 율(律)은 왼쪽으로 순환하고, 음의 려
(呂)는 오른쪽으로 돌아 양과 합하여 천지 사방의 음양의 소리가 갖
추어졌다.[89]

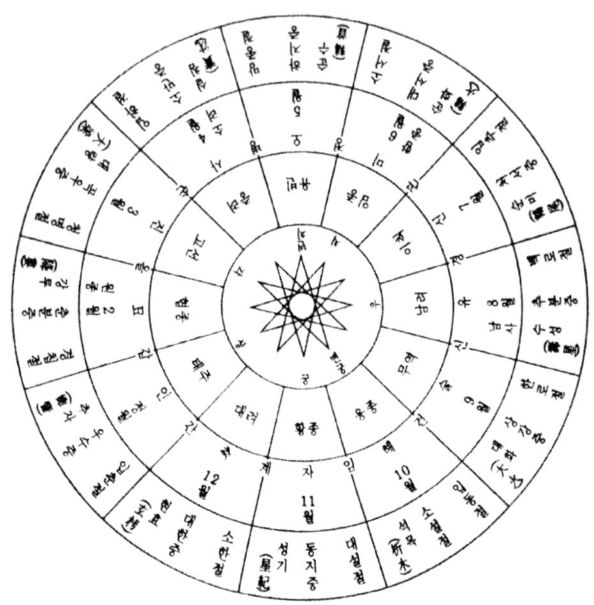

〈그림 45〉『악학궤범』 5음 12율표[90]

12율려는 순환한다. <그림 45>를 보면서 12율에 대해 살펴보자.
12율이 순환(循環)하여 생기는 자리는 황종에서부터 여덟을 세어 임

---

89) 이혜구 외 역, 『국역 악학궤범』, 민족문화문고간행회, 1979, p.29.
90) 앞의 책, p.30.

종에 이르고, 임종에서부터 여덟을 세어 태주에 이르고, 태주에서 여덟을 세어 남려에 이르고, 남려에서 여덟을 세어 유빈에 이르는데, 이렇게 돌아서 다시 처음인 황종으로 돌아온다.[91]

동양 음악의 기본이 되는 12율과 12지지, 24절기 등은 지금도 사용되고 있고 고대 역법(曆法)과 연관을 가지고 있다. 신화에서는 전설적인 황제 시대에 12율을 만든 것으로 기록하고 있지만, 일반적으로 5음 12율의 체계와 산출방식은 주나라(周: 기원전 1046~기원전 771)에 완비된 것으로 알려져 있다. 그러나 문헌에서 5음 12율을 삼분손익법에 입각한 산출방법이 가장 먼저 나타난 것이『관자』「지원」이다. 이 문헌은 춘추시대에 쓰였다는 설과 전국시대에서 한 대에 걸쳐서 쓰였다는 설이 유력하다.[92]『사기』「유서」의 산출법은 『관자』의 것과 음값이 다르므로 한 대에는 율법, 역법, 악법 등의 정비에 있어서 그들의 가치관에 맞게 수정하여 정리하였던 것으로 추측할 수 있다. 또한 황종율에 입각한 5음 12율 이 주대에 완비되었다고 알려져 있는데, 주대의 주역의 2수분화 홍종율의 3수분화는 차이를 가지고 있다.

황종율은 3수 분화의 수법(數法)을 가지고 있는 것으로 봐서 그 근원은 천부경과 기원을 함께하고 있음을 추측할 수 있다. 그래서 황종수 3수의 수리는 5음, 12율, 12간시, 12월, 절기 등의 많은 원리와도

---

91) 앞의 책 p.30.
92) 우실하,『전통음악의 구조와 원리』, 소나무, 2004, pp.139~140.

관련을 갖는다. 그리고 기장을 사용하였다는 점은 태양을 중시했던 유목민의 삶의 형식에서 황종의 수가 생겨났음을 유추해 낼 수 있다. 따라서 2장에서도 언급했듯이 이러한 원리와 부합되는 수리를 가진 천부경은 주역이 만들어진 주 대(周代) 혹은 그 이전 시대의 원리라 생각된다.

5음 12율뿐만 아니라 한국의 3수 분화의 세계관이 드러나는 것은 3분박의 전통음악이다. 3분박의 개념은 1박을 3등분한 것을 말한다. 1에서 3으로 분화됨을 의미한다. 특히 3박의 첫박이 3분으로 구성되어진 것이 많다. 중국 전통음악의 경우에 2분박의 특성을 갖는다면, 한국의 전통음악은 3분박의 음악의 특성을 이루고 있다. 이러한 음

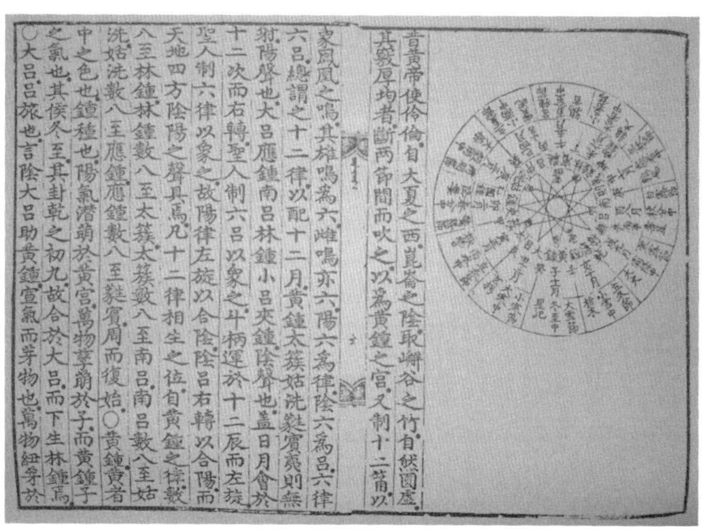

〈그림 46〉 『악학궤범』 卷一, 10쪽.

악의 원리를 토대로 한다면, 천부경의 원형이 된 황종수 81과 3수
분화의 원리는 동양의 음악의 수리 및 율법, 그리고 역법의 수리 등
의 원형이었을 뿐만 아니라 우리 민족의 문화의 원형으로서 문화예
술의 형성원리가 되었음을 알 수 있다.

2) 태양을 상징하는 '3·9·81'

황종의 수는 농경정착 이전부터 있어 온 수리이다. 유목민의 기장
재배와 셈법, '태양수(생명수) 3'[93]의 배수 9(황종수)을 통해서 황종
율이 도출된 것이라고 볼 수 있다. 황종수 81이라는 수는 북방 샤머
니즘 및 태양 숭배 문명과 매우 비슷한 맥락을 가지고 있다.

'2수 분화(2, 4, 8)'는 중국의 음양설에 기초한 중국의 특성이고,
'3수 분화(3, 9, 81)'는 천부경에서 유래된 한국의 특성이라 말할 수
있다. 천부경에서의 수리변화는 천·지·인을 분화하고 합일하는
과정에서 무궤가 쌓일 때마다 3의 배수가 생겨난다.

우실화는 3, 9, 81이 '성수'나 '성배' 또는 '우주의 완전수(81 =
9×9)'라고 하였다.[94] 그는 태극과 같은 중심음 구조의 음악 원리를
성수(聖數) 3과 삼태극 논리와 삼재론으로 연결 짓는다. 삼재론과 연
결 짓는 것은 천부경의 원리와 부합한다. 그러나 삼태극과 연결 짓

---

93) 본 연구가 천부경을 해독한 내용을 통해서, 천부경을 태양 숭배와 관찰의 결과물로 보았고, '3
　　수'를 태양의 수 혹은 생명의 수라고 말한 바 있다.

94) 우실하, 『전통음악의 구조와 원리』, 소나무, 2004, pp.344, 355.

는 것은 결국 유흠이 해석한 '황종(9)의 근원'이 '태극 한가운데의 원기'에서 비롯되었다(주역에 가탁한 해석)는 것에 불과하다.

그는 '3'수를 샤머니즘 성수라고 보았고, 이는 천상계·인간계·지하계로 상징되는 북방샤머니즘의 삼계론(三界論)에서 기인한다고 하였다. 이 내용은 천부경의 천·지·인이 속해 있는 위치와 일치한다. 천부경 해석에서 보았듯이 무궤가 천·지·인으로 나뉘는 것으로 보아, 북방샤머니즘의 삼계론(三界論)과 천부경은 밀접한 관련이 있어 보인다. 그래서 천부경의 원리와 비교했을 때, 북방샤머니즘의 삼계론이 더욱 설득력이 있는 내용이다.

'81'이라는 수는 동이족의 '치우천황'[95)]과도 관련이 있는 수이다. 여러 문헌의 내용을 아래에 조합하였다.

> 황제가 다스리기 전에 '치우 형제 81인'이 있었다.[96)]
> 구리머리에 철 이마를 가졌고, 구름과 안개를 일으킬 수 있는 능력이 있다. 소의 발굽에 4개의 눈에 6개의 손이 있다. 그리고 치우의 이는 길이가 2촌이며 견고하고 부서지지 않는다. 귀밑에 검과 창같이 강하며 머리에 뿔이 있어 헌원과 싸울 때 뿔로 싸워서 사람들이 가까이 가지 못했다고 한다.[97)]
> 5개의 무기를 들고 병기 제작 능력이 뛰어나 활·화살·창·갑옷·투구 등 각종 무기를 만들어 신농(神農)을 무찔렀다. 또 12개

---

95) 치우는 배달국(倍達國)의 제14대 천왕(天皇)인 자오지환웅(慈烏支桓雄)으로 알려져 있다. 그리고 붉은 악마를 지칭하는 도깨비 형상의 원주인이다.

96) 黃帝攝政前, 有蚩尤兄弟八十一人, 『太平御覽』卷79引 『龍魚河圖』, 김인희, 『동이신화 태양을 쏘다 1』, 박이정, 2007, pp.139~140. 책에 따라서 치우의 형제가 81명이거나, 72명이라고 전한다. 『述異記』卷上에서는 72명이라고 하였다.

97) 『述異記』卷上, 앞의 책, pp.148~149.

의 제후국을 합병하였는데, 70여 회의 전쟁에서 한 번도 패하지 않았고, 헌원(軒轅)을 황제로 임명하기도 하였다.[98]

앞의 인용문과 같이 '치우가 뿔로 싸우는 것'은 치우가 가축을 거느리는 유목민이었음을 뒷받침해 주고, 병기제작에 능했고 신농을 물리쳤다는 대목에서는 대단한 규모의 권력을 소유하였음을 의미한다.

황제 이전에 치우는 81명의 형제가 있었다고 한다. 왜 '81'의 수가 쓰였는지는 정확히 모르나, 황종의 수 81은 치우와도 매우 밀접한 관련이 있다.

이 둘의 공통점은 태양에서 찾을 수 있다. 당시에는 진리가 수리, 역법, 신앙 등 통합체계로 이루어져 있었다. '81'은 일법의 태양상수(常數)이다. 그리고 천부경 해독에서 비롯된 무궤가 27번 쌓였을 때 분화되어 나오는 수이다. 따라서 천부경은 당시의 역과도 관련을 맺고 있는 듯하다. 천부경은 81자로 축약된 암호형태를 띠고 있는 것으로 보아 '81'은 아주 오래전부터 어떤 이치를 담는 그릇이었다. 그 그릇의 크기 81은 태양을 일컫는 수이자, 태양만큼 강력한 힘을 가진 수임에 분명하다.

앞서 언급했지만, 3은 81의 근원이 되는 수이다. 천지인 조화(造化)의 수이면서, 생명의 수이고 태양과 같은 에너지를 가진 수(數)이다. 즉, 태양이 준 생명, 사람의 수리이다. 이 수는 샤먼의 수리이기도 하다.

---

98) 북애노인(北崖老人), 『규원사화(揆園史話)』, 上卷, 1675. 계연수 편, 『한난고기』, 1911.

천부경을 통한 천지인 수리는 '3수가 근본이 된다. 3은 완전수이다.' 태양 및 인간의 수리이다. 완전수 3에 기초해서 1이 넘쳐 변하여 '하늘의 수리(4)' '땅의 수리(7)'가 된다.

3) 고대세시풍속(영고·동맹·무천) - 태양력의 시간 개념과 삶의 형식

(1) 자연현상에서 시작된 순환적 시간 개념

천부경은 주역과 같이 순환하는 질서를 가지고 있다. '일시무시일과 일종무종일'은 태양의 순환성을 의미한다. 하루의 순환은 낮과 밤이고 1년의 순환은 동지·춘분·하지·추분이다. <그림 47>의 고구려 벽화의 천정에도 하늘의 해, 달, 별의 순환을 그려 놓았다.

고대 역법은 대부분 동지에서 시작된다. 아직도 우리나라에는 동지가 되면 팥죽 새알을 나이 수대로 먹는 세시풍속이 있다. 그렇게 하는 이유는 동지가 되면 나이를 한 살 더 먹는다는 것을 뜻한다. '새알'이란 말에서 유추되듯이 새의 알(해)을 먹으면 한 살을 더 먹는다. 3장에서도 설명했듯이 우리 민족의 선조인 동이족 문화에서 새는 태양을 상징한다. 따라서 새알은 '하늘을 새처럼 날아서 지나가는 태양'을 의미한다. 동이족의 문화가 아직도 우리 세시 풍속으로 남아 있음을 알 수 있다.

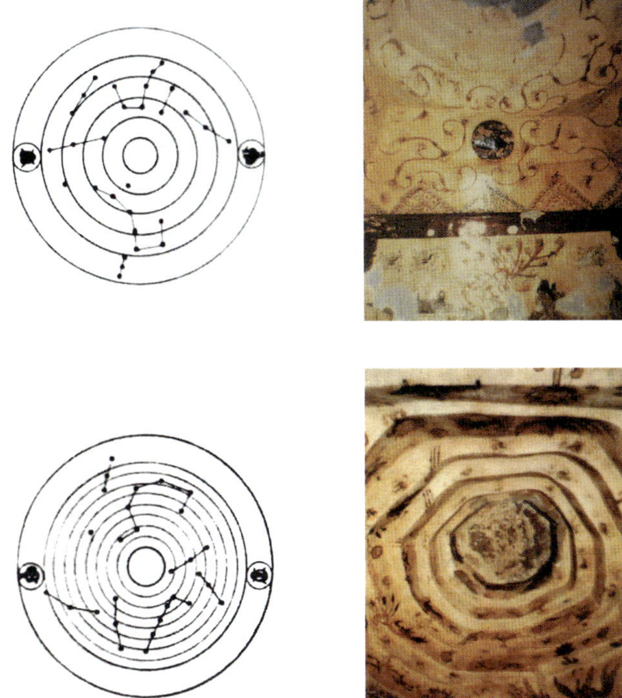

〈그림 47〉[99] 각저총 널방 천장고임 구조(위), 무용총 널방 천장고임 구조(아래)

　　태초력도 동지에서 역의 시작점을 찾을 수 있다. 태초력(太初曆)

의 기준이 되는 동지(冬至)는 태초 원년(元年)의 동지가 아니라 바로

그 전의 동지, 즉 태초 0년의 동지이다.[100] 즉 0년의 동지는 역의 순

환에 있어서 시작점이 된다. 동지는 해의 길이가 가장 짧을 때이기

99) 전호태, 『고구려 고분벽화 연구』, 사계절, 2000, pp.59～61, 76, 316.

100) 이문규, 『고대중국인이 바라본 하늘의 세계』, 문학과 지성사, 2000, p.213. 이은성, 『역법의
　　원리분석』, 정음사, 1985, p.20.

때문에 시작점이 되는 것이다. 태양의 순환성은 태양의 남중고도나 낮의 길이를 관찰함으로써 비롯되었다.

마야문명의 달력에서, 마야의 대주기가 끝나는 날도 2012년 12월 21일 '동지'의 하루 전 날이다. 은하력·태양력이라고 불리는 마야력은 1년이 260일이다. 이것과 현재 우리가 사용하는 태양태음력(365일), 즉 마야력의 신성한 주기와 태양의 주기는 마치 톱니바퀴의 날처럼 맞물려 진행되다가, 52년마다 만난다. 그리고 이 52년 주기는 이른바 '대주기'라 명명된 거대한 시기를 구성한다. 마야 달력은 기원전 3114년 8월에 시작되어 2012년 12월 21일에 막을 내린다. 이 대주기가 끝나는 날은 태양의 지구의 적도와 일직선으로 정렬하는 시기이기도 하다. 어떤 이는 이날에 종말과 같은 대변혁이 올 것이라 하고 어떤 이는 지구자기장의 역전과 의식의 대전환이 올 것이라고 예감하기도 한다.[101]

마야의 달력은 태양계의 정렬을 예견하고 있다. 그럼 지구가 23.5도가 기울어져 있는데, 이것이 바로 선다는 『정역』의 내용과 일치한다. 과연 수많은 전문가들이 예견하던 순환하는 달력이 멈출 것인가? 멈추지 않기를 바라지만, 한편 어떤 현상이 일어날지 두렵기도 하고 반면 기대되는 게 사실이다.

태양계 변화가 일어나면 지구에도 변화가 일어나고 지금 우리와 다른 수리를 가진 생명체가 등장할지도 모를 일이다.

---

101) 그렉 브레이든 외, 『월드쇼크 2012 *The Mystery of 2012*』, 쌤앤파커스(에스에이엠티유), 2008.

(2) 영고 · 동맹 · 무천

세시풍속(歲時風俗)은 한 해를 단위로 일정한 시기에 관습적 · 주기적 · 전승적 · 반복적 · 의례적으로 거행되는 행동양식 또는 생활행위다.[102] 세시풍속에는 한 해를 기준으로 반복되는 풍속(風俗)으로서, 당시의 수리체계인 역법(曆法), 삶의 형식과 문화, 자연환경의 주기적인 변화 등에 근거해 날짜가 정해진 행사이다. 그래서 민족의 여러 정보들이 담겨 있는 문화의 통합체이다.

인류의 시작점부터 사람은 하늘과 땅의 변화, 즉 해와 달의 자연현상이 보여 주는 변화에 따라서 생활의 주기성을 가지고 살아왔다. 이런 생활 속에서 주기성을 띤 기념일들은 풍속으로 자리 잡게 되면서 세시풍속이 생겨났다고 볼 수 있다. 특히 정치적 집단화와 관습적 생활의 정형화 과정은 역법 체계를 만들어 냈고, 이것이 바탕이 되어 고정된 일정한 날짜에 대한 의미부여와 행사의례가 생겨났다. 따라서 한 민족의 보편적인 세시풍속은 자연환경, 생업형태, 역사적으로 공통된 경험, 그리고 상징과 이미지, 지배층의 역법체계에 의해서 형성된다.[103]

유목민의 삶과 농경민의 삶처럼 지속적인 생활패턴은 태양력과 태음력을 만들어 내는 데 기여한다. 24절기로 대표되는 태양력은 세분화된 시기를 알려 준다. 절기(節氣)란 태양년을 태양 황도[104]의 경

---

102) 민속학회 편, 『한국민속학의 이해』, 문학아카네미, 1994, p.108.

103) 정구복 · 주영하, 「삼국 및 통일신라시대 세시풍속 연구」, 『한국세시풍속자료집성(삼국 · 고려시대 편)』, 국립민속박물관, 2003, p.419.

104) 황도는 태양이 1년 동안 하늘을 한 바퀴 도는 길을 말한다. 지구가 태양을 중심으로 서에서 동으로 공전함에 따라 태양 역시 별자리 사이를 서에서 동으로 놀아가게 됩니다. 이때 태양이

로에 따라 24등분하여 계절을 세분한 것이다.105) 24절기는 동지를
중심으로 순차적으로 이름을 매겨 나간다.

또한 태음력에 기초를 두고 일 년을 나눈 것은 달의 변화를 기준
으로 일 년을 삭망월(朔望月)에 따라 12개로 나누기 때문에 이를 삭
망년(朔望年)이라 부른다. 이때에 문제가 되는 것은 '세수(歲首, 한
해의 시작 지점)'의 날짜를 정하는 것이 문제이다.

어떤 역법 체계를 수용하는가에 따라서 일 년의 처음 시작하는
날짜(月)가 달라진다. 우리나라 고대 문헌에서 등장하는 '세수'를 부
합하는 역으로 은력(殷曆)과 하력(夏曆)이 있다. 고대에 각각 다른
역법을 채택하고 사용하는 데에는 정치적 집권에 따라서나 그 집단
의 삶의 형식과 정신적 가치가 반영되었다.106) 즉 나라 또는 부족은
이러한 역법체계를 가지고 있다. 그리고 유목생활에서 비롯된 역법
과 농경생활에서 비롯된 역법은 차이가 있다. 그럼 우리나라의 고대
세시풍속을 들여다보고 이에 대해 생각해 보자.

여러 세시풍속 중에서 고구려 '동맹', 부여의 '영고', 동예의 '무
천'은 매우 비슷한 날짜와 내용과 형식을 취하고 있다. 이것을 살펴
보고, 당시 제례법과 삶의 형식, 그리고 역법 등에 대해서 살펴보자.

먼저 고구려의 '동맹(東盟)'은 왕실에서 행한 세시풍속으로서, 10

별자리 사이를 이동하는 경로를 말한다.

105) 이는 1년의 시간적 길이를 24등분하여 황도상의 해당 점에 각 기를 매기는 방법인데, 동지(冬
至)를 기점으로 하여 순차로 중기(中氣)·절기(節氣)로 매겨 나가는 방법이다. 중기는 음력을
정하는 절기이다.

106) 앞의 책, p.426.

월[107]에 '하늘'에 제사를 지내는 것으로 왕이 직접 제사를 지냈다. 『삼국사기』에 기록된 동맹에 대한 내용은 다음과 같다.

『후한서』에 이르기를, "고구려는 귀신과 사직과 영성에 제사를 지내기를 좋아한다. 10월에는 하늘에 제사를 지내면서 크게 모이는데, 이름을 동맹(東盟)이라 한다. 그 나라 동쪽에 큰 굴이 있어 이를 수신(隧神)이라 하는데, 역시 10월을 맞이하여 제사를 지낸다."고 하였다. 『북사(北史)』에는 이르되 "고구려는 항상 10월이면 하늘에 제사를 지내고 음사(淫祠: 며칠을 음주가무로 즐기는 제사)가 많다. 신묘(神廟: 귀신을 모시는 사당)가 두 곳이 있는데, 하나는 부여신이라 하고 나무를 새겨 부인의 상을 만들었고, 또 하나는 고등신이라 하여 이를 시조라 하고 부여신의 아들이라 한다. 모두 관서를 설치하고 사람을 보내어 지키게 하니, 대개 하백녀와 주몽이라 한다." 하였다. 『양서(梁書)』에 이르기를 "고구려는 거처하는 곳 좌편에 큰 집을 짓고 귀신에 제사를 지낸다. 겨울에는 영성과 사직(社稷)에 제사를 지낸다." 하였다. 『당서(唐書)』에 이르기를 "고구려 풍속에는 음사가 많고 영성(靈星)과 해(日), 기자(箕子), 가한(可汗) 등의 신에게 제사를 지낸다. 나라 좌편에 큰 구멍이 있는데 신수(神隧)라고 한다. 매년 10월에 왕이 모두 친히 제사를 지낸다." 하였다.[108]

다음으로 역시 10월에 열리는 동예의 '무천(舞天)'은 『후한서』 동이열전을 보면 아래와 같은 내용이 있다.

---

107) 10월은 겨울이 시작되는 달이다. 10월의 이칭으로 양월(양월), 양월(양월), 곤원(곤월), 초동(초동), 맹동(맹동), 입동(입동), 소춘(소춘), 소양춘(소양춘), 응종(응종), 총동(초동), 맹동(맹동), 입동(입동) 등이 있다.

108) 後漢書云 高句麗好祠鬼神社稷零星 以十月祭天大會 名曰東盟 基國東有大穴 號穢(隧)神 亦以十月迎而祭之 北史云 高句麗常以十月祭天 多淫祠 有神廟二所 一曰扶餘神 刻木作婦人像 二曰高登神 云是 始祖扶餘神之子 竝置官司 遣人守護 蓋河伯女朱蒙云 梁書云 高句麗於所居之左 立大屋祭鬼神 冬(又)祠零星社稷 唐書云 高句麗俗多淫祠 祀靈星及日箕子可汗等神 國左有大穴曰神隧 每十月王皆自祭.『三國史記』卷32, 雜志 1, 祭祀, 정구복·주영하,『한국세시풍속자료집성(삼국·고려시대 편)』, 국립민속박물관, 2003, p.332.

"해마다 10월에 하늘에 제사를 지내는데, 밤낮으로 술을 마시며 노
래하고 춤추니, 이것을 무천이라 한다."109)

마지막으로 부여의 '영고(迎鼓)'를 살펴보면, 『후한서』동이열전
에 아래와 같은 내용이 있다.

"납월(臘月, 12월의 이칭)에 하늘에 제사를 지내는 일로 크게 모이
는데 몇날 며칠을 마시고 먹고 노래하고 춤춘다. 이를 영고라 한다.
이때에는 형옥(刑獄)을 중단하고 죄수를 풀어 준다."110)

위의 문헌을 통해서 동맹·무천·영고의 공통점은 첫째는 '하늘
에 제사를 지내는 것'이고, 둘째는 '며칠 밤낮을 마시고 먹고 노래하
고 춤추었다는 것(飮酒歌舞)'이다. 그리고 셋째는 비슷한 시기에 제
천행사를 지낸다는 것이다.

고구려 동맹에는 구체적인 설명이 있는데, "귀신·사직·영성·
해(日) 등에 제사 지내기를 좋아했다고 한다." 또 며칠 밤낮을 음주
가무를 즐긴다는 것은 샤머니즘적 내용을 담고 있다. 지금의 무당이
하는 행위에 속한다. 굿을 할 때 음주가무를 통해서 강신체험을 할
수가 있었다.111) 셋 모두의 공통점으로 제례의 형식이 제천행사와

---

109) 常用十月祭天 晝夜飮酒歌舞 名之爲舞天.『後漢書』卷85 東夷列傳75 濊,『三國志』卷
　　 30, 魏書 東夷傳 濊. 앞의 책, p.331.

110) 以臘月祭天 大會 連日飮酒歌舞 名曰迎鼓 是時刑獄解因徒.『後漢書』卷85, 東夷列傳
　　 75, 夫餘國. 앞의 책, p.397.

111) 무속신앙의 형태는 상고시대의 제천행사에서 찾을 수 있다.『위서』「동이지」에 보면 부여의
　　 '영고', 고구려의 '동맹', 예의 '무천' 등의 제천의식은 봄, 가을에 제사를 드리되 음주가무로
　　 서 의례를 거행하고 있음을 볼 수 있다. 제례의식은 한결같이 며칠 밤낮을 가리지 않고 떡을
　　 해 먹고, 술 마시며 노래와 춤으로 진행되었다. 음주가무는 사람들을 황홀경에 빠지게 한다.
　　 이런 의례를 통해 신이 강림하는 강심체험을 가질 수 있었다. 그것은 춤과 노래에 의한 무속적
　　 의례를 말한다. 양언석,「화랑도의 풍류세계 고찰」,「새국어교육」, 제72호, p.234.

음주가무이다. 그래서 미루어 짐작하건대, 무천과 영고도 동맹과 마찬가지로 귀신, 사직, 영성, 해 등에 제사 지내기를 좋아했을 것이라고 추측할 수 있다.

따라서 이 세 가지 세시풍속의 공통점은 '비슷한 시기'에 '제천행사'와 '음주가무'와 '귀신 · 사직 · 영성 · 해(日) 등에 제사 지내기를 좋아한다는 것', 네 가지라 할 수 있다. 이 공통점들은 모두 우리의 굿과 관련이 있다. 그래서 동맹 · 무천 · 영고는 우리 토속신앙과 제례형식의 원형인 샤머니즘의 세계관을 이어 왔다고 볼 수 있겠다. 사실 우리나라는 일제강점기 이전만 해도 일본보다 더 많은 토속신앙과 서낭당, 그리고 마을굿이 존재했었다. 그러나 두 번의 전쟁을 겪으면서, 또 외래 종교의 유입과 번성으로 차츰 사라져 가고 있다.

반면에 서로 차이점을 비교해 보면, 첫 번째 동맹과 무천은 '10월에 제사'를 지내고, 영고는 '12월에 제사'를 지내는 것이 다른 점이다. 즉 행사날짜가 다르다. 하지만 셋 모두 가을 혹은 겨울이라는 점을 상기하자. 두 번째는 '행사의 명칭'이 다르다. 동맹(東盟)은 '동쪽을 향한 맹세'이고 무천(舞天)은 '하늘(태양)에 춤추다'이다. 그리고 영고(迎鼓)는 '맞이하여 북을 치다'는 뜻이다.

이런 점들을 토대로 보았을 때, 먼저 후자의 차이점인 명칭에 대해 살펴보자. 명칭에 있어서 동맹과 무천의 경우, '동쪽'과 '하늘'이라는 의미는 공통점을 가지고 있다. 그리고 이들은 다르지만 의미에 있어서 비슷한 뉘앙스를 가지고 있다. 이 셋은 모두 무엇을 맞이하여 동쪽에 맹세하고, 하늘을 향해 춤추고, 북을 친다. 그 이유는 바로 한해(日)를 맞이하는데 있다. 비슷한 시기인 10월과 12월은 한 해의 마지막과 시작을 알리는 계절이다. 그리고 해가 짧아지는 것을 느낄 수 있을 시점이다. 동시에 한 해를 잘 보냄에 대한 감사와 결실의 계절인 가을에 하늘에 감사의 의미로 제사를 지낸다. 해를 보내고 해를 맞이 함으로 몇날 몇일을 음주가무로 즐긴다. 그런 의미에서 서로 공통점을 가진다.

행사의 시기인 10월과 12월은 '고대 역법 및 삶의 형식'과 매우 밀접한 관계를 갖는다. 먼저 동맹과 무천의 경우, '10월에 하늘에 제사를 지낸다는 것'에 대해 일반론은 가을에 수확을 마치고 하늘에 제사를 지내는 것이라고 알려져 있다. 그러나 그것은 틀린 말은 아니겠지만 석연치 않은 해석이다. '동맹(東盟)은 동쪽에 대한 맹세', '무천(舞天)은 하늘(태양)에 춤춘다.'에서 착안하면, '하지'를 지나서 해가 점점 짧아지므로 해가 뜨는 동쪽에 맹세를 한다는 의미이다. 그런 후 해의 길이가 길어지고 다시 1년이 끝나고 다시 시작됨에 감사드린다.

10월은 추위가 오기 직전의 달이다. 그래서 유목민이 겨울을 맞이하는 기간이다. 마찬가지로 한 해를 보내고 한 해를 맞이하는 정월의 풍경이다. 혹은, 셋은 모두 해가 가장 짧은 한해의 끝과 시작인 동지를 일컫고 있는지도 모른다.

다른 예로는, 한 해를 360일로 보고 10개월로 나눈 태양력(太陽曆)을 사용했을 것이라는 추측을 할 수도 있다. 그 예로 오늘날에도 중국 사천성(四川省) 량산(凉山) 이족(彝族)의 경우 태양력에 근거하여 1년을 360일, 즉 10개월로 계산한다. 그래서 1개월의 날수는 36일이다. 그래서 1년은 360일이 된다. 그들은 남은 일자인 5~6일을 정월로 산정하여 날짜 수의 차이를 해결한다.112) 이처럼 그 나라의 역법과 세수, 그리고 세시풍속은 매우 관련이 있다. 따라서 고구려와 동예의 세시풍속을 통해서 그들의 역법을 유추해 볼 수 있을 것이다.

왜 고구려와 동예는 10월에 하늘에 제천의식을 지내는가? 그 이유로는 첫 번째, 세수(한 해의 시작)의 문제이다. 두 번째는 한 해가 지나가는 것에 감사의 제천행사를 지내고 새해가 올 것을 기대한다. 세 번째로 왕권과 민족성을 담고 있는 태양력을 사용했을 가능성으로, 그 유래를 유추해 볼 수 있다.

10월에 제사를 지내는 것은 치우와도 관련이 있다.

> 치우의 무덤은 동평군 수장현 감향의 성중에 있으며 높이가 7장으로 민간에서는 10월에 제사를 지낸다. 제사를 지낼 때 무덤에서 붉은 기운이 솟아 나오는데 마치 붉은색의 비단이 짝을 이루는 것 같아 민간에서는 치우의 기(旗)라 한다.113)

---

112) 정구복·주영하, 『삼국 및 통일신라시대 세시풍속 연구』, 『한국세시풍속자료집성(삼국·고려 시대 편)』, 국립민속박물관, 2003, p.433.

치우의 제사를 10월에 지내는 것으로 보아 치우는 시조·조상신 또는 태양신에 해당한다. 오늘날 정월(음력으로 한 해의 첫 달)에 조상께 제사 지내는 것과 같다. 이 문헌이 기록될 때는 이미 다른 역법과 세시에 따라 제사를 지낸다는 뉘앙스를 풍긴다. 그렇다면 치우와 10월을 결부 짓는다면, 진한에 앞서 10월을 한 해의 끝이나 시작점으로 보았던 문명이 있었던 것으로 짐작할 수 있다. 지금껏 여러 정황으로 보았을 때 치우·도깨비·태양·81은 동일 선상에 오른다. 그렇다면 10월 세수(歲首)를 정하는 것도 같은 동일 선상은 아니더라도 한 줄기에서 파생된 것으로 보고 연구되어야 하지 않을까 생각한다.

그리고 앞서 말한 우리나라의 개천신화에 환웅은 천부인 세 개를 가지고 3천 명의 무리와 세 어른을 데리고 내려와 사람의 360가지의 일들을 주관했다는 내용이 있다. 이 신화에는 3이라는 수가 4번 등장한다. 그리고 360가지 일을 주관했다는 것은 360일을 가진 태양력을 갖고 있었다는 추측을 할 수 있다. 이러한 정황을 보았을 때, 환웅은 밝음을 상징하는 우리 민족의 근간이 되는 치우의 동이족과 같은 맥을 가지고 있다고 유추할 수 있다.

부여의 영고는 12월에 제천행사가 열렸다. 그런데 행사의 형식은 비슷한데, 왜 영고의 경우에만 12월에 제례를 지내는가? 그 이유는 한국의 삼국시대 세시풍속 연구 자료에 의하면 다음과 같다. "부여는 은력(殷曆) 정월인 납월(臘月, 12월)에 하늘에 제사를 지낸다." 그

---

113) 『皇覽·塚墓記』, 김인희, 『동이신화 태양을 쏘다1』, 박이정, 2007, pp.154~155.

럼 은력의 정월은 은정월이라 하는데, '하력'114)을 기준으로 하면 겨울 12월이 은정월이다. 진과 한은 일찍이 하력 10월을 정월로 삼았는데, 한 무제 때 하정(夏正, 오늘날의 태음력, 사분력)으로 정하여 후대로 이를 준용하였다. 따라서 오늘날의 태음력은 정월(음력 1월)을 일 년의 시작점으로 보았고, 은력에서는 하력 12월을 정월로 보았고, 주력에서는 11월을 일 년의 처음으로 삼았다.115) 중국은 나라의 분쟁으로 잦은 붕괴를 통한 세력과 민족의 교체에서 역법과 문화가 교차되면서 나라마다 부족마다 다른 역법을 사용하는 경우가 많았다.

영고는 세시풍속의 시기와 문화적 특성에 있어서는 고구려·동예와 비슷하지만 다른 역법을 사용했다는 것을 알 수 있다. 부여는 어느 나라 보다도 우리 민족의 정통성을 가진 나라다. 그럼에도 불구하고 고구려와 동예가 다른 역법을 사용한 것은 아마도 같은 맥을 이어 오면서 문화의 발달에 의해 다른 역법을 채택했던 것으로 보인다. 따라서 고대세시풍속은 역법 및 문명적 특성과 직결된 연관성을 가진다는 것을 알 수 있었다. 고대에는 많은 역법 중에 나라의 가치관과 자연환경 및 문화의 발달에 따라서 서로 다른 역법을 채택하였다.

---

114) 중국 하(夏)나라 때에 조정에서 썼다는 역법(曆法)으로 지금의 태음력에 해당한다.

115) 정구복·주영하, 「삼국 및 통일신라시대 세시풍속 연구」, 『한국세시풍속자료집성(삼국·고려시대 편)』, 국립민속박물관, 2003, p.432.

3. 몸에 밴 생활 속의 수와 상징

1) 윷판그림의 '조형과 수'의 상징

윷놀이는 우리나라만의 전통 놀이로 알려져 있다. 물론 다른 방식의 비슷한 놀이[116)는 있지만, 놀이의 방식이나 수리가 다르다. 차별화된 우리 문화의 맥을 짚어 볼 수 있는 좋은 자료이다. 윷놀이의 기원은 정확히 시기를 알 수 없다. 학자들이 짐작하기로, 신채호는『조선상고사』에서 윷놀이 기원을 부여의 사출도(四出道)와 고구려의 오가(五加)전통에서 변화한 것으로 보았고, 최남선은 중국과 몽골의 놀이에서 연원한다고 하였다. 그리고 조선시대 학자는 고려 풍속으로 보았다.[117)] 학계에서는 대개 정확하지 않으나 그 기원을 삼국시대 이전이라고 보고 있다.

앞서 <그림 41>에서 보았듯이 우리나라에는 여러 지역에서 윷판 암각화가 분포되어 있다. 포항, 안동, 경주, 울산, 영양 등에 분포되어 있는데, 어떤 윷판은 건물지주초석에 새겨진 것도 여럿 있다. 그리고 고인돌에 새겨진 윷판도 있다. 여러 지역에서 윷판이 여러 가지 용도로 새겨진 듯하다.

윷판은 여러 용도로 쓰였던 것으로 짐작하는데, 조선시대 홍석모

---

116) 중국『주서(周書)』에 백제전에 "투호, 저포 따위의 놀이가 있고, 특히 바둑을 즐긴다."는 기록이 있다.

117) 김일권, 「한국 윷판형 암각화의 문화성과 상징성」, 『학예연구』, 제3·4집, 국민대학교 박물관, 2003, pp.81~82.

는『東國歲時記(동국세시기)』<정월俗>에서 설날에 윷으로 오행점을 쳐서 신년(新年) 신수(身數)를 점치는 풍속이 있었고, <제석俗(섣달그믐, 한 해의 마지막 날)>에는 윷점으로 64괘의 점복으로 신년 길흉을 점친다고 전한다.[118]

두 번째, 건물지주초석에 쓰인 윷판은 익산 미륵사지와 경주 반월성 석빙고 등에서 발견된 것으로 그 쓰임에 있어서 여러 논의가 있다. 김일권은 건물에 쓰임으로써 건축물과 윷판그림 사이에 연관성으로 보고 윷판이 가진 기하학적 공간 구조가 고대의 건축사상에 영향을 미쳤음을 짐작했다.[119]

필자는 그의 말에 동의하지만 몇 가지 덧붙이고 싶다. 윷판은 첫째, 하늘, 특히 태양의 순환을 표현한 것이므로 신성한 것이다. 그래서 일차적으로 부정을 막는 데 쓰였을 것이고, 둘째, 천문의 순환성으로, 셋째, 대칭되는 십자 방향이 건축의 방향설정에 실질적인 도구로 사용되었을 것이라는 의견이다. 따라서 윷놀이보다 윷판그림이 앞서 발생했을 것으로 본다.

윷판의 조형과 수에 대해서 천문의 순환성으로 해석한 논문이 많은데, 그중에 조선 선조 때 인물인 김문표(金文豹)는 윷판의 중심을 북극성에 놓고 나머지 28점을 28수(二十八宿)에 유비하면서, 태양이 24절기의 사시(四時) 이분이지(二分二支)를 운행하는 것으로 해석하였다. 윷놀이를 할 때 시작했던 시점으로 다시 돌아오는데 가장 짧

---

118) 송화섭, 「익나 미륵산·미륵사지의 윷판형 바위그림에 대하여」, 『향토문화』 9·10집, 1995.
119) 앞의 책, p.89.

은 길이는 해가 가장 짧은 동지이고, 절반으로 반으로 돌아오는 두 가지 길은 춘·추분이고, 가장 길게 돌아오는 길은 하지를 의미한다.120)

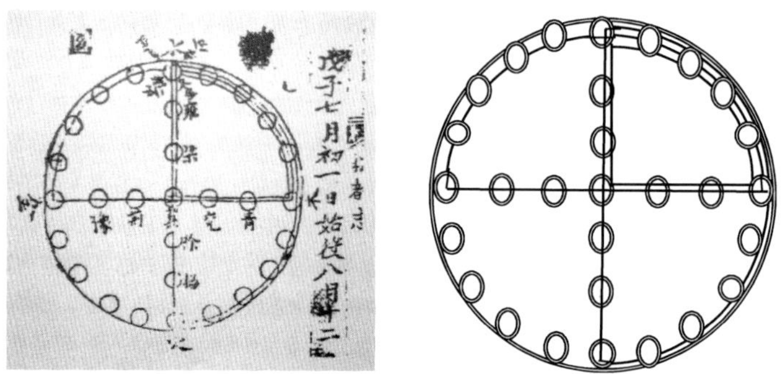

〈그림 48〉 『松都志(송도지)』(1648)에 실린 柶圖(사도)의 二分二支(이분이지) 운행도121)

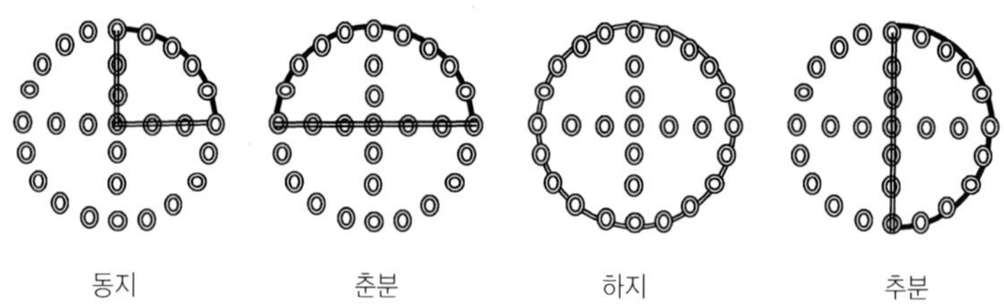

〈그림 49〉 윷판의 사계절 태양 운행도122)

---

120) 앞의 책, p.102. 金堉撰(김육찬)의 『松都志(송도지)』(1648)에 실린 김문표의 柶圖說(사도설: 윷판그림설) 중 일부가 조선광문회가 발행(1915)한 『中京誌(중경지)』(1830) 10권 부록에 '略口(객구)'라는 형식으로 실려 있다.

121) 『松都志』(1648) 제일 뒷장에 실린 柶圖의 二分二支(사도의 이분이지) 운행도.

122) 앞의 책, p.103. 『松都志』(1648)에 실린 柶圖의 二分二支 운행도와 김문표의 『柶圖說』을 표현한 김일권의 그림은 하지부터 추분으로 진행하며 시계반대 방향으로 운행한다. 그렇게 하면 황도에서 태양의 운행 방향과 북두칠성의 운행 방향이 일치한다.

윷판의 사계절 태양운행도로 다시 옮기면 하늘에서 태양이 황도를 따라 운행하는 시계반대 방향으로 운행하는 모습이다. 정초(설날)에 왜 윷놀이를 하는지 이해가 된다. 우리 선조들은 매년 새해에 온 가족이 모여 앉아 윷놀이를 하면서 한 해가 수월하길 바라며 운도 보고 친목을 도모하며 재밌게 놀았을 것이다.

<그림 49>는 김일권이 '북두칠성의 四時四方位(사시사방위)로 周天(주천)하는 모습을 윷판으로 변화되는 과정으로 도식화한 것'을 필자가 다시 그려 놓은 것이다. <그림 48>과 같이 동지·춘분·하지·추분의 순서로 태양의 운행하는 모습을 담고 있다.

다음으로 18세기 말에 이규경(李圭景)은 윷판의 조형과 수에 대해 다음과 같이 말했다.

> "윷판의 가는 길은 현재 29권인데, 밖으로 천원(天圓)을 상징하고 안으로 지방(地方)을 본받은 것이니, 곧 천지(天地)의 의궤(儀軌)이다. 가운데 한 점은 樞星(북극성)을 상징하니, 곧 북진(北辰)의 거소(居所)란 뜻이며, 주변에 배열된 것이 칠수(七宿, 북두칠성)를 상징하니 곧 사방 각기 칠성이 있어 사시(四時)를 운행하는 의미이다."[123]

---

123) 『오주연문장전산고』, 柶戲辨證設, 앞의 책, p.105.

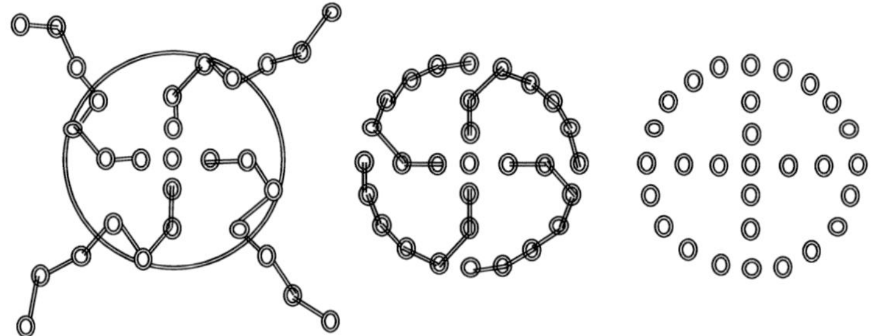

〈그림 50〉 북두칠성의 四時四方位로 周天하는 모습에서 윷판도 유추[124]

위의 내용을 토대로 이해하면, 많은 학자들은 윷판도 '조형과 수'의 유래를 '태양의 운행도(24절기-사분이지)', '북두칠성의 북극성 중심으로 운행하는 모습', '천지모습(천지의궤)' 등에서 유추하였다.

나는 다시 윷판과 천부경의 기하학적 형태를 연관시켜 보았다. 천부경의 도해에서 등장한 그림인 삼화의 모양과 윷판을 비교해 보면, 모양이 서로 비슷하다는 것을 알 수 있다. 삼동심원 안에 십자를 긋고 그 위의 원과 겹치는 자리에 작은 동그라미를 그리면, <그림 51>처럼 십자를 둘러싼 원의 포인트는 20개이고, 안의 십자는 중앙을 합쳐서 9개이다. 그럼 총 29자리가 된다.

중심의 점을 제외하면 28수이다. 북두칠성의 4배수이다. 윷판의 조형은 천부경과 같은 고대 기하학에서 이어 온 원형적 형태심리에서 유래되었다고도 볼 수 있다. 동시에 하늘과 태양과 별을 숭상하

---

124) 앞의 책, p.105. 북두칠성의 사시사방위로 주천하는 모습에서 윷판도가 창안되었을 것이라는 조선시대 여러 학자들의 가설을 김일권이 모델링한 것이다. 그리고 그는 이 그림이 한국암각화학회 이사이면서 『칠포마을 바위그림』(1994)을 쓴 이하우 선생의 아이디어에 힘입은 것이라고 밝히고 있다.

여 그 수리에 맞추어진 조형이라고 보인다. 또한 태양과 북두칠성의 순환을 담은 모양과도 닮아서 그것들의 에너지를 담은 조형이라는 견해도 배제할 수 없다.

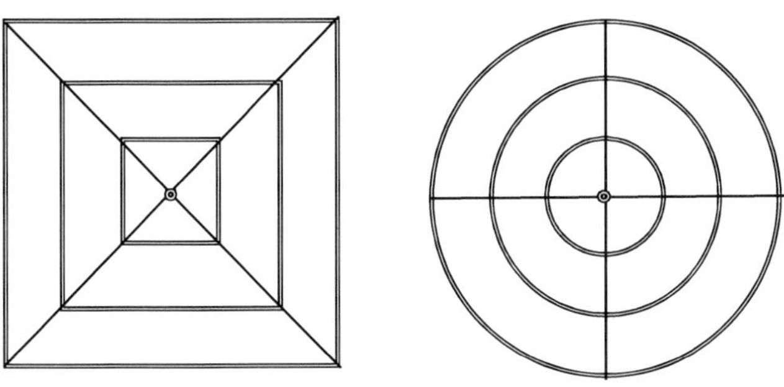

〈그림 51〉 천부경의 도해에서 비롯되는 삼동심원 안을 사방 친 모습과 동일한 윷판

2) 사람 + 하늘 = 땅 · 3 + 4 = 7

천부경은 고대 우리 민족의 삶의 코드였다. 마야엔 마야의 코드가 있듯이, 각 문명에 따른 삶의 형식에 맞춘 그들만의 코드가 있다. 그래서 오늘날의 문화가 더 우등하다고 볼 수 없다. 그 나름에 맞추어진 소통방식이 있기 때문이다. 천부경의 수리인 3의 배수인 81은 동양의 고대문화의 중요한 맥을 형성하였고, 또한 이 수리를 맞이하는 민족 또는 나라에게 각각의 환경과 삶에 맞춰져서 쓰이지 않았나 생각한다.

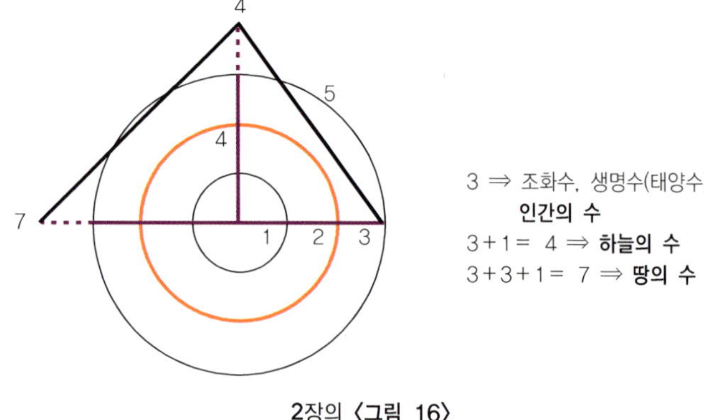

2장의 〈그림 16〉

일묘연만왕만래, 용변부동본(一妙衍萬往萬來, 用變不動本)
1이 묘하게 넘쳐서 무수히 왕래하면, 쓰임이 변하지만 근본은 변하
지 않는다.

나는 천부경의 도해 그림을 통해서 몇 가지 수리를 발견하였다. 앞
서 천부경 2장의 도해인 위의 그림을 통해서 설명하면 다음과 같다.

동심원 사이 폭의 값들을 1로 본다면, <그림 16>와 같이, 세 번
째의 무궤에서 1을 넘쳐서 네 번째의 무궤를 이으면 작은 삼각형이
되면서 5가 생긴다. 그리고 다시 네 번째 무궤끼리 이으면 조금 더
큰 삼각형이 나온다. 그리고 두 삼각형이 합해져서 큰 삼각형이 만
들어지면서 7이 나온다.

천부경의 천지인의 수리는, 첫 번째로 하늘이, 두 번째로 땅이, 세
번째로 인간으로 나뉜다고 1은 하늘, 2는 땅, 3은 인간을 의미하는
것은 아니다. 천부경의 천지인 수리는 다음과 같다.

<그림 14>를 보면,

① 3은 태양·생명·인간의 수이다.

② 3수(사람의 수리)에서 수직으로 1을 넘쳐서 '하늘의 수리' 4가 만들어진다.

③ 3+3수에서 땅의 수평으로 1을 넘쳐서 '땅의 수리' 7이 만들어진다.

왜 이런 수리가 나왔는가 하면, 앞서 천지인 조화의 미학적 견해를 설명할 때, 땅은 하늘과 땅에 비해서 두 배라고 하였다. 그래서 땅의 수리는 3+3+1이어서 '7'이 된다. 그리고 하늘은 위의 그림처럼 3+1이어서 '4'가 된다. 그럼 '3'은 태양의 수, 생명의 수, 사람의 수이다.

위의 수리는 우리 민족문화에 밀접한 관련을 가진다. 날을 잡고, 액을 막고, 방향을 잡는 등에 쓰이기도 하고, 놀이에서 점을 치는 데도 쓰였다.

예를 들면, 대표적으로 우리나라에서는 '삼칠일'이라고 있다. 아기를 낳고 21일간 산모와 아기의 밖의 출입을 막는 전통이다. 이것을 수리적 상징 주술의 예라 하겠다. 3은 인간의 성수, 7은 땅의 수이므로 곱해서 21일이 된다. 땅은 자궁을 가진 여자를 의미한다. 그래서 인간의 수리와 땅의 수리를 곱해서 21일 동안은 재앙이 오지 않게 조심하고, 밖의 출입을 금하고, 몸조리를 하는 산후조리 기간을 의미한다.

'28수'는 하늘의 28의 별사리를 나타내는 밀인데, 하늘의 빙형(4)

과 땅의 7방을 곱한 수이다. 신기하게 24절기와 4시를 합한 28수와 절묘하게 맞아떨어진다. 윷판을 살펴보면, 점이 스물아홉 개다. 중앙에 있는 점은 천원점(天元點)이라고 해서 황극(皇極)에 해당하는 중심이기 때문에 세지 않는다. 바둑에서도 중앙의 천원점은 세지 않는다. 그래서 윷판에서는 점이 28개다. 반드시 그렇다고 증명하기는 힘들지만 신기하게도 맞아떨어진다.

그리고 재밌는 수 이야기는 주역의 8괘와 64괘를 합치면 72의 장기판의 칸 수가 된다. 주역의 64괘는 4^3이고, 천부경의 81은 3^4이다. 이것을 보아도 단적으로 중국은 하늘을 중시하고 한국은 천지인 중에 인간(태양)을 더 중시한다는 것을 알 수 있다. 피타고라스의 "만물은 수로 이루어졌다."라는 말이 떠오른다. 수는 만물과 통한다. 원초적·원형적 원리를 지녔다.

3) 짝수보다 홀수를 좋아하는 한국사람

2는 정체고, 3은 조화, 혹은 순환을 뜻한다. 예를 들어, 중국은 '땅'보다 '하늘'을 중시한다. 그들에게 하늘은 정체의 개념이고 움직이지 않는 존재다. 그래서 그들의 민족성은 '장' 안에서의 변화를 바라고 '장'을 벗어나는 것을 기피한다. 그것은 토착농경문화의 특징이며, 중심에 대한 안정성 또는 중심으로부터 갈마드는 정치적 성향 등으로 그 원인을 찾을 수 있겠다. 음양설의 '태극'을 보아도 알 수 있다. '장' 안에서 2수로 움직인다. 중국 사람들은 '선물을 해도 짝수로 해야 한다'고 생각할 정도로 2수에 집착한다. 그로 말미암아 '천인사상'이나 '천지사상'이라는 두 가지만을 서로 합하는 습관을 가진 민족이다.

그에 반해서 한국 사람들은 3수 혹은 홀수를 이루어야 조화를 이룬다고 생각하는 습관이 있는 듯하다. 앞서 말한 '삼화' 철학에서도 볼수 있듯이 유목민과 같이 '장'밖으로 점이 이동한다. 또한 한국인은 천·지·인에서 비롯한 3수 혹은 홀수를 지향한다. 예를 들어, 다기 세트의 경우에도 그러한데, 중국의 자사 다기세트를 보면, 찻잔이 2, 4, 6, 8 …… 구성되어 있고, 우리의 다기세트의 찻잔 수는 1, 3, 5, 7 …… 구성되어 있다. 그 원인은 앞서 말한 중국은 짝수여야 안정적이고 한 세트라 생각한다. 반면, 한국은 홀수여야 조화롭고 한 세트를 이룬다고 생각한다. 천부경에서 알려 주는 땅·인간의 수리가 홀수여서 그런지, 아니면 천·지·인 3수 때문에 그런 관념이 생겨난 것이 아닐까 생각한다. 홀수 혹은 3수를 좋아하는 것은 우리 문화의 특수성이다.

또한 한국의 풍습에서도 하늘을 중시하는 사상은 배제할 수 없을 만큼 중시된다. 하늘·땅·사람은 모두 중요한 하나를 이루는 구성요소이기 때문이다. 북방샤먼계통의 유목민이었던 우리의 선조들은 움직이기 위해서 '하늘·땅'의 변화에 주목해야 했고 '인간'은 이를 '숭고'처럼 받아들였다.

맺음말

맺음말

문자 밖의 현상—태양의 코드

우리가 생각하는 것보다 인간은 훨씬 더 환경에 영향을 받는다. 그래서 순환하는 지구의 시간 흐름과 지형적 특징에 따라 서로 다른 문화가 형성된다. 작게는 한 나라 안에서도 지형과 기후에 따라 비슷한 듯이 보이지만 서로 다른 특성을 가진 문화예술이 형성되기도 한다. 하물며 인간은 지구와 태양 및 우주환경에 의해서는 얼마나 큰 영향을 받게 될까?

첨단 문화의 끝에서 불과 몇년 남지 않은 2012년에 수많은 종말론이 야기되는 이유는 뭘까? 그것은 우리에게 자연 훼손의 경각심을 불러일으킬 뿐만 아니라 늘 지켜 주던 태양에 대한 관심을 불러일으키기에 충분하다. 지구는 태양의 자기장 폭풍에 매우 예민하게 반응한다. 오늘날과 같은 기후변화에 민감한 시대에 태양은 우리의 관심사가 아닐 수 없다.

그러나 오늘날뿐만 아니라 고대에도 마찬가지로 태양은 매우 중요한 존재였다. 고대 문자가 없던 시기에는 더욱 기후 변화에 민감

했고 늘 떠오르는 태양에 경배를 드렸고 관심이 집중되었다. 왜냐하면 그것은 생활과 밀접한 관계를 가졌기 때문이다. 그때 발견·발명된 것이 천부경이다. 천부경은 고대에 아주 용이하게 쓰였던 통합서로서 오늘날의 사고체계와 다른 통합적인 사고체계를 가진 우리 조상들의 산물이다.

천부경이 오늘날과 다른 사고체계의 산물이지만 지금의 뿌리가 되어 여러 분야에 잔재해 있다. 그래서 천부경의 해독에 이어 오늘날까지 남아 있는 그 근간을 찾아 이 책에 엮게 되었다.

본문의 천부경 해독에 있어서 핵심 코드는 태양이었다. 왜냐하면 태양은 고대의 매우 중요한 숭배의 대상이자 강력한 파워를 지닌 것이었기 때문에 전반적인 질서를 상징하였다.

첫째 천부경 원문해석에 있어서 시각적 이미지로 풀이하였다. 그 핵심은 '하늘의 태양을 관측하는 그림'이라는 추론을 통해서 현상적·시각적으로 해독하여 도상화하였다. 둘째, 천부경 도해에서 나타난 동심원과 구고법(피타고라스 정리)은 그 시대 '수와 천문' 수단이었기 때문에 태양관찰 및 시간 개념(역법)과 밀접한 관련을 맺고 있었다. 셋째, 천부경은 태양과 질서를 담고 있을뿐만 아니라 이후 사상과 종교의 맥을 잇고 있었다. 넷째, 천부경 경문의 구성에 있어서 3의 배수인 81(9×9)은 동양전통음악의 상수인 황종율과 맞물려 있다. 2, 8, 64가 주역을 바탕으로 분화된 중국 문명의 특성이라면, 천지인에 기인한 3, 9, 81은 한민족의 문명의 특성이라고 볼 수 있다. 문화예술 전반과 민족의 기질에서 그 단서를 찾을 수 있었다. 다

섯째, 천부경의 동심원적·기하학적 조형은 문화예술의 조형원리로
자리 잡았다.

인간은 환경에 매우 민감하게 반응하고 그러한 환경에 영향을 받
아서 서로 다른 문화적 특성을 가지고 있음에도 불구하고 오래된 문
명일수록 그 원형은 크게 다르지 않았다. 그것은 융이 말한 원초적
인 원형(아르키타입, archetype)으로서 인종과 문명에 의해서 바뀌지
않기 때문에 세계적으로 공통성을 가지고 있다. 그중의 하나가 만다
라와 같은 '원(員)'이다. 원은 여러 초기의 문명에서도 나타났던 것
중의 하나이다. 그래서 천부경 해독에 있어서도 '궤(함)' 통해서 '원'
으로 해독이 가능했다. 또한 고대에서 원은 통합적인 사고체계를 담
을 수 있는 상징적 그릇이었다.

문자 밖의 현상(과학)과 문자 안의 사상(종교) – 통합

우리는 어떤 것을 바라볼 때 그 하나에 심취해서 바라본다. 그러
나 그것은 편협한 생각이 되어 버릴 때가 있다. 왜냐하면 그럴 경우
에 많은 것을 놓치는 상황이 생기기 때문이다. '깨어 있어라'는 말은
여기에 빗댄 말이 아닌가 생각한다. 통합(통섭)적인 천부경을 해석할
때 글자 안에 내포된 심오한 뜻에 집중한다면 정신과 사상을 발견하
게 되고 글자가 의미하는 현상을 바라봤을 때는 시각적 이미지나 원
리를 찾을 수 있다.

이처럼 한 방향을 있는 그대로 보고 이해한다면 이렇게 여러 각도

의 시각이 나오진 않았을 것이다. 천부경은 원래 많은 것을 함축하는 원리를 담고 있기 때문에 하나의 시각으로 풀어낼 수 없는 글이다.

그 이유는 앞서 말했듯이 천부경이 만들어진 당시 고대인들의 사고체계가 통합적이었기 때문이다. 태양에서 비롯된 하나에서 시작된 사고의 확장이다. 고대인들의 사고체계가 '동심원적 방사선'의 형태를 지니고 있다면, 오늘날의 구조화된 사고체계는 이분법적인 사고체계를 갖는다.

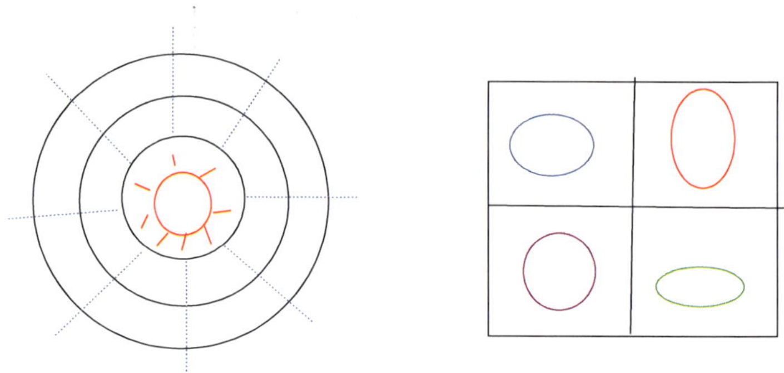

그러나 오늘날의 구조화된 문화가 만연하지만 통합적 사고의 측면에서 바라볼 때 그것은 하나로 고리를 이루고 있다. 구조화의 끝에서 통합이라는 말이 회자되는 것은 모든 것이 그물코와 같은 연결고리로 이루어져 있다는 것의 인식이 선행되었기 때문이다.

천부경은 고대의 통합적 사고의 결과물이다. 천부경에서 동심원적·방사선적 사고의 근원은 태양이다. 마치 태양을 중심으로 태양계가 돌고 있는 것과 같이 모든 사고의 확장과 진리도 그렇게 표현되었다.

때때로 밖의 이미지를 벗어난 관념 혹은 사상은 아무것도 아닌 허상에 빠져 있을 때가 있다. 허상은 또 전혀 다른 안의 이미지를 만들어 낸다. 맹목적인 믿음이나 관념은 학문에 방해가 된다.

천부경은 신비로운 거울과도 같아서, 누가 어떤 환경에 놓였는지 어떻게 생각하는지에 따라서 그 내용이 변하였다. 천부경은 현상이자 사상이다. 과학이자 종교이고 문화이다. 오늘날도 하나로 모으는 작업이 중요하다. 구분이 아니라 차이를 알고 하나로 모아서 생각한다면 모든 것이 고리를 이룬다. 비단 개인의 문제가 아니고 더불어 사는 우리, 혹은 전 지구의 문제도 그러하다. 현상과 본질은 동전의 양면과 같이 하나이다. 오늘날은 이러한 현상과 본질을 양면이 아니라 다각도로 고루 보는 눈이 필요하다.

천부경은 천문학이자 수학이자 철학이자 문화이다. 지금까지 이어 온 문화는 태양 문명의 연속적인 끈이라고 보아도 손색이 없을 것이다.

반면, 천부경과 주역 같은 지식이 문명의 시작과 지식의 분화, 그리고 지구의 열기를 불러일으켰던 주범일지도 모른다. 이러한 지식의 분화는 차후에 문명의 이기를 가져왔다. 수에 집착하였고 거대한 태양 문명을 가졌던 마야문명은 태양계의 위험한 메시지만 남겨 놓고 소리 없이 사라졌다. 서구 문명의 이기때문에 마야인들은 뿔뿔이 흩어졌다.

지구의 큰 변화는 태양에서부터 비롯된다는 2012년 종말설이 만연한 지금, 우리는 태양의 문명을 어떻게 바라봐야 할지 모른다. 더 크고 심오한 역사가 펼쳐질지도 모르는 일이다. 태양의 운명, 더 나아가 태양계의 운명이 종말은 아니더라도 어떤 변화를 가져다줄지 기대된다. 반면 우리는 너무 뜨거운 지구를 어떻게 태양으로부터 유지할 것인지가 화두가 될 것이다.

모든 살아 있는 생명은 보이지 않은 기와 같은 자기장의 영향을 받으며 살고 또 그 속에서 혼돈과 질서를 가지고 있다. 그 질서는 우리 몸의 생김새에서 찾을 수 있다. 동의보감에서 볼수 있듯이 우리 몸에는 9개의 구멍이 있다. 우리 몸은 수로 점철되어 있다. 그러나 정확한 대칭을 이루지는 않는다. 그것은 여타 보이지 않는 혼돈의 여지이다.

주역의 음양은 태양이 있고 없음을 의미한다. 태양이 없으면 어둡다(밤). 태양이 있으면 밝다(낮). 주역의 '역(易)'자를 보면, 태양이 위에 있으므로서 모든 만물이 드러남을 나타낸다. 그래서 밝은 것은 양(日), 어두운 것은 음(勿)이다. 밤과 낮의 길이는 춘·추분을 기점으로 매번 비대칭으로 변화(순환)한다. 그러한 변화를 받으며 생겨난 것이 생명(사람)이다. 주역의 음양은 밝고 어두움을 통한 지구현상을 통해서 우주의 생성원리(질서)를 통찰한 원리이다.

천부경도 마찬가지로 현상과 질서를 담고 있는데, 다른 점은 하늘과 땅과 사람이라는 존재와 위치와 방향을 담고 있다. 주역의 천·지의 2수가 아니라 천·지·인 3수에 인간이 포함되어 있다. 따라서 오랜 시간을 거치면서 집단 무의식의 발로처럼 중국은 2수(천·지)를, 한국은 3수(천·지·인)를 더 지향한다. 그리고 천부경은 우주의 원리보다도 보이는 세계에 대한 인식에서 비롯된 천·지·인 세 가지를 구성하고 있다. 즉, 3수를 지향한다. 3은 안정과 큼을 상징한다.

인간의 몸에는 기가 흐르는 구멍이 눈(2)＋코(2)＋귀(2)＋소변구(1)＋항문(1)＋입(1)이고 총 9개다. 9는 3의 배수이다. 변화와 안정을 내포한 3은 인간의 수리이다.

고대 원형의 하나는 '원'과 더불어 '숫자'이기도 하다. 3수는 세계적으로 3신, 삼각형 등 조화와 질서 그리고 안정성과 큼을 상징하는 태양의 수이다. 이 3은 북방 샤머니즘의 '삼계론(천상계·인간계·지하계)'을 의미할 뿐만 아니라 천부경의 '삼화론'을 담고 있다.

천부경에서 천지인 삼화의 상징이미지는 북방 유목민의 삶의 형식이 철학처럼 담겨 있다. 유목민에게 땅은 매우 중요하다. 계절에 따라 땅은 하늘과 인간을 싣고 항해한다. 땅이 죽으면 인간은 더 이상 항해를 할 수가 없다. 땅은 곧 생명을 지탱해 주는 것이기 때문이다. 오늘날의 땅은 온통 아스팔트로 덮여 있다. 땅의 기를 막으면, 곧 인간도 기가 막히게 된다. 기가 막히면 생명을 유지하기 어렵다. 삼화의 균형이 깨시넌 혼돈이 오게 되는 것은 딩연하다. 우리를 지탱해 주는 땅이 부디 숨 쉴 수 있게 하늘과 인간만큼이라도 땅을 아끼고 사랑하고 시켜 구기를 바란다. 우리가 대상(히늘)을 그럴할 수

없다면 우리가 밟고 있는 땅을 숨쉴 수 있게 아끼는 것이 즉 생명을
살리는 일이다.

참고문헌

국내 단행본

신채호, 『조선사연구초』, 조선도서주식회사, 1925.

김화경, 『한국 신화의 원류』, 지식산업사, 2005.

최남선 편, 『삼국유사』, 삼중당, 1946.

이어령, 『신화 속의 한국 정신』, 문학사상사, 2003.

윤해석, 『천부경의 수수께끼』, 창해, 2000.

박창범, 『하늘에 새긴 우리역사 - 천문기록에 담긴 한국사의 수수께끼』, 김영사, 2002.

임승국 주해, 『한단고기』, 정신세계사, 1986.

전병훈, 『정신철학통편』, 윤창대 주해, 우리출판사, 2004.

고동영, 『단군조선47대』, 한뿌리, 1986.

김경일, 『갑골문이야기』, 바다출판사, 1999.

김인희, 『동이신화 태양을 쏘다 1』 박이정, 2007.

김지하, 『흰 그늘의 미학을 찾아서』, 실천문학사, 2005.

이문규, 『고대중국인이 바라본 하늘세계』, 문학과 지성사, 2000.

송호수, 『한민족의 뿌리사상』, 가나출판사, 1987.

최남선 편, 『삼국유사』, 삼중당, 1946.

우실하, 『요하문명론』, 소나무, 2007.

신채호, 『조선상고사』, 이만열 주석, 형설출판사, 1983.

전정례, 『훈민정음과 분자론』, 역락, 2002.

우실하, 『전통음악의 구조와 원리』, 소나무, 2004.

이혜구 외 역, 『국역 악학궤범』, 민족문화문고간행회, 1979.

전호태, 『고구려 고분벽화 연구』, 사계절, 2000.

민속학회 편, 『한국민속학의 이해』, 문학아카데미, 1994.

정구복·주영하, 『한국세시풍속자료집성(삼국·고려시대 편)』, 국립민속박물관, 2003.

최문창후전집(崔文昌候全集), 성균관대학교 소장.

번역 단행본

Edward Arthur Wilson, *Consilience,* 최재천·장대익 옮김, 『통섭』, 사이언북스, 2005.

John Strohmeier·Peter Westbrook, *Divine Harmony: The Life and teaching of Pythagoras,* 류영훈 옮김, 『피타고라스를 말하다』, 퉁크, 2005.

Carl Gustav Jung, *Man and His Symbols,* 이윤기 옮김, 『인간과 상징』, 열린 책들, 1996.

Andrew Robinson, *The Story of Writing — Alphabets, Hieroglyphs & Pictogram,* 1995, 박재욱 옮김, 『문자이야기』, 사계절, 2003.

Rudolf Arnhei, *Art and visual perception,* 김춘일 옮김, 『미술과 시지각』, 미진사, 2003.

Otto Betz, *Die Gehimnisvolle, Welt der Zahlen,* 1999, 배진아·김혜진 옮김, 『숫자의 비밀』, 도서출판다시, 2004.

John King, *The Modern Numerology,* 1996, 김량국 옮김, 『수와 신비주의』, 열린 책들, 2001.

John Brockman 엮음, *What is your dangerous idea?* 이영기, 『위험한 생각들 – 당대 최고의 석학 110명에게 물었다』, 갤리온, 2007.

Gregg Braden 외, *The Mystery of 2012,* 이창미, 최지아, 『월드쇼크 2012』, 쌤앤파커스(에스에이엠티유), 2008.

Ludwig Wittgenstein, *Tractatus Logico — Philosophicus,* 이영철 옮김, 「논리철학논고」, 책세상, 2006.

老子, 『道德經』, 오강남 역, 현암사, 1995.
長波, 『中西美學與文化情神』, 유중하 여, 『동양과 서양, 그리고
　　　미학』, 푸른 숲, 1999.
王夢鷗, 『樂記集釋』, 김승룡 편역, 청계출판사, 2002.
春山茂雄, 『뇌내혁명 2』, 박해순 옮김, 사람과 책, 2002.
藤枝晃, 『文字の文化史』, 오미영 옮김, 문자의 문화사, 도서출판
　　　박이정, 2006.

국외 단행본

班固, 『漢書』, 顔師古 注, 北京: 中華書局, 2002.
陳遵嬀, 『中國天文學史』, 臺北: 明文書局, 1988.
王聘珍, 『大戴禮記解詁』, 北京: 中華書局, 1983.
魏收, 『魏書』, 中華書局, 1976.
揚雄, 『太玄經』, 上海古籍出版社, 1990.
趙君卿, 「周髀算經序」, 北京: 武英殿, 2004.

국내외 논문 및 간행물, 기타
정구복·주영하, 「삼국 및 통일신라시대 세시풍속 연구」, 『한국세
　　　시풍속자료집성(삼국·고려시대 편)』, 국립민속박물관, 2003.
양언석, 「화랑도의 풍류세계 고찰」, 『새국어교육』, 제72호.
채희완, 「제천의식과 한국 춤의 원류」, 『민족미학 2』, 2003.
송화섭, 「익나 미륵산·미륵사지의 윷판형 바위그림에 대하여」,
　　　『향토문화』, 9·10집, 1995.
김일권, 「한국 윷판형 암각화의 문화성과 상징성」, 『학예연구』,
　　　제3집·제4집, 국민대학교 박물관, 2003.
www.stonehenge.co.uk.
www.britishmuseum.org/explore/highlights/highlight_objects/me/t/tab
　　　let_of_shamash.aspx.
www.econ.iastate.edu/classes/econ355/choi/bab.htm.

천부경
태양의 코드

초판인쇄 | 2010년 3월 7일
초판발행 | 2010년 3월 7일

지 은 이 | 문주희
진　　행 | 오이하우스
펴 낸 이 | 채종준
펴 낸 곳 | 한국학술정보㈜
주　　소 | 경기도 파주시 교하읍 문발리 파주출판문화정보산업단지 513-5
전　　화 | 031) 908-3181(대표)
팩　　스 | 031) 908-3189
홈페이지 | http://www.kstudy.com
E-mail | 출판사업부　publish@kstudy.com
등　　록 | 제일산-115호(2000. 6. 19)

ISBN　978-89-268-0874-0　03150 (Paper Book)
　　　　978-89-268-0875-7　08150 (e-Book)

이담Books 는 한국학술정보(주)의 지식실용서 브랜드입니다.